Table des matières

Module 1 Moi

Déjà vu 1	Moi … et quelques autres	Talking about yourself and other people Revising key present tense verb forms	6
Déjà vu 2	Les choses que j'aime faire	Saying what you like and don't like doing aimer + infinitive	8
Unité 1	Moi, moi et encore moi!	More about yourself Reflexive verbs	10
Unité 2	Mes parents	Talking about your parents and what they do Using masculine and feminine nouns	12
Unité 3	Mes copains et mes copines	Talking about your friends Adjective agreement	14
Unité 4	Centre de loisirs	Saying what you have done The perfect tense	16
Unité 5	Ma passion	Talking about your main hobby The near future tense	18
Contrôle continu		Ma passion	20
Mots			22

Module 2 On sort?

Déjà vu	Qu'est-ce qu'on fait?	Discussing TV and cinema Using articles and object pronouns	24
Unité 1	Ça te dit?	Arranging to go out Using pronouns after prepositions	26
Unité 2	Désolé, je ne peux pas	Explaining why you can't do something Using modal verbs	28
Unité 3	Ce n'était pas mal	Describing what you did Using the perfect and imperfect tenses	30
Unité 4	C'est la fête!	Describing special occasions Imperfect tense of avoir and être	32
Unité 5	Il s'agit de quoi?	Describing what you saw or read Expressing complex ideas in a simple way	34
Contrôle continu		Un de mes films préférés	36
Mots			38

Module 3 Là où j'habite

Déjà vu 1	Ma maison	Talking about where you live More about adjectives	40
Déjà vu 2	Ma chambre	Talking about your own room plus and moins	42
Unité 1	J'habite en ville	Talking about the advantages and disadvantages of where you live beau, nouveau and vieux	44
Unité 2	Aujourd'hui et autrefois	Comparing where you used to live and where you live now Using the imperfect tense	46
Unité 3	La France métropolitaine	The geography of France The superlative	48
Unité 4	Ma ville	Talking about a town on peut/on pourrait + infinitive	50
Contrôle continu		Lyon	52
Mots			54

Module 4 Allons-y!

Déjà vu 1	C'est où?	Finding the way Using the preposition à	56
Déjà vu 2	On fait les magasins!	Shopping for food and clothes Using the partitive article	58
Unité 1	Tout près d'ici	Describing the location of a place Using prepositions and imperatives	60
Unité 2	On prépare une fête	Organising a beach party Using il faut and en	62
Unité 3	Bon voyage!	Making travel arrangements Learning more about the perfe	64
Unité 4	Ça me va?	Talking about buying clothes Using ce, lequel, celui, etc.	66
Unité 5	Malheureusement …	Describing what went wrong More on the imperfect tense	68
Contrôle continu		Une journée désastreuse	70
Mots			72

Module 5 Le collège

Déjà vu 1	*L'emploi du temps*	Expressions of time Referring to the past, the present and the future	74
Déjà vu 2	*Un uniforme*	Talking about what you wear for school Adjectives of colour	76
Unité 1	*La formation*	Talking about schools Irregular forms of the third person plural	78
Unité 2	*Ma journée – aujourd'hui et hier*	Your school day Reflexive verbs in the present and perfect	80
Unité 3	*Qu'est-ce que j'ai oublié?*	Talking about things you have lost Participle agreement with *avoir*	82
Unité 4	*Vive la différence!*	Comparing school in Britain and France Negative expressions	84
Unité 5	*Que feras-tu?*	Talking about your plans Using the future tense	86
Contrôle continu		*Le collège Louis Pasteur*	88
Mots			90

Module 6 Il faut bosser!

Déjà vu	*L'argent, l'argent*	Discussing jobs and money Indirect object pronouns	92
Unité 1	*Avez-vous un job?*	Talking about part-time jobs Looking for detailed meaning in a text	94
Unité 2	*Au boulot!*	Discussing different jobs Forming questions	96
Unité 3	*C'est de la part de qui?*	Applying for jobs Using formal language	98
Unité 4	*Ce n'est pas juste!*	Discussing problems at work Using *qui* and *que*	100
Unité 5	*Les stages – pour ou contre?*	Talking about work experience Contrasting the perfect and imperfect tenses	102
Contrôle continu		*Mon stage en entreprise*	104
Mots			106

Module 7 Tourisme

Déjà vu 1	*Destinations touristiques*	Talking about holiday venues Using the verb *aller*	108
Déjà vu 2	*La météo*	Talking about the weather Past, present and future tenses	110
Unité 1	*L'hôtel*	Choosing and booking into a hotel The uses of *si*: if, so, yes	112
Unité 2	*Une auberge de jeunesse*	Booking into a youth hostel The imperative	114
Unité 3	*Camping la Forêt*	Talking about a holiday Using the *nous* form in different tenses	116
Unité 4	*La nourriture*	Eating out Using the conditional	118
Unité 5	*Plage, mer et soleil*	More about holidays Using the present, imperfect and conditional	120
Unité 6	*L'année dernière*	Talking about past holidays Using the perfect tense	122
Contrôle continu		*Mes vacances*	124
Mots			126

07/01

or OCR

expo 4

Clive Bell Rosi McNab

Higher

Speaking practice section by Janine Schofield

www.heinemann.co.uk
✓ Free online support
✓ Useful weblinks
✓ 24 hour online ordering

01865 888058

Heinemann
Inspiring generations

Heinemann Educational Publishers
Halley Court, Jordan Hill, Oxford OX2 8EJ
Part of Harcourt Education

Heinemann is the registered trademark of
Harcourt Education Limited

First published 2006

10 09 08 07 06
10 9 8 7 6 5 4 3 2 1

British Library Cataloguing in Publication Data is available
from the British Library on request.

10-digit ISBN: 0 435387 97 9
13-digit ISBN: 978 0 435387 97 6

Copyright notice

Publisher: Trevor Stevens
Editor: Tracy Traynor
Managing Editor: Jude Hunter
Produced by Ken Vail Graphic Design, Cambridge

Original illustrations © Harcourt Education Limited, 2006

Illustrated by Beehive Illustration (Theresa Tibbetts,
Ellen Hopkins), Graham-Cameron Illustration (David Benham),
Ken Laidlaw, Bill Ledger.

Cover design by Tony Richardson/Wooden Ark Studio

Printed by Printer Trento Srl

Cover photo: © Getty Images

Picture research by Liz Savery

Acknowledgements

The authors and publisher would like to thank Sylvie Fauvel,
Anne French, Michel Groulard, Melanie Birdsall, Krystelle
Jambon; Cathy Simonin and students at Lycée Silvia Montfort;
Franck Bréan at Brasserie le Parisien, Chartres; Marie-Line
Raimbert and staff at Gare de Chartres; the actors of the
Ateliers de formation théâtrale, Rouen, led by Nathalie Barrabé.
Audio recorded by François Casays at Studio Accès Digital,
Rouen.

Text materials were provided by:
Panorama Magazine, economic supplement to the weekly
newspaper **La Gazette du Val-d'Oise** p. 98, **20 Minutes** p. 98,
196, **Fédération Unie des Auberges de Jeunesse** p.114, 123,
132, **Pariscope** p. 188, **Télé-Loisirs** p. 196, **Zidane Diffusion** p.
200, **La Gazette du Val-d'Oise** p. 200

Photographs were provided by:
Alamy Images p. 44, 52, 56, 64, 84, 97, 137, 160, 188, 198, 202,
Alamy Images/Rubberball p. 32, **BananaStock** p. 153, 166,
Corbis p. 16, 26, 32, 34, 56, 67, 96, 97, 104, 108, 121, 124, 130,
132, 136, 147, 160, 170, 172, 191, 195, 197, 200, **Digital Vision** p.
166, 172, **Digital Stock** p. 172, **Empics** p. 131, 136, **Gallimard
Jeunesse** p. 34, **Getty Images** p. 18, 104, 197, 200, **Getty
Images/Ben Radford** p. 140, **Getty Images/PhotoDisc** p. 7,
10, 16, 18, 62, 88, 95, 97, 99, 108, 121, 132, 135, 147, 153, 154,
155, 156, 160, 166, 170, 187, 196, 201, **Grand Canyon National
Park** p. 116, **Harcourt Education Ltd/Debbie Rowe** p. 56
Harcourt Education Ltd/Gareth Boden p. 79, 95, **Harcourt
Education Ltd/Jules Selmes** p. 6, 7, 9, 10, 30, 44, 47, 56, 60, 63,
65, 80, 81, 86, 95, 100, 102, 103, 118, 145, **ImageState** p. 108,
188, **iStockPhoto.com/Jean-Yves Benedeyt** p. 10, 108, **Kobal
Collection** p. 196, **Kobal Collection/Paramount/Francois
Duhamel** p. 36, **Panos Pictures** p. 160, **Photos.com** p. 86, 95,
100, 102, **Rex Features** p.14, 26, 129, 188, **Rex Features/Sipa
Press** p. 130, **Superstock** p. 188, **The Art Archive** p. 26, **WWF**
p. 171 – UK regd charity no 1081247 Panda symbol © 1986
WWF, ® WWF

Tel: 01865 888058 www.heinemann.co.uk

Module 8   Mes copains et mes héros

Déjà vu	*Ils sont comment?*	Describing people The comparative and superlative	128
Unité 1	*Les champions sportifs*	Describing famous sportspeople Using the perfect infinitive	130
Unité 2	*Je ferai un stage sportif*	Discussing sporting holidays More on the future tense	132
Unité 3	*J'étais comme ça*	Saying how things used to be More practice with the imperfect tense	134
Unité 4	*Toujours le sport!*	Describing a sporting event Using the pluperfect tense	136
Unité 5	*Qui admirez-vous?*	Describing someone's qualities Using abstract nouns	138
Contrôle continu		*Thierry Henry: le roi des footballeurs!*	140
Mots			142

Module 9   Mode de vie

Déjà vu 1	*Ce qu'on mange et ce qu'on boit*	Talking about food and drink *en* (of it/of them)	144
Déjà vu 2	*Mon corps et moi*	Parts of the body and saying where it hurts Expressions with *avoir*	146
Unité 1	*Ça ne va pas*	Talking about what is wrong with you Impersonal verbs	148
Unité 2	*Garder la forme*	Talking about a healthy lifestyle Adverbs	150
Unité 3	*La dépendance*	Discussing addiction and other problems Giving your opinion	152
Unité 4	*Veux-tu te marier?*	Talking about family relationships More practice giving opinions	154
Contrôle continu		*La forme*	156
Mots			158

Module 10   Le monde en danger

Déjà vu	*On devrait faire ça!*	Discussing world issues The conditional of modal verbs	160
Unité 1	*Les problèmes locaux*	Talking about problems in your area Using more negatives	162
Unité 2	*Bonne route?*	Describing breakdowns and accidents Coping with unknown language in texts	164
Unité 3	*L'environnement va mal!*	Discussing the environment The present and future tenses	166
Unité 4	*Avant et après*	Talking about environmental projects Using direct object pronouns in the perfect tense	168
Unité 5	*À la une*	Understanding news stories The passive	170
Contrôle continu		*Un problème environnemental*	172
Mots			174
À l'oral			176
À toi			186
Grammaire			206
Vocabulaire français – anglais			222
Vocabulaire anglais – français			230
Les instructions			239

Moi ... et quelques autres Talking about yourself and other people
Revising key present tense verb forms

Déjà vu 1

lire **1** **Écoutez et lisez les textes.**
Répondez aux questions.

Je m'appelle Laurent. J'ai quinze ans et j'ai une sœur jumelle, Amélie. J'habite à Bruxelles en Belgique, et je parle français. J'aime les chiens, mais nous n'avons pas d'animal parce que ma sœur ne les aime pas. Physiquement, je suis assez grand, mince, brun et beau! Ma passion, c'est le cinéma, mais j'adore aussi les BD.

Je me présente. Je m'appelle Pascal, j'ai quatorze ans et mon anniversaire est le 15 août. Je suis français et j'habite en France, à Lyon. Mes deux sœurs s'appellent Lydie et Sophie et nous avons un chat, qui s'appelle Ludo. J'ai aussi un demi-frère, qui s'appelle Antoine, mais il a dix-neuf ans et habite à Paris chez son père. Je suis assez grand aux cheveux bruns et aux yeux bleus. Je suis sportif: je fais du basket et du VTT.

Mon nom est Karima. J'habite à Marseille dans le sud de la France et je suis grande et brune. Mon anniversaire est le 10 novembre et j'ai seize ans. Mon frère a dix ans et s'appelle Hakim. J'ai aussi un demi-frère, Kévin, qui a seize ans, mais il habite chez sa mère à Paris. Nous avons également un chien et un oiseau.

Qui ...

1 ... a quatorze ans?
2 ... a dix-neuf ans?
3 ... habite en France?
4 ... n'habite pas en France?
5 ... a un chat?

6 ... a un chien?
7 ... est français(e)?
8 ... n'est pas français(e)?
9 ... habite à Paris?
10 ... est grand(e)?

Déjà vu 1

écouter **2** **Comment s'appellent-ils? (10)**

L'alphabet

A AH	H ASH	O OH	V VAY	**Accents**
B BAY	I EE	P PAY	W DOOBL-VAY	é accent aigu
C SAY	J DJEE	Q COO	X EEX	è accent grave
D DAY	K KAH	R ERR	Y EE-GREK	ê circonflexe
E EUH	L ELL	S ESS	Z ZED	ç cédille
F EFF	M EM	T TAY		– trait d'union
G DJAY	N EN	U OO		

parler **3** **À deux. Épelez les noms des personnes et des villes.**

■ Bonjour. Comment tu t'appelles?
● Je m'appelle Kévin.
■ Kévin. Comment ça s'écrit?
● Ça s'écrit ... Et j'habite à Nancy. Ça s'écrit ...

Kévin – Nancy
Florence – Genève
Yannick – Marseille
Camilla – Lyon

Thomas – Briançon
Julie – Paris
Valentin – Boulogne
Aimé – Valencienne

4 Copiez et remplissez la carte d'identité de chaque personne. (1–3)

Prénom _____
Âge _____
Date d'anniversaire _____
Nationalité _____
Domicile _____
Famille _____
Animaux _____

 5 Imaginez que vous êtes François ou Françoise. Écrivez un paragraphe sur vous.

Nom	Bouchard
Prénom	François/Françoise
Âge	15 ans
Date d'anniversaire	19/6
Nationalité	suisse
Domicile	Lausanne
Famille	Luc (10ans), Nathan (18 ans)
Animaux	chien, chat
Autres informations	petit(e), blond(e), sportif/ve

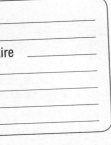 Remember to use connectives such as **et** (and), **mais** (but) and **qui** (who) to make your writing more interesting.

 Expo-langue →→→→ *Grammaire* **3.2**

In the present tense the **je** form of regular **–er** verbs ends in **–e**. Most French verbs are **–er** verbs.

For most other regular verbs, the **je** form ends in **–s**. The most important irregular verbs are:
avoir (to have) – **j'ai**
être (to be) – **je suis**

	aimer *to like*	**être** *to be*	**avoir** *to have*	**faire** *to do*
je/j'	aime	suis	ai	fais
tu	aimes	es	as	fais
il/elle/on	aime	est	a	fait
nous	aimons	sommes	avons	faisons
vous	aimez	êtes	avez	faites
ils/elles	aiment	sont	ont	font

6 Parlez de vous.

● Note down a few keys words to remind you of what to say:
nom, âge, anniversaire, domicile, nationalité, famille, animal, sport, aime, n'aime pas

Bonjour, je me présente:
Je m'appelle ... J'ai ... ans et mon anniversaire est le ...
Je suis (assez) (grand(e)/petit(e)/ de taille moyenne) et j'ai les yeux ... et les cheveux ... J'ai un frère qui ...

Expo-langue →→→→ *Grammaire* **2.3**

The word for 'my' has to agree with the noun.
mon frère   **ma** sœur   **mes** frères   **mes** sœurs

Expo-langue →→→→ *Grammaire* **2.2**

Nationalities are adjectives and need to agree. For the feminine form add **–e**.
français → français**e**
anglais → anglais**e**

Adjectives which already end in **–e** stay the same:
suisse → suisse

 7 Présentez-vous. Écrivez un paragraphe sur vous-même.

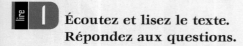

Les choses que j'aime faire
Saying what you like and don't like doing
aimer + infinitive

 1 Écoutez et lisez le texte.
Répondez aux questions.

Déjà vu 2

> J'aime le sport. Mon sport préféré, c'est le basket. Je m'entraîne trois fois par semaine dans un club, et on joue contre un autre club de la région le week-end. J'aime également faire du vélo et du judo, mais je déteste le jogging et la natation. Le soir, je fais mes devoirs en écoutant de la musique. J'ai un ordinateur et des jeux, mais c'est mon petit frère qui y joue toujours. Moi, je trouve ça ennuyeux. Mon frère aime aussi regarder des séries à la télé, mais elles sont vraiment nulles. Je préfère sortir avec mes copains, mais je sors rarement parce que mes parents travaillent souvent le soir et que je dois m'occuper de mon petit frère. J'aime envoyer des textos à mes copains et lire des BD.
>
> **Louis**

> s'entraîner – to train/practise
> contre – against
> en écoutant – while listening
> s'occuper – to look after

1 Quel est le sport préféré de Louis?
2 Quels sont les autres sports qu'il aime pratiquer?
3 Quels sont les sports qu'il n'aime pas pratiquer?
4 Qu'est-ce qu'il aime faire d'autre dans son temps libre? (3 choses)
5 Pourquoi est-ce qu'il ne joue pas sur son ordinateur?

Déjà vu 2

Expo-langue →→→ *Grammaire* 3.14

quel? (which?) is an adjective: it changes form depending on the noun it is with.

singular	
masculine	feminine
Quel jour?	**Quelle** fille?
plural	
masculine	feminine
Quels sports?	**Quelles** séries?

Expo-langue →→→→ *Grammaire* 3.16

Use **aimer** + the infinitive to say you like doing something:
j'aime faire du sport/vélo/ski/camping/kayak/canoë
         de l'équitation/escalade
         de la natation/plongée/randonnée/pêche

Use **jouer à** to say you play *a sport* or *a game*:
je **joue au** football/basket/tennis/volley/hand-ball
     à l'ordinateur
     aux cartes/échecs

Use **jouer de** to say you play *an instrument*:
je **joue du** piano/violon
     de la guitare/batterie

2 Écoutez et notez en français. (1–4)
(a) Qu'est-ce qu'ils aiment faire?
(b) Qu'est-ce qu'ils n'aiment pas faire?
(c) Pourquoi n'aiment-ils pas le faire?

3 Lisez le texte et complétez les phrases.

Moi, ben, je n'aime pas trop le foot. Je n'aime pas les jeux d'équipe. La natation? ... Bof, ça dépend, mais normalement, ça va. Le VTT? ... Tu te moques de moi? Je déteste le VTT! C'est vraiment nul. L'ordinateur ... ben ... oui, je joue aux Sims assez souvent, peut-être deux ou trois fois par semaine. J'aime bien. La télé? Qu'est-ce qu'on s'ennuie! Je préfère écouter de la musique, j'adore chanter en même temps. Et lire aussi, j'aime bien, ... mais ma passion, c'est le surf. J'en fais presque tous les jours quand je suis au bord de la mer en été.

Charlotte

> *Expressions of time and frequency*
> une fois – once
> deux fois – twice
> souvent – often
> d'habitude – usually
> en été – in summer
> en hiver – in winter

> jeux d'équipe – team games
> se moquer – to make fun of
> Qu'est-ce qu'on s'ennuie! – How boring!

1 Elle n'aime pas ▭.
2 Elle ▭ le VTT.
3 Elle ▭ à l'ordinateur.
4 Elle y joue ▭.
5 Elle ▭ la télé.
6 Elle préfère ▭.
7 Sa passion, c'est ▭.
8 Elle en fait ▭ en été.

4 Qui fait quoi et quel jour? Prenez des notes en français. (1–3)

	lundi	mardi	mercredi	jeudi	vendredi	samedi	dimanche
1							

5 Imaginez que vous êtes Isabelle. Complétez le texte pour elle.

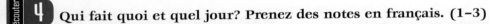

Je m'appelle Isabelle. Mon passe-temps préféré, c'est ... J'en fais ...
J'aime aussi/Je n'aime pas ... parce que ... D'habitude, je fais/joue ...

6 À deux. Quelle est ton activité préférée?
Posez-vous des questions et répondez-y.

- Qu'est-ce que tu aimes faire?
- Quand est-ce que tu en fais?
- Aimes-tu faire ... ?
- Aimes-tu jouer ... ?
- Qu'est-ce que tu n'aimes pas faire?
- Pourquoi?

- Ma passion, c'est ...
- J'en fais ...
- ...
- ...
- ...
- Parce que ...

Expo-langue →→→→

Grammaire 3.13

Negative constructions such as **ne ... pas** and **ne ... jamais** go round the verb.
Je **ne** sais **pas**. = I don't know.
After a negative, **du/de la/des** change to **de** (**de l'** changes to **d'**).
Je ne fais jamais **de** canoë. = I never go canoeing.

7 Décrivez: (a) ce que vous aimez faire et (b) quand vous en faites;
(c) ce que vous n'aimez pas faire et (d) pourquoi vous n'aimez pas en faire.

1 Écoutez et lisez le texte. Écrivez V (Vrai), F (Faux) ou PM (Pas Mentionné) à côté de chaque phrase.

Je me présente. Je m'appelle Camille et j'ai seize ans. Mon anniversaire est le 28 novembre. Je suis de taille moyenne (je mesure 1,66 mètre), j'ai les cheveux bruns et les yeux verts. Je suis française. J'habite en France dans un petit village de montagne en Haute-Savoie, d'où on peut voir le Mont-Blanc toujours couvert de neige.

J'ai une sœur cadette qui a neuf ans et qui s'appelle Louise. Normalement, on s'entend bien, mais de temps en temps elle m'énerve, surtout quand elle ne veut pas aider à la maison et que c'est moi qui dois ranger sa chambre. Elle vient dans ma chambre quand je fais mes devoirs, elle m'embête et puis on se dispute. Quand mes parents sortent le soir, je dois m'occuper d'elle. J'ai aussi un grand demi-frère qui habite chez sa mère. Quand il nous rend visite, il se moque toujours de moi, mais si on va à la piscine ou au cinéma ensemble on s'amuse bien.

Je ne sais pas ce que je veux faire dans la vie. J'aime dessiner et travailler à l'ordinateur. Je suis assez timide et plutôt sérieuse, mais je suis aussi travailleuse. Si je n'ai rien à faire, je m'ennuie. Ma sœur est complètement différente, elle est bavarde et rigolote. Elle ne s'ennuie jamais et elle est gâtée par tout le monde! Nous n'avons pas d'animal. J'en voudrais un, mais je suis allergique aux poils de chat.

embêter – to bother/disturb
énerver – to annoy/get on one's nerves
rigolo(te) – funny
gâté(e) - spoilt
j'**en** voudrais un – I would like one (**of them**)
les poils – the hair (of an animal)

1 Camille est une fille de 15 ans.
2 Elle pèse 66 kg.
3 Ses cheveux sont bruns et ses yeux sont bleus.
4 Elle habite au bord de la mer.
5 Elle aime faire du ski.
6 Elle a une petite sœur.
7 D'habitude, elles ne s'entendent pas bien.
8 Sa sœur l'aide à faire ses devoirs.
9 Elle est extravertie et sa sœur est timide.
10 Sa sœur aime faire de la danse.

un **grand** frère – a big brother
une **petite** sœur – a little sister
You can also say:
un frère **cadet**/une sœur **cadette**
– a younger brother/sister
un frère **aîné**/une sœur **aînée**
– an older brother/sister

2 Relisez le texte de Camille et trouvez les mots.

1 s'… – to have fun
2 se … – to quarrel
3 s'… – to get bored
4 s'… – to get on
5 se … de – to laugh at/make fun of
6 s'… de – to look after someone or something
● Learn the ones that you think might be useful when talking about yourself, your family and your friends!

Expo-langue →→→→ 3.15

se disputer (to quarrel) is a *reflexive verb*. Other reflexives you have already seen include **se présenter** (to introduce yourself), **se laver** (to get washed) and **s'appeler** (to be called).

je **me** dispute	nous **nous** disputons
tu **te** disputes	vous **vous** disputez
il/elle/on **se** dispute	ils/elles **se** disputent

3 Écoutez et complétez la grille. (1–4)

	s'amuse avec	se dispute avec	s'entend bien avec	autres informations
Pascal				
Lydie				
Vincent				
Delphine				

4 Qui écrit? Pascal, Lydie, Vincent ou Delphine?

1
Mon frère aîné me prête ses DVD et on s'entend bien. Je m'entends moins bien avec ma sœur cadette. En réalité, on se dispute toujours. Elle se moque de moi parce que j'ai des boutons. Le soir, je préfère aller chez mon copain. On s'amuse bien ensemble.

2
C'est toujours moi qui dois faire la vaisselle et mettre la table, et ma mère et moi, nous nous disputons toujours car à mon avis, mon demi-frère ne fait rien.

3
J'en ai marre de me disputer avec mes parents. Le soir, tous mes copains peuvent sortir s'amuser. Et moi? Je dois rester à la maison. Je voudrais aussi m'amuser avec mes copains.

4
C'est ma petite sœur qui m'énerve. Je dois m'occuper d'elle quand mes parents sortent et on se dispute tout le temps. Elle ne veut pas aller au lit. En revanche, je m'entends très bien avec mon père et mon grand-père parce qu'ils sont sportifs.

j'en ai marre – I am fed up
j'en ai marre de mes boutons – I am fed up with my spots

5 Faites un résumé. Utilisez vos réponses à l'exercice 3 et les textes ci-dessus.

Pascal s'entend bien avec …

	singular		plural
	masculine	feminine	
his/her	son	sa	ses

6 Vidéoconférence avec le lycée de Camille. Elle vous invite à parler de vous. Préparez un dialogue.

Before you start, make some notes as an *aide-mémoire* (single words or pictures to remind you of what you are going to say), e.g. *nom, âge, famille, passe-temps*, etc. Try to use these notes rather than prepared answers as much as possible.

When you are thinking about what to say, use the following expressions to buy yourself time:
euh … – er …
ben … – well …
et alors … – and so …
et puis … – and then/next …
ouais/oui – yeah/yes
sais pas/je ne sais pas – I don't know

7 Reliez l'anglais et le français.

1 Could you say it again, please?
2 Could you spell it, please?
3 How do you say … in French?
4 Could you speak more slowly, please?
5 Could you speak more loudly, please?
6 I didn't understand what you said.

a Pourriez-vous l'épeler, s'il vous plaît?
b Comment est-ce qu'on dit en français … ?
c Pourriez-vous parler plus fort, s'il vous plaît?
d Je n'ai pas compris ce que vous avez dit.
e Pourriez-vous répéter, s'il vous plaît?
f Pourriez-vous parler plus lentement, s'il vous plaît?

8 Écoutez et notez. C'est quelle phrase? (1–6)

lire 1 Lisez. Que font-ils dans la vie? Où travaillent-ils?
Trouvez les images et les mots qui correspondent.

1
Mon père travaille sur un chantier. Il construit des maisons. Ma mère travaille dans un bureau. Elle passe la journée à taper des e-mails sur un ordinateur. Mon oncle fait des portes et des fenêtres. Il travaille dans son atelier.

Aline

2
Mon père prépare des repas. Il travaille dans un grand restaurant. Ma mère travaille dans un salon de coiffure. Elle coupe les cheveux des clients. Ma tante fait des massages pour les gens qui ont mal au dos. Elle travaille dans une clinique.

Benoît

3
Ma mère travaille dans un restaurant. Elle apporte des repas aux clients. Mon père travaille dans une usine. Il fabrique des moteurs. Ma grand-mère travaille dans un bureau. Elle fait les comptes.

Coralie

 a coiffeur/euse

 **b** sapeur-pompier

 c cuisinier/ère

d ingénieur

 **e** kinésithérapeute

 f maçon

 **g** menuisier

 **h** secrétaire

 i serveur/euse

 **j** comptable

	1	2	3
père	f – maçon, chantier		
mère			

When dealing with words you don't know, look for clues:

- Does the word/part of the word resemble an English word? (**serve**ur/se, kinési**thérap**eute)
- Does the word/part of the word look like any French word you know? (**cuisin**ier)
- Try saying it aloud: does it sound like a word you know? (**maçon, ingénieur**)

écrire 2 Complétez les deux phrases pour chaque personne.

(Le père) de/d' ... est ...
(Il) travaille ...

Expo-langue →→→→

Grammaire 1.1

In French, some jobs have masculine and feminine forms.

masculine	feminine
étudiant	étudiante
vendeur	vendeuse

The word for 'a' before a job is omitted in French.
Mon père est ingénieur. = My father is an engineer.

3 Que font-ils et où travaillent-ils? Choisissez la bonne image et la bonne phrase. (1–4)

Exemple: **1** c, dans un bureau …

a mécanicien(ne)

b plombier

c informaticien(ne)

d nourrice

e instituteur/trice

f vendeur/euse

g infirmier/ère

h cuisinier/ère

Il/Elle travaille:

dans un hôpital
dans une grande surface
sur un chantier

dans un garage
dans une cantine
dans un bureau

dans une garderie
dans une école primaire

 4 Qui parle?

Je viens d'une grande famille. Mon père est italien. Il est né en Italie. Il a rencontré ma mère, qui est française, à l'école. Mon père est petit, actif et sportif. Ma mère est grande et jolie. Physiquement, je ressemble plutôt à ma mère qu'à mon père, mais je m'entends bien avec les deux.
Bruno

J'habite chez ma mère et son ami, Louis. Mes parents sont séparés et mon père habite aux États-Unis. J'ai deux frères. Louis fait du sport avec mes frères, mais je ne m'entends pas bien avec lui. Il est trop strict pour moi. Je préfère la musique, comme mon père.
Sophie

J'habite chez ma mère. Mon père travaille en Espagne et s'est remarié avec une femme espagnole qui s'appelle Carmen. J'ai deux petites demi-sœurs jumelles en Espagne. Mon père a le sens de l'humour, comme moi, et je m'entends bien avec lui quand on se voit. Pourtant, je ne lui ressemble pas physiquement. Je suis plutôt grand et brun, comme mon grand-père maternel.
Yannick

Ma mère est morte dans un accident il y a deux ans. D'habitude, mon père s'occupe de nous, mon frère et moi, mais sa belle-sœur (la sœur de ma mère) s'occupe souvent de nous quand il est absent pour le travail. Elle est célibataire, ça signifie qu'elle n'est pas mariée et n'a pas d'enfants, et s'impatiente facilement avec nous. Mon père est plus calme et organisé.
Aminta

ressembler à – to resemble/take after someone
plutôt – rather/instead
pourtant – however/yet
ça signifie – that means

1 Mes parents sont séparés.
2 Je ne m'entends pas bien avec l'ami de ma mère.
3 Mon père s'est remarié.
4 Mes parents sont divorcés.
5 Je m'entends bien avec ma mère.
6 Quand mon père n'est pas là, on va chez ma tante.

5 À deux. Vos parents. Posez et répondez aux questions. Préparez vos réponses.

- Comment s'appellent tes parents?
- Quel âge ont-ils?
- Quelle est leur nationalité?
- Ils sont comment?

- Que font-ils dans la vie?
- T'entends-tu bien avec eux?
- Auquel des deux ressembles-tu le plus?
- Pourquoi?

 6 Écrivez un court texte sur vos parents.

Il/Elle est au chômage. – He/She is out of work.
Il/Elle travaille à son compte. – He/She is self-employed.
Elle ne travaille pas parce que … – She's not working because …
elle attend un bébé – she's expecting a baby
elle vient d'avoir un bébé – she's just had a baby

écouter

1 Écoutez et attribuez les mots à la bonne personne. (13)

 de taille moyenne

 grand(e)

 petit(e)

 actif/ve

 bavarde

 gentil(le)

 intelligent(e)

 organisé(e)

 paresseux/euse

 rigolo(te)

 sportif/ve

 timide

travailleur/euse

Mélinda	Guillaume	Valentine

2 Reliez le français et l'anglais.

branché(e)

bruyant(e) généreux/euse
décontracté(e) insupportable
drôle nerveux/euse
sympa

nervous

dreadful/unbearable   relaxed/laid-back
trendy/switched on   noisy
nice   generous
funny

Expo-langue → → → →

Grammaire 2.2

Adjectives agree with the person or thing they describe.

To make the feminine form:

● most adjectives add –**e**
grand – grand**e**   petit – petit**e**

● adjectives which already end in –**e** stay the same
égoïste – égoïste   timide – timide

● some change ending
sporti**f** – sporti**ve**
paress**eux** – paress**euse**
And there are a few unusual ones:
rigolo – rigolo**te**   blanc – blan**che**

3 À deux. Choisissez trois personnes et posez la question.

■ Qu'est-ce que vous pensez de (Brad Pitt)?
● Je trouve qu'il est très beau, mais un peu égoïste.

Je trouve qu'il est ... – I find him ...
Je suis d'accord. – I agree.
Je ne suis pas d'accord. – I don't agree.
selon moi – in my opinion
à mon avis – in my opinion
Je ne le/la connais pas. – I don't know him/her.

lire **4** **Lisez les textes rapidement et trouvez l'essentiel.**

Qui …

1 … est plus petit(e) que Maryse?
2 … n'aime pas le foot?
3 … est timide?
4 … aime faire du ski?
5 … n'est pas très modeste?
6 … aime chanter?
7 … aime draguer les filles?
8 … est paresseux/euse?

1 Mon copain **Arthur** est brun et assez grand. Il a les yeux noisette et les cheveux mi-longs. D'habitude, il porte un jean bleu et un polo noir. Il est gentil et tolérant, mais il n'aime pas tellement le foot. Il préfère faire de l'escalade et du ski. Au collège, il a horreur des cours de musique, mais il est très gentil et il aime les animaux. Son chien, qui s'appelle Bruno, est grand et noir.

3 **Sarah** est petite, elle a les yeux verts et les cheveux roux. Elle est vraiment très sympa. Elle adore les animaux: elle a un chat et des poissons tropicaux. Elle n'est pas la plus intelligente de la classe et elle est même un peu timide, sauf quand elle est avec ses amies. Là, elle sort de sa coquille et devient vraiment rigolote. Elle aime danser, mais elle aime aussi les sports d'aventure et elle fait du bateau à voile. On la voit toujours le portable à la main en train d'envoyer des textos … mais à qui? Mystère!

2 Le grand blond aux yeux bleus s'appelle **Frédéric**. On dit de lui qu'il est beau. Il joue au basket et il fait du karaté. Ce n'est pas un intello, mais les filles le trouvent séduisant. Il peut être marrant, mais moi, je le trouve arrogant et très égoïste. Il aime être le centre d'attraction et d'après lui, il passerait ses soirées à draguer les filles. Moi, je n'y crois pas.

4 Ma copine **Maryse** est plus grande que Sarah. Elle a les yeux bleus et les cheveux blonds. Elle est très jolie. Elle est pleine de vie, mais elle est aussi assez égoïste. Elle aime bien chanter. Disons qu'elle est plutôt extravertie et qu'elle adore flirter. Elle dit qu'elle aime les animaux, mais qu'elle ne peut pas en avoir parce qu'elle y est allergique. Je crois que c'est une excuse pour ne pas avoir à s'occuper d'un animal: en fait, elle est très paresseuse.

parler **5** **À deux. Décrivez les copains.**

(Yannick) est (grand) et (mince).
Ses cheveux sont (bruns) et ses yeux sont …
(Il) est (intelligent) et (branché), mais (il) est aussi (un peu) égoïste.
(Il) est bon élève.
(Il) aime jouer (au basket), mais (il) n'aime pas faire de …

bon élève
Yannick

trop de bavardage
Isabelle

acceptable
Louis

insuffisant
Camille

écrire **6** **Faites la description d'un petit copain/une petite copine idéal(e).**

Mon petit copain/Ma petite copine idéal(e) est (grand(e)). Il/Elle doit être plus (grand(e)) que moi. Ses cheveux sont … et ses yeux sont …
Il/Elle est (intelligent(e)) …
Il/Elle aime … , mais n'aime pas …

1 C'est quelle activité? Complétez les phrases.

J'ai fait ...
1 de la ...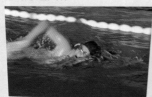
2 de la ...
3 de l' ...
4 de la ...

5 du ...
6 du ...
7 du ...
8 de l' ...

Centre de loisirs

Piscine ouverte tous les jours sauf samedi et dimanche de 07h00 à 21h00

17h00–18h00	natation (moins de 12 ans)
18h00–19h00	natation
19h00–20h00	plongée
20h00–21h00	natation (adultes)

Gymnase

lundi
17h00–18h00	karaté
18h00–19h00	danse

mardi
17h00–18h00	aérobic
18h00–19h00	taï chi

mercredi
9h00–12h00	danse
14h00–15h30	GRS
15h30–17h00	escrime

jeudi
17h00–19h00	musculation
19h00–20h00	danse

vendredi
17h00–18h00	judo
18h00–20h00	danse

Terrain de sport
mercredi
14h00–15h30	basket-ball
15h30–18h00	football

Salle polyvalente
mercredi
9h00–10h30	théâtre
10h30–12h00	musique
15h00–17h00	orchestre

jeudi
18h00–19h30	théâtre

2 Écoutez. Relisez le dépliant dans l'exercice 1 et notez les détails. (1–4)

	Où?	Quel jour?	À quelle heure?	Quel cours?
1				

Expo-langue →→→→

3.3 Grammaire

To talk about the past you use the perfect tense (*passé composé*). This has two parts:
(**1**) an auxiliary – the relevant part of the verb **avoir** or **être** (most verbs use **avoir** but a few important verbs take **être**); (**2**) a past participle (see p. 30 for details).

When **avoir** is used, the past participle doesn't change.

j'**ai** fait	nous **avons** fait
tu **as** fait	vous **avez** fait
il/elle/on **a** fait	ils/elles **ont** fait

When **être** is used, the past participle agrees with the subject of the verb.

je **suis** allé(**e**)	nous **sommes** allé(**e**)s
tu **es** allé(**e**)	vous **êtes** allé(**e**)s
il/elle **est** allé(**e**)	ils/elles **sont** allé(**e**)s
on **est** allé(**e**)(**s**)	

parler 3 Qu'est-ce qu'ils ont joué ou fait? Quel jour et à quelle heure?

Valérie	lun piscine 18h00	mar gym 18h00	mer terrain de sport 14h00
Nous	mar gym 18h00	mer terrain de sport 15h30–18h00	ven pisc 19h00
Benoît et Jérôme	lun gym 17h00	mer terrain de sport 14h00	ven gym 18h00
Vous	mar pisc 19h00	mer salle polyvalente 9h00–10h30	jeu gym 18h00

lire 4 Copiez le texte et remplissez les blancs avec les mots à droite.

Mercredi dernier, je suis (**1**) ▬▬▬▬ au centre de loisirs avec mon frère. J'ai (**2**) ▬▬▬▬ une heure et demie de théâtre. Puis j'ai (**3**) ▬▬▬▬ avec mes copains. Nous avons (**4**) ▬▬▬▬ des BD, (**5**) ▬▬▬▬ de la musique et (**6**) ▬▬▬▬ au ping-pong. Puis nous sommes (**7**) ▬▬▬▬ à la maison. Après le déjeuner, je suis allé au parc où j'ai fait du skate avec mon copain. Puis nous sommes allés à la piscine et nous avons (**8**) ▬▬▬▬ pendant une heure. Le soir, nous avons (**9**) ▬▬▬▬ une pizza et finalement nous sommes allés au cinéma où nous avons (**10**) ▬▬▬▬ le dernier film de Jim Carrey.

allé
bu
bavardé
écouté
fait
joué
lu
mangé
nagé
porté
rentrés
vu

écouter 5 Qu'est-ce qu'ils ont fait? C'était comment? (1–5)

Exemple: 1 Il a joué au basket. C'était nul.

✔ C'était super/fantastique/cool/génial!
– Bof./C'était pas mal.
✗ C'était nul.
Ce n'est pas mon truc. – It's not my thing.

écrire 6 Imaginez: vous êtes allé(e) en vacances en France chez votre corres avec votre famille. Qu'est-ce que vous avez fait? C'était comment?

Lundi, je suis allé(e) (à la piscine) et j'ai (nagé) et puis on a (joué) …
C'était … parce que j'aime/je n'aime pas (nager) …

lire 1 Écoutez et lisez le texte.

J'ai une passion pour le foot. J'y joue deux fois par semaine et je m'entraîne une fois par semaine.

Je joue au foot depuis toujours. J'ai commencé quand j'avais six ans. D'abord, j'ai joué avec mes frères dans la rue. Plus tard, je me suis inscrite au club des jeunes et maintenant, on joue des matchs amicaux le mercredi et le dimanche. Jusqu'à présent, j'ai seulement joué sur le terrain de notre club.

La semaine dernière, j'ai joué dans l'équipe junior B contre l'équipe A et nous avons gagné 2-0. C'est moi qui ai marqué le premier but.

Cette année, je vais passer dans la première équipe. On va jouer des matchs contre des équipes d'autres villes de notre région, donc on va prendre le bus avec les seniors quand on va jouer ailleurs.

Pour jouer dans la première équipe, j'ai besoin d'un nouveau maillot à rayures rouges et noires, un short noir, des chaussettes rouges et des chaussures de foot noires. Pour gagner de l'argent pour les acheter, je vais faire la vaisselle dans le café de mon village pendant les vacances l'été prochain.

J'aime le foot parce que c'est bon pour la santé, et j'aime l'ambiance et la camaraderie, on est entre amis. Je préfère jouer plutôt que de regarder les matchs, mais il faut aussi en regarder pour apprendre. Quelquefois, l'entraîneur nous filme et puis il nous critique. C'est bien parce que comme ça, on apprend à mieux jouer. Je vais continuer à jouer aussi longtemps que possible, mais je sais que pour les footballeurs le plus grand risque, c'est un accident, surtout au genou.

Sascha

lire 2 Trouvez les mots ou les expressions dans le texte.

1 when	6 last week
2 at first	7 this year
3 later	8 next summer
4 now	9 sometimes
5 until recently	

parler 3 À deux. Discutez en anglais.

How can you tell Sascha is a girl just from reading the text?
How did she start playing football?
What does she like about it?

How is she going to earn money?
What is she going to use it for?
What advantages of playing football are mentioned?
What disadvantages are mentioned?

lire 4 Traduisez en anglais les mots et les phrases en bleu dans le texte de l'exercice 1. Utilisez un dictionnaire, si nécessaire.

Expo-langue →→→→→ Grammaire 3.8

When you talk about the near future, you can use the present tense of **aller** (to go) + infinitive (the *futur proche*):
je **vais jouer** – I *am going to play*

je vais	nous allons
tu vas	vous allez
il/elle/on va	ils/elles vont

5 **Copiez le texte en remplissant les blancs.**

Ma passion, c'est la natation. J'en fais (1) _____ huit ans. Quand j'avais six ans, j'ai fait un stage d'apprentissage pendant les grandes vacances. À la (2) _____, on a eu une compétition. J'ai gagné, je suis devenu accro et voilà, je me suis (3) _____ au club.

Nous faisons 1 heure et demie d'(4) _____ chaque jour, (5) _____ le samedi. Après le collège, je vais directement à la (6) _____ avant de rentrer à la maison. Le mercredi après-midi, nous (7) _____ au centre de sports et on (8) _____ une heure de musculation et de fitness avant de nager.

En hiver, il y a des (9) _____ presque toutes les deux semaines. Je suis déjà champion (10) _____ du 100m crawl et l'année prochaine, je vais prendre part aux compétitions au niveau national, mais mon but est de me qualifier pour les Jeux Olympiques. Pour moi, c'est très important de garder la (11) _____. Je dois manger des choses saines et me (12) _____ tôt.

- Read the whole text first. The context may help you.
- Use what you know about the topic to make sensible guesses.
- Work out all you can about the each missing word
  › Is it a noun? Is it singular/plural? Masculine/feminine? Does it begin with a vowel?
  › Is it a verb? Is it singular or plural or an infinitive? What tense is it?
  › Does the missing word appear somewhere else in the text?

allons   compétitions
coucher   piscine   depuis
faisons   fait   fin   forme   inscrit
nager   plongée   entraînement
régional   sauf   va

Expo-langue →→→→   *Grammaire 4.5*

When you want to say how long you have been doing something (that you are still doing), use **depuis** + the present tense.

Je **joue** au tennis **depuis** cinq ans.
= I have been playing tennis for five years.
(*literally* I am playing tennis since five years)

 6 **Que font-ils? Depuis quand? Qu'est-ce qu'ils vont faire? (1–4)**

	passion	depuis quand	au futur
1	l'équitation	plus de six ans	Elle va avoir son propre cheval.
2			
3			
4			

 7 **Écrivez une réponse à Sascha. Répondez aux questions.**

- Quelle est votre passion?
- Depuis quand en faites-vous?
- Pourquoi avez-vous choisi ce hobby?
- Est-ce que vous allez continuer à en faire?

- Je me passionne pour …
- J'en fais depuis …
- Je l'ai choisi/J'en fais parce que …
- (L'année prochaine), je vais …

8 **Vidéoconférence. Préparez un dialogue. Vous allez parler de votre passion. Puis vous allez poser deux questions à votre partenaire sur sa passion.**

Ma passion

Je me passionne pour le judo. J'aime tous les arts martiaux, mais j'ai choisi le judo parce que c'est le plus connu, mes amis en font et c'est bon pour la forme. J'en fais depuis un an.

Je m'entraîne deux fois par semaine, le lundi et le mercredi soir, dans un gymnase. Une séance d'entraînement dure une heure et demie.

La tenue de judo consiste en un large pantalon blanc, une veste blanche et une ceinture. La couleur de la ceinture dépend du niveau qu'on a atteint. La ceinture noire est le niveau le plus haut. Notre moniteur est ceinture noire. Il est très doué. Les débutants, eux, portent une ceinture blanche. Moi, je suis seulement ceinture jaune, ce qui est le premier grade.

Le moniteur est très strict. Il ne faut absolument pas faire l'andouille, sinon on est obligé de faire vingt pompes pendant que tout le monde compte!

Au début, j'ai trouvé certains mouvements difficiles, mais maintenant, ça va mieux. J'ai fait des progrès! Nous avons des compétitions régulièrement, à peu près une fois par mois. Parfois, elles sont organisées chez nous, et des fois, on va dans une autre ville. J'aime aller aux compétitions. Je me souviens encore de mon premier tournoi! C'était à Londres. On est arrivés tôt le matin en bus. On a fait un jogging et puis on a déjeuné ensemble, des pâtes bien sûr! Avant mon premier combat, j'étais stressée, mais finalement j'ai fait de mon mieux et j'ai gagné! Je suis rentrée à la maison avec une médaille de bronze.

Notre club est l'un des meilleurs de notre région. Pour être bon, il faut se concentrer et être très discipliné. L'inconvénient, c'est qu'il faut s'entraîner tous les jours si on veut devenir vraiment très bon, et quelquefois, c'est difficile surtout quand on a beaucoup de devoirs. L'avantage, c'est qu'on garde la forme et qu'on se fait de nouveaux amis facilement.

Je recommande ce passe-temps à tout le monde parce qu'on apprend à respecter les autres et en même temps à se défendre.

Je vais continuer à faire du judo parce que j'aime bien ça. Ça me donne confiance en moi et c'est plutôt bon pour la santé.

Je vais passer dans le groupe des seniors l'année prochaine et je voudrais obtenir la ceinture marron!

Lucy

faire l'andouille – to act stupid (andouille = sausage)
faire des pompes – to do press-ups

1 Trouvez les mots ou les phrases dans le texte.

martial arts   (judo) kit   level   black belt   very talented   beginners

one of the best   disadvantage   advantage   everybody   at the same time

2 Imaginez que vous êtes Lucy. Répondez aux questions en français.

1 C'est quel genre d'activité?
2 Quand as-tu commencé à faire du judo?
3 Pourquoi as-tu choisi le judo?
4 Quand est-ce que tu en fais?
5 Avec qui en fais-tu?
6 Qu'est-ce qu'il faut avoir pour en faire?
7 Que signifie la couleur de la ceinture?
8 Quels sont les avantages du judo?
9 Est-ce qu'il y a des inconvénients?
10 Est-ce que tu proposes de continuer de faire du judo?

3 Décrivez votre passe-temps préféré.

Boîte à outils

1 Decide on the content
◆ Try to use or adapt some of the phrases from exercise 1 on p. 20.
◆ Refer to unit 5 for help with describing a sport or game.

2 Structure your text carefully

◆ Use the perfect tense to talk about when and how you started doing the activity.
J'ai commencé …
Au début, j'ai joué …
◆ Use *depuis* + the present tense to say how long you've been doing it.
J'en fais depuis cinq ans.

Introduction

When did you start doing the activity?
How did you come to start doing it?
How long you have been doing it?

Main paragraphs

When do you do it?
Where do you do it?
Who do you do it with?
What do you need to do it?

Conclusion

Why do you enjoy the activity?
Do you recommend it? Why?
Do you expect to continue the activity in the future? Why?/Why not?

◆ Use **aller** + infinitive to say what you are going to do.
◆ Use **parce que** (because) to give reasons.

◆ Remember to use *le* with the days of the week to say 'on Mondays'.
Les séances ont lieu le mardi et le mercredi …
Il y a un cours le samedi après-midi …
◆ Useful phrases:
J'en fais avec …
J'y vais avec …
Pour faire … , j'ai/on a besoin de …

3 Check what you have written carefully. Check:
◆ spelling and accents
◆ gender and agreement (e.g. adjectives, past participles of *être* verbs)
◆ verb endings for the different persons: *je/tu/on*, etc.
◆ tense formation (e.g. *j'ai commencé/je vais continuer*)

Moi / Me

Je me présente ...	Let me introduce myself ...
Je m'appelle ...	I'm called ...
J'ai quinze ans.	I'm fifteen years old.
Mon anniversaire est le 10 mai.	My birthday is 10 May.
J'ai une sœur qui s'appelle ...	I have a sister, who's called ...
Mes frères s'appellent ...	My brothers are called ...
J'habite à Bruxelles.	I live in Brussels.
Je suis ...	I'm ...
anglais(e)	English
français(e)	French
suisse	Swiss
petit(e)/grand(e)	small/big
de taille moyenne	of average height
blond(e)/brun(e)	fair/dark
J'ai ...	I have ...
les yeux bleus/marron/verts	blue/brown/green eyes
les cheveux blonds/bruns/noirs/roux	blond/brown/black/red hair
J'ai un chien.	I have a dog.
Nous n'avons pas d'animal.	We don't have a pet.

Les choses que j'aime faire / The things I like doing

Qu'est-ce que tu aimes faire?	What do you like doing?
Mon passion, c'est ...	What I really like is ...
J'aime ...	I like ...
faire du vélo/ski/camping/kayak/canoë	going cycling/skiing/camping/kayaking/canoeing
jouer au football/basket/tennis/volley/hand-ball	playing football/basketball/tennis/volleyball/handball
jouer à l'ordinateur	playing on the computer
jouer aux cartes/échecs	playing cards/chess
jouer du piano/violon	playing piano/violin
de la guitare/batterie	playing guitar/drums
Je n'aime pas le foot.	I don't like football.
Je n'aime pas faire de sport.	I don't like doing sport.

Quand est-ce que tu en fais? / When do you do it?

J'en fais ...	I do it ...
une/deux fois par semaine	once/twice a week
souvent	often
d'habitude	usually
en été/hiver	in summer/winter

Ma famille / My family

un frère cadet/aîné	a younger/older brother
une sœur cadette/aînée	a younger/older sister
un demi-frère	a half brother
une demi-sœur	a half sister
un beau-père	a stepfather
une belle-mère	a stepmother
séparé(e)	separated
divorcé(e)	divorced
célibataire	single
remarié(e)	remarried
On s'entend bien.	We get on well.
Elle m'embête/m'énerve.	She annoys me.
Je dois m'occuper d'elle.	I have to look after her.
Il se moque toujours de moi.	He's always making fun of me.
On s'amuse bien.	We have fun.
Je m'ennuie.	I get bored.
Il se n'ennuie jamais.	He never gets bored.

Les métiers / Jobs

Il/Elle est ...	He/She is a(n) ...
coiffeur/euse	hairdresser
comptable	accountant
cuisinier/ère	cook
infirmier/ère	nurse
informaticien(ne)	computer operator
ingénieur	engineer
instituteur/trice	primary teacher
kinésithérapeute	physiotherapist
maçon	builder
mécanicien(ne)	mechanic
menuisier	carpenter
nourrice	child minder
plombier	plumber
secrétaire	secretary
serveur/euse	waiter
sapeur-pompier	fireman
vendeur/euse	salesperson

Il/Elle travaille ...	*He/She works ...*	dans un garage	*in a garage*
dans un bureau	*in an office*	dans une cantine	*in a canteen*
dans une grande surface	*in a hypermarket*	dans une garderie	*in a nursery*
dans un hôpital	*in a hospital*	sur un chantier	*on a worksite*
dans une école primaire	*in a primary school*		

Mes parents / *My parents*

Je m'entends bien avec eux.	*I get on well with them.*
Je ne m'entends pas bien avec lui.	*I don't get on well with him.*
Je ressemble plutôt à ma mère qu'à mon père.	*I look more like my mother than my father.*
Mes parents sont séparés.	*My parents are separated.*

Mes copains / *My friends*

Mon (petit) copain est ...	*My (boy)friend is ...*	gentil(le)	*nice*
Ma (petite) copine idéale est ...	*My ideal (girl)friend is ...*	insupportable	*dreadful*
		intelligent(e)	*clever*
actif/ve	*active*	nerveux/euse	*nervous*
bavard(e)	*chatty*	organisé(e)	*organised*
branché(e)	*switched on, trendy*	paresseux/euse	*lazy*
bruyant(e)	*noisy*	rigolo(te)	*funny*
décontracté(e)	*laid-back/relaxed*	sportif/ve	*sporty*
drôle	*funny*	sympa	*nice*
égoïste	*selfish*	timide	*shy*
généreux/euse	*generous*	travailleur/euse	*hardworking*

Le temps-libre / *Free time*

Lundi, je suis allé(e) ...	*On Monday I went ...*	de l'entraînement (m)	*training*
au centre de loisirs	*to the leisure centre*	de l'escrime (f)	*fencing*
J'ai fait ...	*I did ...*	des arts (m) martiaux	*martial arts*
du karaté	*karate*	J'ai nagé.	*I swam.*
du judo	*judo*	J'ai bavardé avec mes copains.	*I chatted with my friends.*
du théâtre	*drama*		
de la natation	*swimming*	J'ai lu des BD.	*I read comic books.*
de la danse	*dancing*	J'ai écouté de la musique.	*I listened to music.*
de la plongée	*scuba diving*	Nous avons mangé une pizza.	*We ate a pizza.*

C'était comment? / *How was it?*

C'était super/fantastique/ cool/génial!	*It was great/fantastic/ cool/great!*	C'était nul.	*It was rubbish.*
Bof./C'était pas mal.	*It was OK.*	Ce n'est pas mon truc.	*It's not my thing.*

Quelle est votre passion? / *What do you really like?*

Je me passion pour le sport.	*I really like sport.*
Ma passion, c'est le foot.	*I really like football.*
Je joue au foot depuis cinq ans.	*I've been playing football for five years.*
J'en fais depuis deux ans.	*I've been doing it for two years.*
Je l'ai choisi parce que ...	*I chose it because ...*
J'en fais parce que ...	*I do it because ...*
c'est bon pour la santé	*it's good for your health*
j'aime la camaraderie	*I like the camaraderie.*
j'ai gagné	*I won*
je suis devenu(e) accro	*I became addicted (a fan)*
je me suis inscrit(e) au club	*I joined the club*
L'année prochaine, ...	*Next year ...*
je vais prendre part aux compétitions	*I'm going to take part in competitions*
je vais être dans la première équipe	*I'm going to be in the first team*

2 On sort?

Qu'est-ce qu'on fait? Discussing TV and cinema
Using articles and object pronouns

1 Écoutez et lisez la conversation. Notez les mots qui manquent.

- ■ Salut, Thomas! C'est Julie. Tu veux aller au cinéma avec moi ce soir?
- ● Ça dépend. Qu'est-ce qu'on passe?
- ■ Il y a *Star Wars épisode 3: La Revanche des Sith*.
- ● Ça ne me dit rien. Je (**1**) _____ beaucoup les films de science-fiction. Je les trouve (**2**) _____.
- ■ Bon, qu'est-ce qu'on fait, alors? Tu (**3**) _____ regarder la télé chez moi?
- ● Oui, je veux bien. Qu'est-ce qu'il y a à la télé (**4**) _____?
- ■ Euh … il y a *Joey*.
- ● Qu'est-ce que c'est?
- ■ C'est (**5**) _____ comme *Friends*.
- ● Ah, non! Pas ça! Je (**6**) _____ les comédies américaines.
- ■ (**7**) _____ aussi *La Nouvelle Star*, à 20h50. Tu veux regarder ça?
- ● Chouette! J'adore les (**8**) _____ musicales! Alors, je viens chez toi à 20h15. D'accord?
- ■ D'accord. À bientôt!

déteste   série

une comédie   n'aime pas

il y a   veux   ce soir

émissions   regardes

ennuyeux

> Remember to use the plural definite article when you want to say what type of films or programmes you like/dislike:
>
> C'est **un** film d'horreur.
> → J'aime beaucoup **les** film**s** d'horreur.

2 À deux. Adaptez la conversation ci-dessus.
Utilisez vos propres idées et des mots ci-dessous si vous voulez.

- ■ Salut, Katie! C'est Sunita. Tu veux aller au cinéma avec moi ce soir?
- ● Ça dépend. Qu'est-ce qu'on passe?
- ■ Il y a *Madagascar*.
- ● Tu plaisantes! Je déteste les dessins animés. Je les trouve nuls.

Bonne idée!
Bof … Ça m'est égal.
Tu plaisantes!
Je n'ai pas envie.

une histoire d'amour
un western
un dessin animé
un film policier
un film de guerre/ d'arts martiaux/ d'action/d'horreur

un jeu télévisé
une émission de sport/ de science-fiction/ de télé-réalité
une série (médicale/ policière)
un documentaire

Expo-langue →→→→

A direct object pronoun replaces a noun which is the object of a sentence. It goes before the verb.

The pronoun **y** replaces **à** + a noun (= there). It also goes before the verb. Note that it's not always translated in English.

	masculin	féminin
it	le/l'	la/l'
them	les	les
there	y	

La télé? Je ne **la** regarde pas souvent. = TV? I don't often watch *it*.
Les films de science-fiction? Je **les** trouve affreux. = Science-fiction films? I think *they*'re terrible.
Au cinéma? J'**y** vais de temps en temps. To the cinema? I go (*there*) from time to time.

lire 3 Lisez le quiz et répondez aux questions. Puis regardez la solution. Vous êtes comme ça?

La télé et le ciné: y es-tu accro ou bof?

1 Regardes-tu souvent la télé?
a Je la regarde tout le temps.
b Je la regarde assez souvent.
c Je ne la regarde pas beaucoup.

2 Comment trouves-tu les séries comme *EastEnders*?
a Pas mal. Je les regarde de temps en temps.
b Je ne les regarde pas. Je les trouve ennuyeuses.
c J'adore ça! Je les regarde toutes les semaines.

3 Si on passe un bon film à la télé et que tu as beaucoup de devoirs à faire pour demain, qu'est-ce que tu fais?
a Je le regarde et je ne fais pas les devoirs.
b Je les fais et j'enregistre le film.
c Je les fais en regardant le film.

4 Combien de fois par mois vas-tu au cinéma?
a J'y vais rarement.
b J'y vais toutes les semaines.
c J'y vais une ou deux fois par mois.

Solution

Score			
1a 1 point	2a 2 points	3a 1 point	4a 3 points
1b 2 points	2b 3 points	3b 3 points	4b 1 point
1c 3 points	2c 1 point	3c 2 points	4c 2 points

10–12 points: Félicitations! Tu n'es pas accro à la télé ou au cinéma.
7–9 points: Tu aimes bien la télé et le cinéma, mais ce n'est pas une obsession.
4–6 points: Attention! Tu es un peu obsédé(e) par la télé et le cinéma!

y es-tu accro? = are you addicted?
enregistrer = to record
en regardant = while watching

💡 Use expressions of frequency and adjectives of opinion whenever you can, to enhance your speaking and writing. Make a list of the ones on this page and any others you know.

parler 4 À deux! Interviewez votre partenaire en utilisant les questions de l'exercice 3.

écrire 5 Écrivez un paragraphe sur votre famille, la télé et le cinéma.

(J'adore) aller au cinéma et j'y vais (une fois par mois) avec ... Moi, j'adore les (films d'arts martiaux), mais (mon frère) préfère ... Mes parents (ne vont pas souvent) au cinéma, mais ils regardent (tout le temps) la télé. Ils adorent ... , comme ... Moi, je les trouve ... Je préfère ...

1 Lisez les annonces, puis reliez le français et l'anglais.

A

CRAZY KUNG-FU
Film chinois – karaté, comédie
avec Stephen Chow
Séances tous les jours à 10h20, 12h20,
14h20, 16h20, 18h20, 20h20, 22h20
UGC Ciné-cité
Cergy-le-Haut, 8 place des Trois-Gares
Tél. 08 92 70 00 00

B

Fête de la musique

Concert gratuit avec notamment: Moby,
Yannick Noah, Shakira, Florent Pagny,
Francis Cabrel, Garou
le 21 juin, Palais de Versailles

C

Furia sound festival
4 scènes en plein air. Au programme
notamment: Louise Attaque, Mano Solo,
Sinsemilia, Kyo, This World, Dead Combo.
Du 24 au 26 juin. Base de loisirs. La journée:
26€, pass trois jours: 52€. Tél: 01.34.20.02.02

D

La surprise de l'amour
Pièce de Marivaux de 1772
L'auteur parle des êtres humains et
de leurs histoires de cœur.
le 10 juin, 14h30 et 21h
Théâtre de Jouy, 96 avenue des
Bruzacques
12€, 10€ étudiants
Tél. 01.34.43.38.00

E

si loin, si près
Spectacle de danse: rencontres entre les
cultures chinoises et marocaines
11€, tarif réduit 7€
19h ce soir, 20h30 dem., 17h sam.
Maison des métallos, 94 rue Jean-Pierre
Timbaud
Tél. 01.47.00.68.45

1	showings (of a film)	**a**	plein air
2	every day	**b**	tarif réduit
3	free concert	**c**	tous les jours
4	open air	**d**	pièce
5	play (at the theatre)	**e**	séances
6	reduced rate	**f**	concert gratuit

Which two French words in exercise 1 are *faux amis* (false friends) and mean something completely different in English?

2 Relisez les annonces. Écrivez V (Vrai), F (Faux) ou PM (Pas Mentionné) à côté de chaque phrase.

1 Le spectacle de danse est à 20 heures samedi.
2 Ça coûte 11€, mais il y a une réduction pour certaines personnes.
3 On peut voir *Crazy kung-fu* dimanche.
4 Les billets de cinéma coûtent 5€.
5 Il y a une séance du film à 19h20.
6 Le Furia sound festival dure trois jours.
7 Le festival commence à 20h.
8 *La surprise de l'amour* est une pièce de théâtre.
9 L'auteur de la pièce s'appelle Jouy.
10 Les billets pour le concert de la Fête de la musique sont gratuits.

3 Écoutez. On parle de quelle annonce dans l'exercice 1? Notez les bonnes lettres. (1–4)

4 Écoutez encore. On se retrouve où et à quelle heure? Trouvez les paires. (1–4)

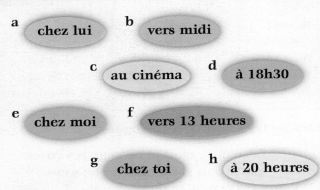

a chez lui
b vers midi
c au cinéma
d à 18h30
e chez moi
f vers 13 heures
g chez toi
h à 20 heures

Expo-langue →→→→ *Grammaire 1.11*

The following pronouns are used for emphasis or after a preposition:

moi	nous
toi	vous
lui	eux
elle	elles

avec **moi** = with me
pour **toi** = for you
chez **lui** = at his house

5 À deux. Complétez le dialogue. Choisissez ou inventez les détails.

■ Il y a un bon film/concert/festival de musique/spectacle de danse ce soir/demain/le 21 juin/samedi prochain. Tu veux y aller avec moi?
● L'entrée, c'est combien?/Les billets coûtent combien?
■ Ça coûte … (avec la carte d'étudiant)./C'est gratuit.
● Je veux bien. Ça commence à quelle heure?
■ Ça commence à …/Il y a une séance à …
● On se retrouve où et à quelle heure?
■ On se retrouve … à …h… D'accord?
● D'accord. À bientôt!/À demain!/À samedi!

6 Écrivez deux ou trois annonces comme celles de l'exercice 1. Inventez les détails.

7 À deux. Faites un dialogue en utilisant une des vos annonces.

écouter 1 Écoutez et regardez les images. Qui parle? (1–8)

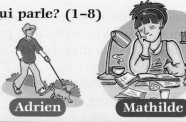

Adrien Mathilde Vincent

Yasmina

Théo

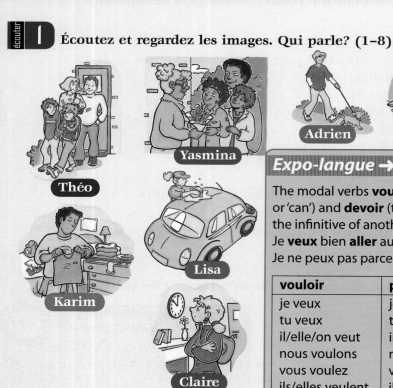

Lisa

Karim

Claire

Expo-langue →→→→

Grammaire 3.16

The modal verbs **vouloir** (to want), **pouvoir** (to be able to, or 'can') and **devoir** (to have to, or 'must') are often used with the infinitive of another verb.

Je **veux** bien **aller** au cinéma, mais je **dois rentrer** avant 22h.
Je ne peux pas parce que mes parents **doivent sortir**.

vouloir	pouvoir	devoir
je veux	je peux	je dois
tu veux	tu peux	tu dois
il/elle/on veut	il/elle/on peut	il/elle/on doit
nous voulons	nous pouvons	nous devons
vous voulez	vous pouvez	vous devez
ils/elles veulent	ils/elles peuvent	ils/elles doivent

parler 2 À deux. Regardez les images et les mots et faites des dialogues.

■ Tu veux aller en ville ce matin? ● Désolé(e), mais je ne peux pas parce que je dois garder ma petite sœur.

■ Tu peux y aller cet après-midi? ● Excuse-moi, mais ...

1 ce matin? cet après-midi? samedi matin?

2 samedi soir? demain soir? 10:30

3 demain matin?

4 aujourd'hui? demain?

Je ne peux pas parce que	(ma mère/mon père dit que)/ (mes parents disent que) je dois ...	faire mes devoirs
		garder mon petit frère/ma petite sœur
		laver la voiture (de ma mère)
		promener le chien (des voisins)
		ranger ma chambre
		rentrer avant 22 heures
		rester à la maison
		sortir avec mes parents
		aller voir ma grand-mère

écrire 3 Inventez de nouvelles excuses. Utilisez un dictionnaire, si vous voulez.

4 Lisez les e-mails et répondez aux questions.

Coucou, Justine!
Je voudrais bien aller au concert de Kyo avec toi,
mais papa dit que je ne peux pas parce que je n'ai pas
suffisamment travaillé au collège et c'est pour ça que
mes notes sont mauvaises. Il dit que je dois rester à
la maison et bosser tout le week-end. D'habitude, je
m'entends bien avec lui, mais parfois, il est trop sévère.
Lola

Salut, Clément!
Merci pour l'invitation à ta fête, mais on ne peut pas
venir, Nabila et moi, parce que nos parents veulent partir
pour le week-end en Bretagne et ils disent qu'on doit
aussi y aller. On ne veut pas, mais on n'a pas le choix. Ce
n'est pas juste! Amuse-toi bien quand même!
Hakim

Salut, Mohammed!
Je suis désolée, mais maman ne me laisse pas sortir
demain. C'est parce que mes grands-parents viennent
nous rendre visite et elle dit que nous devons aider à
la maison, mon frère et moi. Nous devons ranger nos
chambres, faire la vaisselle après tous les repas et même
laver la voiture! Je suis furieuse contre elle!
Julie

Qui …
1 ne peut pas aller à la fête d'un ami?
2 doit faire du travail scolaire ce week-end?
3 veut aller à un concert, mais ne peut pas?
4 doit aider sa mère à la maison?
5 doit partir avec ses parents?
6 ne peut pas sortir avec son copain?
7 est énervé(e) contre son père?

When reading complex texts:
- Look for (near-)cognates (e.g. *choix*, *sévère*).
- Use context to work out meanings (e.g. *maman ne me laisse pas sortir demain*).
- Beware of faux amis (e.g. *c'est pour ça que mes **notes** sont mauvaises*).
- Use a dictionary sparingly. You will not be able to use one in the exam!

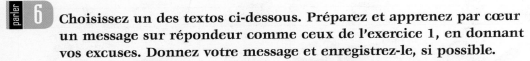 **5** Répondez aux questions en français.

Exemple: **1** parce qu'elle doit faire son travail scolaire

Pourquoi est-ce que …
1 Lola doit rester à la maison ce week-end?
2 Julie doit ranger sa chambre et faire la vaisselle?
3 Hakim ne peut pas accepter l'invitation de Clément?
4 Lola est énervée contre son père?
5 Julie est furieuse contre sa mère?
6 Hakim ne veut pas aller en Bretagne avec ses parents?

6 Choisissez un des textos ci-dessous. Préparez et apprenez par cœur
un message sur répondeur comme ceux de l'exercice 1, en donnant
vos excuses. Donnez votre message et enregistrez-le, si possible.

On va au parc cet après-midi. Tu viens?

Options

Tu veux aller au concert en plein air samedi?

Options

Tu es libre demain soir? Je vais à la patinoire!

Options

 7 Écrivez un e-mail d'excuse comme ceux de l'exercice 4. Inventez les détails.

écouter **1** Écoutez et lisez les textes. Puis regardez les phrases ci-dessous. Qui parle? Choisissez la bonne réponse. (1–4)

1
Dimanche dernier, je suis resté à la maison et j'ai regardé *Tigre et dragon* en DVD. Je suis fan des films d'arts martiaux. C'est un de mes films préférés parce que c'est plein d'action.
Farid

2
Hier soir, ma copine Mathilde et moi sommes allées au cinéma. Nous avons vu *King Kong*. Après, nous avons mangé une pizza et nous sommes rentrées à la maison vers 22 heures.
Nathalie

3
Mes deux sœurs adorent la lecture, surtout les livres de Harry Potter. Le week-end dernier, elles ont acheté toutes les deux *Harry Potter et le prince de sang mêlé*. Elles ont lu tout le week-end et elles ont fini le livre dimanche soir!
Damien

4
Samedi matin, mon petit copain a fait les magasins et il a acheté six CD avec l'argent qu'il a reçu comme cadeau d'anniversaire. Dimanche, il est resté à la maison et il a écouté du hip-hop et du rap dans sa chambre toute la journée.
Liane

Qui parle?   **a** Farid   **b** les sœurs de Damien   **c** le petit copain de Liane   **d** Nathalie

1 On est allés au cinéma.
2 J'ai acheté des CD.
3 J'ai regardé un film en DVD.
4 Nous avons lu.

5 J'ai vu un film avec ma copine.
6 J'ai écouté de la musique dans ma chambre.
7 Nous avons mangé une pizza.
8 On a acheté un livre.

Expo-langue →→→→

Grammaire 3.3

The perfect tense is formed using an auxiliary (**avoir** or **être**) plus a past participle.
Past participles are formed as follows:

–er verbs	replace **–er** with **–é**	j'ai regard**é**
–ir verbs	replace **–ir** with **–i**	j'ai fin**i**
–re verbs	replace **–re** with **–u**	j'ai attend**u**

Note that some verbs have irregular past participles (e.g. **vu**, **lu**, **fait**).

parler **2** À deux. Faites un dialogue, en utilisant les détails dans la grille.

■ Qu'est-ce que tu as fait le week-end dernier?
● Samedi matin, j'ai fait les magasins et j'ai acheté … , puis l'après-midi, … Le soir, … Dimanche, … Et toi, qu'est-ce que tu as fait?
■ Samedi …

3 Reliez les opinions en français et en anglais.
Utilisez le glossaire ou un dictionnaire, si nécessaire.

affreux	bien	formidable	long	passionnant
amusant	chouette	génial	marrant	(peu) original
barbant	émouvant	intéressant	nul	plein d'action
	ennuyeux	lent	pas mal	

	full of action		moving	
boring	funny	brilliant/fantastic/great		slow
good	interesting	not bad		terrible
exciting	amusing/entertaining	(un-)original		
	long	rubbish		

4 Écoutez ce qu'on a fait le week-end dernier. Pour chaque
personne, notez en français: (a) l'activité et (b) l'opinion. (1–6)

Exemple: 1 (a) écouter un CD (b) génial, un peu ennuyeux

To pronounce the **–ant** or **–ent**
sound (barb**ant**, l**ent**), your
tongue should be at the back of
your throat. But to say the **–on**
sound (l**on**g, acti**on**), it should be
at the front of the mouth.

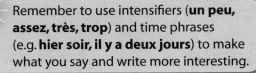

Expo-langue →→→→

To describe something in the past (what it *was* like),
you use **c'était**, the imperfect tense of **c'est**. To make it
negative, put **ne … pas** round the verb.

C'était assez marrant. = It was quite funny.
Ce **n'était pas** très intéressant. = It wasn't very interesting.

5 Vidéoconférence. Interviewez votre partenaire.
Qu'est-ce que vous avez fait le week-end dernier?
C'était comment?

Remember to use intensifiers (**un peu,
assez, très, trop**) and time phrases
(e.g. **hier soir, il y a deux jours**) to make
what you say and write more interesting.

6 Qu'est-ce que vous avez fait le week-end dernier?
Mentionnez aussi votre famille ou vos copains.
Regardez et adaptez les textes de l'exercice 1, en
ajoutant des opinions.

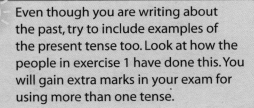

Even though you are writing about
the past, try to include examples of
the present tense too. Look at how the
people in exercise 1 have done this. You
will gain extra marks in your exam for
using more than one tense.

écouter 1 Écoutez et lisez les textes. (1–3)

1

La semaine dernière, c'était mon anniversaire. J'ai eu quinze ans, donc samedi soir, on a fait une grande fête chez nous et j'ai invité une trentaine de mes copains. Mes parents étaient un peu nerveux, mais ça s'est bien passé. J'ai reçu beaucoup de cadeaux et il y avait aussi un délicieux gâteau d'anniversaire. Une copine qui est DJ a apporté ses CD et on a dansé jusqu'à minuit. C'était extra! Une de nos voisines n'était pas très contente du bruit, mais on s'est bien amusés quand même. L'année prochaine, je vais fêter mes seize ans et je vais avoir un scooter! **Lucas**

2

Il y a deux ans, j'étais à Nice pour la fête nationale, le quatorze juillet. Nous étions là en vacances, ma famille et moi, et il y avait beaucoup de monde, puisque c'est un jour de congé en France. Il y avait un grand défilé tout le long de la Promenade des Anglais. C'était assez drôle parce que tout le monde était déguisé en clown, en animal, etc. Après, il y avait un bal en plein air. Le soir, il n'y avait pas de place dans les restaurants, donc on a fait un pique-nique sur la plage, en regardant les magnifiques feux d'artifice, ce qui était bien agréable. Je vais y retourner avec mon frère l'année prochaine. **Mériem**

3

L'année dernière, comme d'habitude, on a fêté Noël en famille. La veille de Noël, on s'est offert des cadeaux et, puisqu'on est catholiques, ma mère est allée à la messe de minuit avec mes grands-parents. Moi, j'étais trop fatigué pour ça et j'avais un peu mal à la tête, donc je me suis couché de bonne heure. Puis, le jour de Noël, on a mangé le grand repas traditionnel: il y avait des huîtres, du foie gras, de la dinde et, comme dessert, la bûche de Noël. C'était délicieux. Mais cette année, on va faire quelque chose de différent à Noël. On va aller chez mon oncle au Québec! C'est génial, non? **Jean-Pierre**

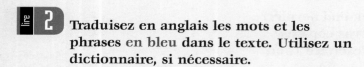

lire 2 Traduisez en anglais les mots et les phrases en bleu dans le texte. Utilisez un dictionnaire, si nécessaire.

Use context and logic to guess or work out meanings. For example, you might not know **le bruit**, but you can probably guess its meaning from the fact that the text is about a birthday party and Lucas says it is the reason why **une de nos voisines n'était pas contente**.

Expo-langue →→
Grammaire 3.4

You use the imperfect tense of **avoir** and **être** to describe things in the past. The imperfect tense of **il y a** is **il y avait** (there was/there were).

avoir	être
j'avais	j'étais
tu avais	tu étais
il/elle/on avait	il/elle/on était
nous avions	nous étions
vous aviez	vous étiez
ils/elles avaient	ils/elles étaient

lire 3 Relisez les textes. Écrivez V (Vrai), F (Faux) ou PM (Pas Mentionné) à côté de chaque phrase.

1 La semaine dernière, Lucas a fêté ses seize ans.
2 Comme cadeau, il a reçu des CD.
3 Les parents de Lucas étaient nerveux à cause de la fête.
4 Une des voisines de Lucas a fait trop de bruit.
5 Mériem et sa famille ont passé le quatorze juillet à Nice.
6 Ils sont allés au bal en plein air.
7 Ils ont regardé les feux d'artifice du balcon de leur hôtel.
8 D'habitude, la famille de Jean-Pierre se donne des cadeaux le 24 décembre.
9 L'année dernière, Jean-Pierre n'est pas allé à la messe de minuit.
10 L'année prochaine, la famille va passer Noël au Canada.

écouter 4 Écoutez et complétez les phrases. (1–3)

Thierry
a Le quatorze juillet, il y a ▬▬▬▬ dans son ▬▬▬▬ en Bretagne.
b Ce soir-là, Thierry et ses ▬▬▬▬ peuvent ▬▬▬▬ plus tard que d'habitude.
c On ▬▬▬▬ des crêpes, ▬▬▬▬ du cidre et tout le monde ▬▬▬▬.

Laure
d À Noël, elle va aller chez ▬▬▬▬, qui ▬▬▬▬ Toulouse.
e Comme ▬▬▬▬, Laure va acheter ▬▬▬▬ pour sa grand-mère.
f On va manger de ▬▬▬▬ et le père de Laure, qui est pâtissier, va préparer une ▬▬▬▬.

Arthur
g Pour fêter ▬▬▬▬, d'abord, il est allé au ▬▬▬▬ avec ▬▬▬▬.
h Le soir, en boîte ▬▬▬▬ trop de monde et ▬▬▬▬ très chaud, mais c'était ▬▬▬▬.
i Arthur ▬▬▬▬ une chaîne hi-fi de ses parents et un ▬▬▬▬ de son frère.

parler 5 Vidéoconférence. Préparez vos réponses aux questions suivantes:

● Comment as-tu fêté ton dernier anniversaire?
● Qu'est-ce que tu as reçu comme cadeaux?
● Décris une fête nationale ou religieuse importante. Comment l'as-tu fêtée la dernière fois? C'était comment?
● Comment vas-tu la fêter la prochaine fois?

parler 6 À deux. Interviewez votre partenaire. Si possible, enregistrez la conversation.

écrire 7 Décrivez une fête ou une occasion spéciale. Écrivez au présent, au passé composé, à l'imparfait et au futur proche.

D'habitude, je fête mon anniversaire en famille.
Je vais/fais/mange ... *ou* On va/fait/mange ...
Mais l'année dernière, j'ai fait ... /je suis allé(e) ...
Il y avait/J'avais/J'étais/C'était ...
L'année prochaine, je vais/on va aller ...

1 Écoutez et lisez les textes. (1–2)

Qu'est-ce que tu as vu ou lu récemment?

J'ai regardé *Batman begins* en DVD. C'est l'histoire de l'origine du super-héros Batman. Alors que Bruce Wayne est toujours enfant, un voleur tue ses parents. Plus tard, comme adulte, Bruce revient à Gotham City, où il décide de se déguiser en chauve-souris pour lutter contre la criminalité. Le film est plein d'action et de personnages extraordinaires, comme «The Scarecrow», un méchant qui se déguise en épouvantail! À mon avis, c'est le meilleur film Batman et Christian Bale est excellent dans le rôle principal, mieux que les autres acteurs qui ont joué ce rôle.
Nathan

J'ai lu *Harry Potter et le prisonnier d'Azkaban*. C'est le troisième livre de la série et à mon avis, c'est le meilleur. Dans cette histoire, Harry apprend que son parrain, Sirius Black, s'est échappé de la prison d'Azkaban et il pense que Sirius veut le tuer. Mais avec l'assistance de ses copains Ron et Hermione, il découvre la vérité et réussit à combattre ses vrais ennemis. Harry tombe amoureux aussi d'une jolie fille qui s'appelle Cho Chang. À mon avis, la meilleure partie du livre, c'est la partie dans le train, où Harry est attaqué par les Dementors. Ils sont les plus mauvais monstres de la série – pires que les vampires!
Marine

Expo-langue →→→→

Grammaire 2.4

mieux – better	le/la/les meilleur(e)(s) – the best
pire(s) – worse	le/la/les plus mauvais(e)(s) – the worst

Elle est mieux que les autres actrices. = She's better than the other actresses.
la meilleur**e** partie du livre = the best part of the book
Ils sont pire**s** que les vampires. = They're worse than vampires.
la plus mauvais**e** scène du film = the worst scene of the film

2 Trouvez le français.

1 It's the story of	8 the third book in the series
2 a thief kills his parents	9 Harry learns that
3 he decides to disguise himself as	10 with the help of his friends
4 to fight crime	11 he discovers the truth
5 amazing characters	12 succeeds in fighting his real enemies
6 a baddie	13 Harry falls in love
7 the lead role	14 the best part of the book

3 Décrivez un film ou un livre de votre choix (ou choisissez un des titres ci-dessous), en adaptant des phrases de l'exercice 1.

Exemple: 1 C'est l'histoire d'une famille de super-héros.

1 *Les Indestructibles (The Incredibles)*
2 *Star Wars épisode 3: La Revanche des Sith*
3 *Spider-Man*
4 *Harry Potter et la Coupe de feu*

4 À deux. Préparez trois ou quatre phrases sur un autre film ou livre. Lisez-les à votre partenaire. Il/Elle doit deviner quel film ou quel livre c'est.

Keep it simple. Try to adapt words and phrases from the texts on page 34 and avoid looking up too many new words. If you are not sure how to say something, try saying it in a different way.

e.g. Instead of: 'It's a film about a man trying to save the earth from invading alien spaceships', you could say: 'In this film, the hero decides to fight against aliens'. You should only need to look up 'aliens': *Dans ce film, le héros décide de lutter contre des extraterrestres.*

5 Écoutez et complétez le texte.

Les Choristes est un des (1) ▬▬▬▬▬ films français des dernières années. Il s'agit de quoi? (2) ▬▬▬▬▬ se déroule en 1948, au Pensionnat de Fond de l'Étang, une (3) ▬▬▬▬▬ pour des garçons délinquants au cœur de la campagne française. Clément Mathieu, (4) ▬▬▬▬▬ de musique, mais qui est au chômage (rôle interprété par Gérard Jugnot), y arrive pour (5) ▬▬▬▬▬ comme surveillant. Malgré l'intimidation des élèves (6) ▬▬▬▬▬ et les méthodes sévères que le directeur, Monsieur Rachin, utilise pour les discipliner, Clément (7) ▬▬▬▬▬ d'essayer quelque chose de nouveau. Il décide d'apprendre la (8) ▬▬▬▬▬ aux garçons et d'organiser une chorale. Il (9) ▬▬▬▬▬ que ses élèves ont des dons musicaux, mais l'arrivée d'un (10) ▬▬▬▬▬ très difficile met en péril ce projet. C'est par la magie du chant que Clément réussit à changer la vie de ses élèves. C'est un film sympa, émouvant et très bien joué.

école   pire   travailler   musique   professeur   meilleurs

difficiles   l'histoire   garçon   amusant   découvre   décide

 6 Relisez le texte et répondez aux questions en anglais.

1 When does the story of *Les Choristes* take place?
2 What sort of a place is the Pensionnat de Fond de l'Étang?
3 Why does Clément Mathieu come to work there as a monitor?
4 How does the headteacher, Monsieur Rachin, keep discipline?
5 What does Clément decide to teach the pupils?
6 What threatens the project?
7 What effect does singing have on the pupils?
8 What does the writer think of the film?

Un de mes films préférés

Il y a deux ans, je suis allé au cinéma pour voir *Les désastreuses aventures des orphelins Baudelaire*, réalisé par Brad Silberling. Je l'ai vu en version originale (*A Series of Unfortunate Events* en anglais), sous-titré en français. C'est un film qui s'adresse à tous les publics parce que c'est une comédie, mais aussi un film d'action et même un peu un film d'horreur.

Le film raconte l'histoire des enfants Baudelaire – Violet, Klaus et Sunny. Après la mort de leurs parents, les enfants doivent habiter chez leur oncle, le mauvais Comte Olaf (rôle interprété par Jim Carrey, la vedette du film). Mais le Comte veut les tuer pour hériter de leur fortune. Les trois enfants s'échappent et ils vont habiter chez l'Oncle Monty. Malheureusement, le Comte Olaf se déguise et tue l'oncle. Ensuite, les orphelins vont chez la Tante Josephine, mais elle aussi est tuée par le Comte, qui veut se marier avec Violet. Cependant, tout finit bien et le Comte Olaf est mis en prison.

À mon avis, ce film est tout à fait original, passionnant, amusant et très bien joué. Jim Carrey est vraiment doué comme acteur. Il peut être sinistre et drôle en même temps. Une des meilleures scènes est la scène où le Comte fait semblant de pleurer. En plus, j'adore l'ambiance du film: il est plein de personnages et d'événements extraordinaires. Je vais recommander le film à tous mes copains et j'ai appris aussi que le film est d'après une série de livres de l'auteur Lemony Snicket. Je voudrais bien les lire pour découvrir la suite de l'histoire.

> en version originale – in the original language
> sous-titré – sub-titled
> faire semblant de pleurer – to pretend to cry

1 **Copiez les phrases en bleu dans le texte et trouvez l'équivalent en anglais ci-dessous.**

   1 everything ends happily
   2 the atmosphere of the film
   3 one of the best scenes
   4 the star of the film
   5 the film tells the story
   6 completely original
   7 is killed by
   8 directed by
   9 a really talented actor
  10 very well acted
  11 I am going to recommend the film to all my friends
  12 after the death of

2 Imaginez que vous êtes Mathis. Répondez aux questions en français.

1 Quand avez-vous vu ce film?

2 Vous l'avez vu en anglais ou en français?

3 C'est quel genre de film?

4 Il s'agit de quoi dans ce film?

5 Qui sont les personnages principaux du film?

6 Qui est la vedette du film et quel rôle joue-t-elle?

7 Comment le trouvez-vous comme acteur et pourquoi?

8 Quelle est votre opinion sur le film? Donnez des raisons.

9 À qui allez-vous recommander ce film?

10 Pourquoi voudriez-vous lire les livres de Lemony Snicket?

3 Décrivez un film que vous avez vu ou un livre que vous avez lu en donnant votre opinion.

Boîte à outils

1 Decide on the content

◆ Try to use or adapt some of the phrases in blue in the text or from Unit 5 (pp. 34–35).

◆ Refer to past, present and future events.

◆ If you have to look up English words in a dictionary, make sure you choose the correct French translation. Look carefully at any example sentences given. Cross-check by looking the French word up in the French–English part of the dictionary. What English translations are given?

2 Structure your film or book review carefully

◆ Use the perfect and imperfect tenses to refer to the past.

◆ Include time expressions; *il y a … jours/semaines/ mois/ans samedi dernier/le week-end dernier/l'année dernière*, etc.

Introduction

What did you see or read and when? What sort of book or film is it? What was your general impression of it?

Main paragraphs

What is the story of the book or film? Describe the main characters. What happens at the beginning, in the middle and at the end?

Conclusion

What do you think of the film and the actors and why? Would you recommend the film? What are you going to see or read next and why?

◆ Use *aller* + the infinitive to refer to the future.

◆ Use *je voudrais* + the infinitive to say 'I would like to … '

◆ Use the present tense to describe the plot.

◆ Use a variety of connectives to extend your sentences: *mais, après, ensuite, parce que, car, cependant*, etc.

3 Check what you have written carefully. Check:

◆ spelling and accents

◆ gender and agreement (e.g. adjectives, past participles of *être* verbs)

◆ verb endings (e.g. *ils doiv**ent** habiter, il se déguis**e***)

◆ tense formation (e.g. *je suis allé(e)/je vais recommander*)

Qu'est-ce qu'on fait?
What shall we do?

Tu veux ...	*Do you want to ... ?*
aller au cinéma?	*go to the cinema?*
regarder la télé?	*watch television?*

Qu'est-ce qu'on passe?	*What's on?*
Il y a *Madagascar*.	Madagascar *is on.*

Les films
Films

C'est ...	*It's ...*
une comédie	*a comedy*
un dessin animé	*a cartoon*
un film d'action	*an action film*
un film d'arts martiaux	*a martial arts film*
un film de guerre	*a war film*
un film d'horreur	*a horror film*

un film de science-fiction	*a science-fiction film*
un film policier	*a police/detective film*
une histoire d'amour	*a love story*
un western	*a western*
J'adore les dessins animés.	*I love cartoons.*
Mon frère préfère les westerns.	*My brother prefers westerns.*

Les émissions
Programmes

un documentaire	*a documentary*
une émission de science-fiction	*a science-fiction programme*
une émission de sport	*a sports programme*
une émission de télé-réalité	*a reality TV programme*

une émission musicale	*a music programme*
un jeu télévisé	*a game show*
une série	*a series*
une série médicale/policière	*a medical/police drama*

Les réactions
Reactions

Bonne idée!	*Good idea!*
Bof./Ça m'est égal.	*Don't mind.*
Ça dépend.	*It depends.*
Ça ne me dit rien.	*I'm not very keen.*
Chouette!	*Great!*
D'accord.	*OK.*

Je n'ai pas (tellement) envie.	*I don't (really) want to.*
Je veux bien.	*I'd like to.*
Pas ça!	*Not that!*
Tu plaisantes!	*You're joking!*
Je les trouve ennuyeux/euses.	*I find them boring.*

La fréquence
Frequency

Je le/la regarde de temps en temps.	*I watch it from time to time.*
d'habitude	*usually*
J'y vais ...	*I go there ...*
rarement	*rarely*
pas/assez souvent	*not/quite often*

tout le temps	*all the time*
tous les jours/samedis	*every day/Saturday*
tous les soirs/week-ends	*every evening/weekend*
toutes les semaines	*every week*
une/deux fois par mois	*once/twice a month*

Les divertissements
Entertainment

Il y a une séance à ...	*There's a showing (of a film) at ...*
L'entrée, c'est combien?	*How much is the entrance fee?*
Ça coûte combien?	*How much is it?*
un concert	*a concert*
une pièce (de théâtre)	*a play (at the theatre)*
un spectacle (de danse)	*a (dance) show*
un billet	*a ticket*
avec la carte d'étudiant	*with a student card*

complet	*full (no seats left)*
tarif réduit	*reduced price/rate*
C'est gratuit.	*It's free (of charge).*
Ça commence à ... ?	*When does it start?*
On se retrouve où/à quelle heure?	*Where/When shall we meet?*
chez moi/toi	*at my/your home*
chez lui	*at his/her home*
À bientôt/demain/samedi!	*See you soon/tomorrow/Saturday!*

Les excuses
Excuses

Désolé(e)./Excuse(z)-moi.	*I'm sorry.*
Je ne peux pas parce que ...	*I can't because ...*
C'est trop cher pour moi.	*It's too expensive for me.*
Ma mère/Mon père dit que je dois ...	*My mother/father says that I have to.*
Mes parents disent que je dois ...	*My parents say that I have to ...*

faire mes devoirs	*do my homework*
garder mon petit frère	*look after my little brother*
laver la voiture (de ma mère)	*wash the car (my mother's car)*
promener le chien (des voisins)	*walk the (neighbours') dog*

ranger ma chambre	tidy my bedroom	On doit aller voir ma grand-mère.	We have to go and see my grandmother.
rentrer avant 22 heures	come home before 10 p.m.	Mes parents doivent sortir.	My parents have to go out.
rester à la maison	stay at home		
sortir avec mes parents	go out with my parents		

Le week-end dernier / Last weekend

Qu'est-ce que tu as fait?	What did you do?	regardé un film en DVD	watched a film on DVD
J'ai/On a ...	I/We ...	vu King Kong.	saw King Kong.
acheté des CD	bought some CDs		
écouté de la musique	listened to music	Je suis/On est ...	I/We ...
fait les magasins	went shopping	allé(e)(s) au cinéma	went to the cinema
fini le livre	finished the book	rentré(e)(s)	came/went home
mangé une pizza	ate a pizza	resté(e)(s) à la maison	stayed at home
lu des BD	read some comic books		

Les opinions / Opinions

Il y avait ...	There was/were ...	émouvant	moving
Il (n')y avait (pas) ...	There wasn't/weren't ...	ennuyeux	boring
C'était/Ce n'était pas ...	It was/It wasn't ...	extra	great/fantastic
assez	quite	formidable	great
tout à fait	completely	génial	great
très	very	intéressant	interesting
trop	too	lent	slow
un peu	a bit	long	long
affreux	terrible	marrant	funny
amusant	amusing/fun	nul	rubbish
agréable	nice/pleasant	pas mal	not bad
barbant	boring/dull	passionnant	exciting
bien	good	(peu) original	(un)original
bien joué	well played/acted	plein d'action	full of action
drôle	funny	sympa	nice

Les fêtes / Special occasions

On a fait une grande fête.	We had a big party.	On s'est offert des cadeaux.	We exchanged presents.
On a dansé.	We danced.	On a mangé le grand repas traditionnel.	We had a big traditional dinner.
J'ai reçu beaucoup de cadeaux.	I received lots of presents.	L'année prochaine, je vais ...	Next year, I'm going to ...
On a fait une pique-nique.	We had a picnic.	avoir un scooter	get a scooter
Il y avait des feux d'artifice.	There were fireworks.	y retourner	go back there
On a fêté Noël en famille.	We had a family Christmas.	aller chez mon oncle	go to my uncle's

Il s'agit de quoi? / What's it about?

C'est l'histoire de ...	It's the story of ...	À mon avis, la meilleure partie du film/livre, c'est ...	In my opinion, the best part of the film/book is ...
L'histoire se déroule ...	The story takes place ...		
Le film est plein d'action.	The film is action-packed.	l'acteur/l'actrice	actor/actress
		l'ambiance (f)	atmosphere

3 Là où j'habite

Ma maison Talking about where you live
More about adjectives

1 Écoutez et lisez. Écrivez des titres pour les images.

1 l'immeuble où j'habite

2

3

4

5

6

7

8

J'habite un grand appartement dans un immeuble moderne en ville. Nous y habitons depuis cinq ans. Notre appartement se trouve au cinquième étage. Nous avons une petite entrée, une grande cuisine, un grand salon, deux grandes chambres et une petite chambre, une salle de bains, une douche et des toilettes. Mes parents ont la plus grande chambre et mes deux sœurs partagent l'autre. La petite chambre est à moi, et gare à ne pas y entrer quand je ne suis pas là!

Arthur

2 Choisissez la bonne réponse.

1 Arthur habite (**a**) une maison
   (**b**) un appartement.
2 Il y habite depuis (**a**) trois (**b**) cinq ans.
3 L'appartement se trouve (**a**) en ville
   (**b**) à la campagne.
4 L'appartement est (**a**) grand (**b**) petit.
5 L'entrée est (**a**) grande (**b**) petite.
6 Sa chambre est (**a**) grande (**b**) petite.
7 La salle de séjour est (**a**) grande (**b**) petite.
8 La chambre de ses sœurs est (**a**) grande
   (**b**) petite.

Expo-langue →→→→ *Grammaire* 2.1

Adjectives agree with the person or thing they describe. See p. 14.

Most adjectives come *after* the noun:
un immeuble **moderne.**
However, there are a number of adjectives which come *in front of* the noun, e.g. **grand** and **petit**:

| un **petit** salon | une **petite** chambre |
| un **grand** appartement | une **grande** cuisine |

3 Écoutez et notez: masculin (**M**) ou féminin (**F**)?

4 À deux. Complétez les phrases avec *grand(e)* et *petit(e)* et puis prononcez les phrases.

un ... garçon   une ... fille
une ... maison   un ... chalet
un ... village   une ... ville
une ... rivière   un ... pont
un ... chien   une ... chienne
un ... appartement   une ... école

In English **p** is a 'plosive' sound. Put your hand in front of your mouth and say **pipe**: you should feel a burst of air when you pronounce each **p**. In French **p** is not plosive. Practise saying **petit** without that burst of air.

lire 5 Trouvez la bonne définition.

1 la banlieue   a   grand bâtiment comprenant plusieurs appartements
2 l'immeuble   b   petites pièces situées sous le toit d'une maison
3 un lotissement   c   une propriété où se trouve plusieurs maisons du même style
4 les combles   d   zone résidentielle et/ou industrielle qui entoure une grande ville

écouter 6 Où habitent-ils? (1–4)

Exemple: 1 b, h, i, 10 ans

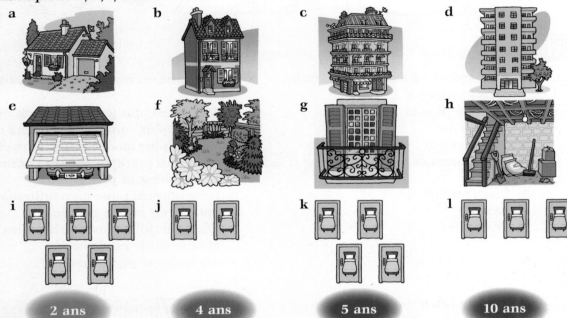

parler 7 Vidéoconférence. Où habitez-vous? Préparez une présentation.

J'habite	une grande/petite maison un appartement dans un grand immeuble ...
Notre maison est	en ville/en banlieue/à la campagne ...
J'y habite depuis	deux ans/toujours ...
Au rez-de-chaussée, il y a	l'entrée, une cuisine, un salon ...
Au premier étage, il y a	trois chambres, une salle de bains ...
Ma chambre est	au premier étage/dans les combles ...
Nous avons	un jardin/un garage/un balcon/une cave ...
Nous n'avons pas de	garage/jardin ...

une HLM (habitation à loyer modéré) – council housing
une maison jumelle – a semi-detached house
une maison en rangée – a terraced house
une maison individuelle – a detached house

écrire 8 Décrivez votre maison idéale.

Ma maison idéale, c'est une grande maison individuelle ... avec ...

Ma chambre Talking about your own room
plus and *moins*

Déjà vu 2

1 Écoutez et lisez. Complétez les phrases ci-dessous.

■ Ta chambre est comme la chambre dans l'image?

● Non, elle est nettement plus petite.

■ As-tu un lit comme ça?
■ Et la chaise?
■ Et l'étagère?
■ Et la commode?

● Non, il est plus grand que mon lit.
● Elle est plus confortable que ma chaise.
● Elle est plus moderne que mon étagère.
● C'est plus pratique que ma commode. Les tiroirs sont plus grands.

■ L'ordinateur?
■ La télé?
■ L'armoire?

● C'est plus cher que mon ordinateur.
● Ma télé est moins grande.
● C'est plus jolie que mon armoire. Mon armoire est demodée.

■ Et la table?

● Ma table est moins haute.

1 La chambre d'Hervé est ▓▓▓▓▓▓ ▓▓▓▓▓▓▓▓ que celle du catalogue.
2 Son lit est ▓▓▓▓▓▓▓▓▓.
3 Sa chaise est ▓▓▓▓▓▓▓▓▓▓.
4 Son étagère est ▓▓▓▓▓▓▓▓▓▓.
5 Sa commode est ▓▓▓▓▓▓▓▓▓.
6 Son ordinateur est ▓▓▓▓▓▓▓▓▓.
7 Sa télé est ▓▓▓▓▓▓▓.
8 Son armoire est ▓▓▓▓▓▓▓▓.

Déjà vu 2

Expo-langue →→→→ *Grammaire 2.4*

To compare two things you use the comparative form of the adjective. This is formed using **plus** + adjective + **que** or **moins** + adjective + **que**.

C'est **plus** cher **que** mon ordinateur.
– It's *more* expensive *than* my computer.
Ma table est **moins** haute **que** ton table.
– My table is *less* high *than* your table.

Note that the adjective still needs to agree.

The comparative of **bon** is irregular: **meilleur**.

2 Comparez votre chambre avec la chambre ci-dessus.
À deux, posez et répondez aux questions.

■ Ta chambre est comme la chambre sur l'image?

● Non, ma chambre est plus grande.

■ As-tu une chaise comme la chaise sur l'image?

● Non, ma chaise est plus petite.

…

écouter **3** **Où mettent-ils les meubles?**
Ils font des bêtises.
Écoutez et notez.

Exemple: armoire → cuisine

écrire **4** **Faites la liste. Où est-ce qu'ils ont mis les meubles?**

Ils ont mis ... dans ...

parler **5** **À deux. Vous allez jouer. Faites des suggestions bizarres!**

■ Où est-ce que je mets le vélo? ● Mets-le dans la salle de bains!

 le vélo

 la télé

 le miroir

 le sèche-cheveux

 le tabouret

 le portable

 l'horloge

 la poubelle

 le skate

 le canard en plastique

To say 'put *it*' in French, you need to use the correct form of the direct object pronoun:
le or **la**. When used with the imperative, the direct object pronoun comes *after* the verb.

le portable   Mets-**le** dans le garage.
la télé   Mets-**la** dans le jardin.

lire **6** **Lisez et choisissez la bonne réponse.**

1 La chambre de Luc est (**a**) grande
   (**b**) petite.
2 Il y a (**a**) un grand lit (**b**) deux lits.
3 Il (**a**) range ses affaires
   (**b**) les laisse par terre.
4 Il (**a**) a une télé (**b**) n'a pas de télé.
5 Ils (**a**) regardent la télé
   (**b**) jouent à l'ordinateur.
6 Il (**a**) se dispute avec son frère
   (**b**) il ne se dispute jamais avec lui.
7 Il (**a**) aime écouter de la musique
   (**b**) n'aime pas écouter de la
   musique.
8 (**a**) Il s'est acheté un iPod lui-même.
   (**b**) Sa mère lui a acheté un iPod.

Je partage ma chambre avec mon frère. La chambre est petite et il faut être organisé. On ne peut pas laisser traîner nos affaires par terre. Maman est très stricte. Nous devons ranger nos vêtements dans la commode ou dans l'armoire. Nous avons deux lits superposés et une petite table avec un ordinateur. Heureusement, nous aimons jouer aux Sims ensemble. Nous avons deux chaises et une étagère pour nos BD et nos DVD. Nous n'avons pas de télé ou de chaîne hi-fi. Pour Noël, maman nous a offert des iPods. Comme ça, nous pouvons écouter de la musique sans nous disputer.
Luc

écrire **7** **Ma chambre. Décrivez votre chambre.**

écouter 1 Écoutez et lisez. Trouvez les images et les phrases qui correspondent à chaque texte.

J'habite dans une vieille maison en ville. Notre appartement est au cinquième étage. C'est un bel immeuble du 19ᵉ siècle. La maison est pleine d'histoire, mais les pièces sont petites, les sanitaires sont vieux et les marches de l'escalier sont abîmées. Ma chambre est dans les combles et nous n'avons pas de chauffage central. Il fait très chaud en été et très froid en hiver. Heureusement, nous sommes à deux minutes des commerces et du cinéma. La maison est dans le vieux quartier de la ville, près de la place du Marché. Les rues sont étroites et le soir, il y a de l'ambiance, mais pendant la journée, il y a trop de circulation et c'est trop bruyant. Le soir en été, tout le monde sort, les adultes jouent à la pétanque sur la place et nous faisons du skate. On s'amuse bien.
Clément

Nous habitons un nouvel appartement dans la banlieue. C'est joli parce qu'il y a un grand et bel espace vert autour des immeubles où l'on peut jouer. Mais notre appartement est au huitième étage et l'ascenseur tombe souvent en panne. Pour moi ça va, cela m'aide à garder la forme, mais ma mère doit monter le bébé, la poussette et toutes les courses par l'escalier si je ne suis pas là pour l'aider. De plus, nos voisins d'à côté mettent de la musique très fort le soir. Nous avons du double-vitrage contre le bruit, mais ça ne sert à rien s'il fait chaud et qu'on veut ouvrir les fenêtres. Les gens qui habitent au-dessus passent leurs soirées à traîner des chaises par terre et cela fait un bruit épouvantable chez nous. C'est difficile quand on veut faire nos devoirs!
Karel

> abîmé – damaged, worn out
> bruyant – noisy

1 **2**  **3**  **4**  **5**  **6**

a Les voisins font beaucoup de bruit.

b Nous n'avons pas de douche.

c Il y a trop d'escaliers.

d Il n'y a pas de jardin.

e J'aime l'ambiance.

f L'immeuble est neuf.

écrire 2 Copiez et complétez les mots.

Osman habite un b_____ appartement dans un n_____ immeuble. La n_____ maison de Damien est dans un b_____ quartier où il y a de v_____ bâtiments. Notre maison est v_____. Elle est située dans le v_____ quartier sur les hauteurs de la ville, près du v_____ château. Nous avons toujours eu une b_____ vue sur la ville, mais l'année dernière, on a construit un n_____ hôtel juste devant chez nous.

Expo-langue →→→→ [2.1] [2.2]

beau (beautiful/nice), **vieux** (old) and **nouveau** (new) are three more adjectives which go *in front of* the noun: un **beau** quartier. Note that these adjectives have a special form when followed by a noun beginning with a vowel sound.

singular			plural	
masculine	feminine	m/f before vowel or silent 'h'	masculine	feminine
beau	belle	bel	beaux	belles
vieux	vieille	vieil	vieux	vieilles
nouveau	nouvelle	nouvel	nouveaux	nouvelles

3 Écoutez et notez. Selon eux, c'est un avantage (A) ou un inconvénient (I)? (1–2)

	Victorien	Alizée
situation	A – près du marché et des commerces	
ambiance		
environs		
maison		
chambre		

4 Quel est l'inconvénient?
Reliez les textes aux
bonnes images.

There may be words here you don't know: use what you do know to do the exercise.

Look at the pictures and decide what the key words might be, then look for these words in the text.

1
Chez nous, le problème, c'est qu'on a construit beaucoup de maisons et quand il pleut, la rivière déborde. Quelquefois, l'eau arrive juste devant notre porte et il y a de plus en plus souvent des inondations. L'année dernière, l'eau est rentrée dans la maison deux fois.

2
Le samedi matin, il y a un marché juste devant chez nous et après le marché, les commerçants laissent des tas de fruits, des légumes abîmés, des vieux papiers jetés par terre, et quand il y a du vent, ça vole partout. C'est carrément dégoûtant!

3
Notre ville est ancienne, avec des rues étroites, et la pollution est devenue épouvantable, surtout en été. C'est à cause des gaz d'échappement des voitures qui sont coincées dans la rue. Quelquefois, c'est vraiment irrespirable!

4
On a construit une nouvelle autoroute tout près de chez nous, et le bruit est affreux. C'est tout le temps bruyant, de jour comme de nuit. Le pire, ce sont les poids lourds. On nous a mis des doubles-vitrages dans tout l'immeuble, mais ça ne marche que si on garde les fenêtres fermées. Mais on ne peut pas toujours les garder fermées – on ne peut plus respirer sinon!

a

b

c

d

e

f

5 Imaginez que vous habitez dans une grande ville. Quels sont les avantages et les inconvénients? Est-ce qu'il y a un problème particulier? Utilisez les phrases dans les textes ci-dessus pour vous aider.

6 Vidéoconférence. Là où j'habite. Préparez une présentation.

Mentionnez:
- les avantages
- les inconvénients
- les problèmes

1 Lisez et écoutez. Écrivez V (Vrai), F (Faux) ou PM (Pas Mentionné).

Quand j'étais petit, nous habitions en ville, mais quand j'ai eu douze ans, nous avons déménagé et maintenant, nous habitons à la campagne depuis quatre ans déjà.

Quand nous habitions en ville, je pouvais aller dans le centre-ville à pied. Notre maison était à deux minutes de l'école et je pouvais rentrer à midi déjeuner à la maison. Le soir, j'allais à la piscine ou à la bibliothèque avec mes copains. Je faisais du judo et je prenais des cours de guitare. C'était pratique.

Maintenant, pour aller au collège, je prends le car de ramassage qui passe à sept heures. Il me faut trois quarts d'heure pour y aller. Si je veux aller à la piscine ou au cinéma, je dois rester en ville après la fin des cours et maman vient me chercher en voiture parce qu'il n'y a pas de bus. La nouvelle maison est plus grande et plus jolie et nous avons un grand jardin, mais je n'ai pas de copains dans le village et mes copains d'avant, ils me manquent.

> ils me manquent – I miss them (*literally* they are missing to me)

When he was young
1 he lived in a village
2 he could walk to school
3 he had lunch at school
4 he used to do judo and play the guitar
5 he had lots of friends

Now
6 he lives in a bigger house
7 he doesn't do judo any more
8 his mother takes him to school
9 it takes half an hour to get there
10 he hasn't any friends

2 Copiez et complétez les mots.

1 Quand il ét_____ jeune, il habit_____ en ville.
2 Maintenant, il _____ à la campagne.
3 L'ancienne maison ét_____ près de l'école.
4 La nouvelle maison _____ dans un village.
5 Il all_____ à l'école à pied.
6 Maintenant, il y _____ en car.
7 En ville, il av_____ beaucoup de copains.
8 Dans le village, il n'_____ pas de copains.
9 Il fais_____ du judo.
10 Maintenant, il n'en _____ plus.

Expo-langue → → → →

Grammaire **3.4**

Remember: you use the **imperfect tense** to say what 'used' to happen or for descriptions of how things were in the past.

Nous **habitions** en ville. = We *lived/used to live* in a town.
C'**était** pratique. = It *was* practical.

To form the imperfect tense: take the **nous** form of the present tense, take off the **–ons** ending and add the following endings: **–ais, –ais, –ait, –ions, –iez, –aient**

n̶o̶u̶s̶ pouv̶o̶n̶s̶ →
je **pouvais**	nous **pouvions**
tu **pouvais**	vous **pouviez**
il/elle/on **pouvait**	ils/elles **pouvaient**

The only verb which forms the imperfect differently is **être**: you use the same imperfect endings, but add them to the stem **ét–**.

3 Où habitaient-ils et où habitent-ils maintenant?
Copiez et complétez la grille.

Siana

Damien

Claire

Martinique Paris
Marseille Bordeaux
Lyon   à la campagne
au bord de la mer
dans un village
en banlieue
dans une grande ville

	où?	avantage	inconvénient	autres détails
avant				
maintenant				

près/loin

de l'école
du cinéma
des commerces
de la piscine
des copains

trop

petit
bruyant   vieux
haut   loin

Qu'est-ce
qui leur
manque?

le père
la chaleur
les copains
la mère
l'ambiance

4 À deux. Imaginez que vous êtes Siana, Damien ou Claire.
Posez-vous des questions et répondez-y.

- Où habites-tu?
- Tu y habites depuis quand?
- Où habitais-tu avant?
- C'était comment?

- Où préfères-tu habiter?
- Pourquoi?
- Qu'est-ce qu'il te manque le plus?

5 Écrivez un texte:
Où j'habite: les avantages et les inconvénients

Remember to use modifiers
to add interest, e.g.
assez – quite, **très** – very,
trop – too, **plutôt** – rather

6 Vidéoconférence. Vous allez vous informer sur le quartier où habitent
vos camarades et sur les avantages et les inconvénients à y habiter.

Préparez: ● cinq questions à poser
● ce que vous allez dire sur votre quartier

- Où ... ?
- C'est ... ?
- Aimes-tu ... ?
- Préfères-tu ... ?
- Pourquoi?
- Avantages/inconvénients?

Try to use the following phrases when
discussing your opinions:
selon moi/toi/vous – in my/your opinion
(according to me/you)
à mon/ton/votre avis – in my/your opinion

1 De quelle ville s'agit-il? Écoutez et trouvez le nom des villes sur la carte. (a–h)

Le nord
L'ouest — L'est
Le sud

Boulogne-sur-mer

Le Havre

Metz

Strasbourg

Saint-Nazaire

Besançon

Chamonix

Clermont-Ferrand

Bordeaux

Marseille

Nice

Biarritz

Carcassonne

Cannes

une ville touristique	une ville historique	une ville industrielle	une station de ski	une station balnéaire	un port commercial	un port de pêche	un port de plaisance

2 Écoutez et notez les détails qui manquent.

1 La mer de Glace, dans le massif du Mont-Blanc, avec une longueur de _____ km, est le plus long glacier de France.

2 La Loire, qui prend sa source en Ardèche et mesure _____ km, est le plus long fleuve de France.

3 Le lac du Bourget, avec une superficie de _____ km², est le plus grand lac de France.

4 La dune du Pilat, qui se trouve dans les Landes et qui mesure plus de _____ m de haut, est la plus haute montagne de sable d'Europe.

5 La plus grande île de France est la Corse, qui se trouve dans la mer Méditerranée et qui mesure _____ km de long.

6 Le Mont-Blanc (altitude _____ m), qui se trouve dans les Alpes à la frontière de la France et de l'Italie, est le plus haut sommet d'Europe.

3 Lisez et complétez les phrases.

1 Le Mont-Blanc est la _____ montagne.

2 La Loire est le _____ fleuve.

3 La tour Eiffel est le site touristique le _____.

4 Paris est la _____ ville.

5 Carcassonne est le _____ exemple d'une ville fortifiée dans le Midi de la France.

6 Marseille est le _____ port de France.

7 La Provence est la _____ région de France.

8 La région Pas-de-Calais est la région la plus _____ d'Angleterre.

4 À deux. Discutez. Chez vous, c'est quoi?

● la plus haute montagne
● la plus grande ville
● le plus vieux bâtiment
● le site touristique le plus intéressant, etc.

5 Écrivez trois ou quatre phrases sur votre ville ou sur la grande ville la plus proche.

(Glasgow) est une (grande) ville située (dans l'ouest) (de l'Écosse). Elle est traversée par (la Clyde), qui est (le plus long fleuve d'Écosse). La ville était autrefois (un port de commerce) (important) connu (dans le monde entier) pour (la construction de ses bateaux).
Aujourd'hui, c'est une ville (de commerce et de services et un centre administratif pour la région).

Expo-langue →→→→

Grammaire 2.4

To say something is the 'most' ('the biggest', 'the most interesting', etc.), you use the superlative form of the adjective. This is formed using **le/la plus** + adjective. Note that the adjective still needs to agree.

C'est **le plus grand** château de France.
= It's the biggest castle in France.
C'est **la plus vieille** ville d'Europe.
= It's the oldest town in Europe.

The superlative comes *before or after* the noun, depending on where the adjective would come:

le plus haut immeuble
= the tallest building
la cathédrale **la plus connue**
= the best-known cathedral
le plus long tunnel
= the longest tunnel
la gare **la plus proche**
= the nearest station

Note that when the superlative comes *after* the noun the article appears twice: once with the noun and once with **plus/moins**. When the superlative comes *before* the noun, the article only appears once – with **plus/moins**.

The superlative of **bon** is irregular:
le meilleur théâtre/la **meilleure** ville.

---

6 Vidéoconférence. Préparez une présentation de votre ville ou votre région.

4 Ma ville Talking about a town
on peut/on pourrait + infinitive

1 Écoutez et notez les mots qui manquent.

■ Bonjour, Camille. Quelle est ta ville préférée?

● Annecy ... là où j'habite.

■ C'est quel genre de ville?

● La vieille ville est (1) _____ et pittoresque. C'est aussi le centre régional administratif et (2) _____.

■ C'est une destination touristique?

● Oui, l' (3) _____ ville se trouve au bord d'un grand lac entouré par de (4) _____. Le paysage est magnifique!

■ C'est joli, alors?

● Oui, c'est très joli. Il y a de beaux et (5) _____ bâtiments et des (6) _____ modernes, des grandes surfaces hors de la ville et des espaces verts dans la ville. La plupart des parkings sont (7) _____.

■ Où se trouve-t-elle?

● Elle se situe dans le sud-est de la France près de la frontière (8) _____. On est à vingt minutes de Genève par l'autoroute.

■ Comment est le temps?

● En été, il fait chaud, mais pas trop. On peut toujours aller au bord du lac ou en montagne. En hiver, par contre, il fait froid, il (9) _____ et on peut faire du ski. De temps en temps, il arrive que le lac gèle, alors on peut faire du patin à glace. C'est un climat très (10) _____.

■ Qu'est-ce qu'un touriste peut y faire?

● On peut faire des sports aquatiques comme de la planche, de la voile, du canoë-kayak; des sports d'aventures comme de la plongée, du canyoning, du (11) _____, du parapente et de l'(12) _____; et (13) _____, des sports de glisse, du ski, du snowboard et de la luge.

■ Et pour ceux qui n'aiment pas le sport? Qu'est-ce qu'ils pourraient faire?

● Ils pourraient visiter des musées, des vieux (14) _____ et des centres historiques et culturels et pour ceux qui aiment les sites touristiques naturels, il y a le lac, des grottes et des chutes d'eau. Il y en a pour tout le monde. Il y a même une fête du (15) _____!

■ Est-ce qu'il y a quelque chose que tu n'aimes pas?

● Oui, il y a trop de circulation dans la vieille ville, mais on est en train d'agrandir la zone piétonne.

Expo-langue → → → → *Grammaire 3.16*

pouvoir (to be able to) is a modal verb.
It is followed by the infinitive.
On peut **faire** du patin à glace. = You can go ice skating.
On pourrait **visiter** des musées. = You could visit museums.

2 À deux. Posez et répondez aux questions en rouge dans l'exercice 1. Adaptez des phrases dans le dialogue pour vous aider.

Ma ville préférée, c'est ...	
C'est une ville	historique/moderne ...
Il y a	une cathédrale/un musée/un château ...
Elle se situe	en Écosse ... dans le sud de ...
Les touristes peuvent visiter	des monuments/des sites/la ville
On peut aussi	faire du shopping ... faire du sport ...
On pourrait aussi aller	au parc d'attractions/au parc/à la piscine au stade/à la fête/au cinéma ...
En général, j'aime la ville, mais	il y a trop de circulation ...

3 Projet de ville. C'est quel problème? Trouvez la bonne phrase pour chaque image.

1  **2**  **3**  **4**

a Il n'y a pas de transport en commun.
b Il y a trop de circulation en ville – c'est difficile de traverser la rue.
c Il y a des embouteillages aux heures de pointe.
d Il n'y a pas de périphérique et les poids lourds traversent la ville.
e Il n'y a pas assez de places de stationnement.
f Il n'y a pas de stations-service dans la ville.

 4 Écoutez. Quelle est la bonne solution pour chaque problème? (1–4)

a  **b**   **c**  **d**  **e**

parc relais   zone   parking   couloir réservé   route
                     piétonne   souterrain   au bus   périphérique

 5 À deux. Discutez des problèmes et trouvez des solutions.

Chez nous en ville, il y a trop de/il n'y a pas (assez) de …
On est en train d'/de ouvrir/fermer …
On pourrait agrandir/construire/faire/réduire …

 6 Là où j'habite. Décrivez votre ville.

Mentionnez:
● ce que vous aimez
● ce que vous n'aimez pas
● ce que des touristes pourraient y faire
● des problèmes
● des solutions

Lyon

Lyon se trouve à mi-chemin entre Paris au nord et Marseille au bord de la Méditerranée dans le sud, au carrefour de l'Europe.

Fondée en 43 avant J.C. par les Romains, la vieille ville a été construite sur les collines qui dominent la confluence de deux fleuves, le Rhône et la Saône.

Pour s'y rendre, rien de plus simple. Prenez le train (TGV). Nous sommes à deux heures de Paris et à cinq heures de Londres. Vous préférez l'avion? L'aéroport Lyon Saint-Exupéry est à vingt minutes du centre-ville. Vous venez en voiture? L'autoroute passe près de la ville.

Vous vous demandez où dormir? Pas de problème. Il y a plus de 3000 hôtels et 11000 chambres.

Que peut-on faire à Lyon? Expositions, concerts, spectacles, événements – laissez-vous tenter!

Vous vous intéressez à l'histoire et à la culture? Les musées et les sites gallo-romains sont pour vous. Peut-être préférez-vous l'aquarium ou le musée de la miniature?

Le sport est votre passion? La ville ne manque pas de centres sportifs, de piscines et de jardins publics. Pour les enfants, vous allez trouver également Fourvière aventures, un parc d'aventures dans la forêt avec parcours acrobatiques et passerelles dans les arbres.

Mais aujourd'hui, c'est pour son shopping que la ville de Lyon est connue et appréciée! Il y a plus de 260 magasins et 14 cinémas au centre commercial de la Part-Dieu et si vous voulez faire du lèche-vitrines dans des boutiques de luxe, allez dans le Carré d'Or.

«Nous avons passé deux semaines fantastiques à Lyon. Il y avait des activités pour toute la famille. Ma mère a adoré faire du shopping là-bas, ma sœur a visité tous les musées. Mon frère, mon père et moi, nous avons fait du sport tous les jours. Le soir, nous sommes allés dîner dans un restaurant ou au cinéma … On ne peut pas souhaiter mieux!»

Et en plus, nous sommes en train de construire un bâtiment ultramoderne: le Musée des Confluences, qui va ressembler à «un nuage de cristal», et va abriter une base de loisirs urbains avec un cinéma et des activités comme le roller et le bowling.

Pour en savoir plus, allez sur: www.lyon-france.com

1 Copiez les phrases en bleu dans le texte et trouvez l'équivalent de l'anglais ci-dessous.

1 Are you interested in history
2 Do you prefer to fly?
3 in the course of constructing
4 is situated
5 It is for its shopping that …
6 the old town was built
7 There is no shortage of … in the town
8 To get there …
9 What can you do?

2 Relisez le texte et répondez aux questions.

1 Where is Lyons situated?
2 Who founded Lyons?
3 When was it founded?
4 What is special about its situation?
5 How can you get there?
6 What can you do there?
7 What is there for those interested in history?
8 What is there for those who prefer the outdoors?
9 What is it best known for?
10 What future developments are being undertaken?

3 Faites une pub sur votre région.

Boîte à outils

1 Decide on the content

◆ For this, you'll need to use a different style of writing: it will be more formal than other things you have written. Make it interesting and informative – your aim is to make people want to visit your area. Compare a few sites or brochures and choose the style you want to copy.

◆ Try to use or adapt some of the phrases from the text on p. 52. Look at the type of language used there. Notice how some paragraphs begin with a question, which is immediately followed by the answer or some other suggestions. This is a good way of involving the reader.

2 Structure your text carefully

◆ Refer to unit 3 for help with talking about the type of place and where it is situated.

◆ Use the imperfect tense to describe how things used to be.
C'était …

◆ Use the present tense to describe how things

◆ See Unit 4 for useful language to talk about recreational facilities.
Pour les sportifs, il y a …
Pour ceux qui s'intéressent à la culture, il y a …

◆ Use the text on p. 52 as a starting point about future developments.
On est en train de construire …
On propose la construction de …

◆ To support your arguments, include direct comments from recent visitors (see p. 52). This is a good chance to show off your mastery of the past tenses!
Je suis allé(e) … et j'ai fait …
C'était …

Introduction

Where is the area situated?
What did it used to be like?/What was it known for?
What is it like today?/What is it known for?

Main paragraphs

How do you get to the area (forms of transport)?
How far is it from (e.g.) London?
Where can you stay?
Why should visitors come to the area?
What is there to do?

Conclusion

What future developments are planned for the area?
What do recent visitors think?

◆ Useful phrases:
Pour s'y rendre, prenez le train …
Nous sommes à deux heures de Londres en train et à deux minutes de l'autoroute.
Il y a un aéroport international à …

◆ Refer to the text on p. 52 for help with talking about future building projects.

3 Check what you have written carefully.
Check:

◆ spelling and accents

◆ gender and agreement (e.g. adjectives, past participles of *être* verbs)

◆ verb endings for the different persons: *je/tu/ on*, etc.

◆ tense formation (e.g. *j'ai commencé/je vais recommander*)

Ma maison — *My house*

J'habite …	*I live in …*	en banlieue	*in the suburbs*
un appartement	*a flat*	à la campagne	*in the country*
un immeuble	*a block of flats*	en montagne	*in the mountains*
une HLM	*council housing*	au bord de la mer	*at the seaside*
une maison individuelle	*a detached house*	dans un lotissement	*on an estate*
une maison jumelle	*a semi-detached house*	J'y habite depuis deux ans.	*I've lived there for two years.*
une maison en rangée	*a terraced house*		
en ville	*in town*	J'y habite depuis toujours.	*I've always lived there.*
dans un village	*in a village*	le quartier	*the area*

Dans la maison — *Inside the house*

au rez-de-chaussée	*on the ground floor*	la salle à manger	*dining room*
au premier étage	*on the first floor*	la chambre	*bedroom*
au sous-sol	*in the basement*	la salle de bains	*bathroom*
dans les combles (m)	*in the attic*	la cave	*cellar*
l'escalier (m)	*stairs*	le garage	*garage*
l'ascenseur (m)	*lift*	le balcon	*balcony*
l'entrée (f)	*entrance*	la terrasse	*terrace*
la cuisine	*kitchen*	le jardin	*garden*
le salon	*sitting room*	Nous avons un jardin.	*We've got a garden.*
la salle de séjour	*sitting room*	Nous n'avons pas de cave.	*We don't have a cellar.*

Ma chambre — *Ma chambre*

Dans ma chambre, il y a …	*In my room there's …*	un miroir	*a mirror*
un lit	*a bed*	un portable	*a laptop*
un tabouret	*a stool*	un sèche-cheveux	*a hairdryer*
un ordinateur	*a computer*	un skate	*a skateboard*
une armoire	*a wardrobe*	un vélo	*a bike*
une chaise	*a chair*	une horloge	*a clock*
une commode	*a chest of drawers*	une poubelle	*a bin*
une étagère	*a bookcase/shelves*	C'est plus cher que mon ordinateur.	*It's more expensive than my computer.*
une table	*a table*		
une télévision	*a television*	C'est plus moderne que ma chambre.	*It's more modern than my room.*

Où j'habite — *Where I live*

beau/bel/belle	*nice/beautiful*	moderne	*modern*
nouveau/nouvel/nouvelle	*new*	neuf/neuve	*new*
vieux/vieil/vieille	*old*	pittoresque	*picturesque*
ancien(ne)	*old*	récent(e)	*new*
joli(e)	*pretty/attractive*	traditionel(le)	*traditional*

Les avantages et les inconvénients — *The advantages and disadvantages*

Chez nous, le problème, c'est …	*Where we live the problem is …*
Il y a trop de …	*There is too much/There are too many …*
C'est à cause du/de la/des …	*It's because of the …*
la circulation	*traffic*
la pollution	*pollution*
les gaz (m) d'échappement	*exhaust fumes*
le véhicule	*vehicle*
le poids lourd	*lorry*

le périphérique	*ringroad*
la place de stationnement	*parking place*
la station-service	*service station*
le transport en commun	*public transport*

La pollution est devenue épouvantable.	*The pollution has become appalling.*
Le pire, ce sont les poids lourds.	*The worst thing is the lorries.*
C'est tout le temps bruyant.	*It's noisy all the time.*
Il y a de plus en plus souvent des inondations.	*There are floods more and more often.*
On a construit une nouvelle autoroute tout près de chez nous.	*They have built a new motorway very near us.*

Aujourd'hui et autrefois — *Now and formerly*

Quand j'étais petit(e), ...	*When I was little ...*	Je faisais du judo.	*I used to do judo.*
J'habitais ...	*I used to live ...*	Je préfère habiter ...	*I prefer living ...*
C'était pratique.	*It was practical.*	Il me manque l'ambiance.	*I miss the atmosphere.*
La maison était près de l'école/loin des commerces.	*The house was near school/far away from the shops.*	Il me manquent mes copains.	*I miss my friends.*

C'est quel genre de ville? — *What kind of town is it?*

une grande ville	*a big town*	un port de pêche	*fishing port*
un centre	*a centre*	un port de plaisance	*marina*
administratif/ve	*administrative*		
commercial(e)	*commercial*	C'est le site touristique le plus connu de France.	*It's the best-known tourist site in France.*
historique	*historic*	le/la plus haut(e)	*the tallest*
industriel(le)	*industrial*	le/la plus long(ue)	*the longest*
touristique	*tourist*	le/la plus proche	*the nearest*
une station balnéaire	*seaside resort*	le/la meilleur(e)	*the best*
une station de ski	*ski resort*		
un port commercial	*commercial port*		

Ma ville — *My town*

Il y a ...	*There's ...*	Elle se situe ...	*It's (located) ...*
un centre commercial	*a shopping centre*	en Écosse	*in Scotland*
un château	*a castle*	dans le sud de l'Angleterre	*in the south of England*
un musée	*a museum*		
une cathédrale	*a cathedral*	Les touristes peuvent visiter des monuments/des sites.	*Tourists can visit the monuments/sites.*
des commerces (m)	*shops*	On peut aussi faire du shopping/du sport.	*You can also go shopping/do sport.*
un espace vert	*a green space/park*		
l'aéroport (m)	*airport*	On pourrait aussi aller au parc (d'attractions).	*You could also go to the (theme) park.*
Ma ville préférée, c'est ...	*My favourite town is ...*		
C'est une ville historique.	*It's a historic town.*		

Les solutions — *Solutions*

le park relais	*park and ride scheme*	On pourrait construir ...	*We/They could construct ...*
le parking souterrain	*underground parking*		
la zone piétonne	*pedestrian precinct*	On est en train d'ouvrir ...	*We/They're just opening ...*
le couloir réservé au bus	*bus lane*		
la route périphérique	*ringroad*		

C'est où? Finding the way
Using the preposition à

Déjà vu 1

1 Écoutez et regardez les images. Qui parle? (1–8)

a
Romane

b
Justine et Hugo

c
Yanis

d
Vincent

e
Nabila et Blanche

f
Malik

g
Amir et Louis

h
Claire et Théo

2 Complétez les phrases avec *au, à la, à l'* ou *aux*. Utilisez le glossaire ou un dictionnaire, si nécessaire.

1 Où vas-tu? Je vais ——— parc.
2 Où allez-vous? On va ——— église.
3 Où es-tu? Je suis ——— bibliothèque.
4 Où êtes-vous? On est ——— centre commercial.
5 On se retrouve où? On se retrouve ——— piscine.
6 On va où? Moi, je vais ——— toilettes!

Expo-langue →→→→ *Grammaire* **4.1**

The preposition **à** means 'at' or 'to'.
à + le = au   **au** stade
à + la = à la   **à la** patinoire
à + l' = à l'   **à l'**hôpital
à + les = aux   **aux** toilettes

 The gender of words in a glossary or a dictionary is indicated by (m)/(f) or (nm)/(nf).

Déjà vu 1

3 À deux. Posez des questions aux personnes de l'exercice 1. Utilisez *aller* ou *être*, comme précisé ci-dessous.

a être   b aller   c être   d aller   e aller   f aller   g être   h aller

■ Romane, où **es-tu**?
● **Je suis** au centre commercial. Justine et Hugo, où **allez-vous**?   ■ On va …

Où es-tu? *Je suis …*   Où êtes-vous? *On est …*
Où vas-tu? *Je vais …*   Où allez-vous? *On va …*

Expo-langue

Use **tu** for:
● one person you know well (a friend or family member)
● a child/teenager

Use **vous** for:
● more than one person
● an adult you don't know well

● If you are in doubt about which form to use, use **vous**.

4 Écrivez des textos.

Exemple:

Je vais au centre commercial. Je dois acheter un stylo. À bientôt! Ryan

5 Écoutez les directions et regardez le plan. C'est vrai ou faux? (1–4)

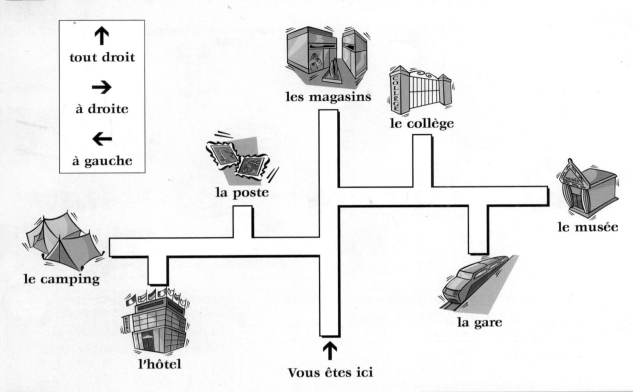

↑ tout droit

→ à droite

← à gauche

les magasins

le collège

la poste

le musée

le camping

la gare

l'hôtel

Vous êtes ici

6 À deux. Regardez encore le plan. Demandez la direction pour aller au camping, au collège et à la gare. Imaginez que vous parlez à un adulte.

■ Pardon. Où est le camping, s'il vous plaît?
● Vous allez … , puis vous …

7 À deux. Refaites les dialogues en imaginant que vous parlez à un enfant.

> Pardon./Excuse(z)-moi, (monsieur/madame).
> Où est (la gare)/Où sont (les magasins), s'il te plaît/s'il vous plaît?
> Tu vas/Vous allez tout droit.
> Tu tournes/Vous tournez à gauche/à droite.
> Merci (beaucoup). Au revoir.

8 Lisez le texte et faites une liste en anglais des neuf magasins qui sont mentionnés.

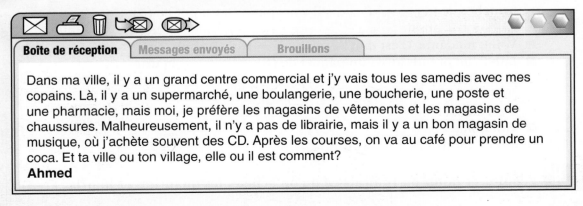

Boîte de réception Messages envoyés Brouillons

Dans ma ville, il y a un grand centre commercial et j'y vais tous les samedis avec mes copains. Là, il y a un supermarché, une boulangerie, une boucherie, une poste et une pharmacie, mais moi, je préfère les magasins de vêtements et les magasins de chaussures. Malheureusement, il n'y a pas de librairie, mais il y a un bon magasin de musique, où j'achète souvent des CD. Après les courses, on va au café pour prendre un coca. Et ta ville ou ton village, elle ou il est comment?
Ahmed

9 Écrivez une réponse à Ahmed. Adaptez le texte ci-dessus, si vous voulez.

Déjà vu 2

1 écouter

Écoutez et notez les lettres des 16 choses qui sont mentionnées.

du	beurre/fromage/jambon/jus d'orange/ pain/poisson/poulet/yaourt
de la	confiture/salade
de l'	eau minérale
des	bananes/chips/fraises/œufs/petits pois/ pommes/pommes de terre/raisins/tomates

Expo-langue →→→ *Grammaire 1.5*

You use the partitive article (**de** + the definite article) to say 'some':

de + le = **du**   de + l' = **de l'**
de + la = **de la**   de + le = **des**

But after containers or quantities, you use just **de**:

un paquet **de** chips
un kilo **de** pommes

2 parler

À deux. Jeu de mémoire. Une personne ferme le livre. Combien des choses de l'exercice 1 pouvez-vous nommer?

3 lire

Lisez et complétez le dialogue au marché. Il a plusieurs possibilités!

■ Bonjour, monsieur. Un kilo de (**1**) ▬▬▬ et 500 grammes de (**2**) ▬▬▬, s'il vous plaît.
● Voilà, madame. Et avec ça?
■ Je voudrais aussi 200 grammes de (**3**) ▬▬▬ et quatre tranches de (**4**) ▬▬▬, s'il vous plaît. Et un pot de (**5**) ▬▬▬ aussi.
● Voilà, madame. C'est tout?
■ Euh … Je prends aussi un paquet de (**6**) ▬▬▬ et une boîte de (**7**) ▬▬▬. Oh, et une bouteille de (**8**) ▬▬▬ – un litre, s'il vous plaît. C'est combien?
● C'est 10,50€.
■ Voilà, madame.
● Merci, monsieur. Au revoir.

lait

poires

petits pois

jambon

pêches

confiture à la fraise

café

fromage

4 écouter

Écoutez et notez en français ce qu'on achète, les quantités et le prix. (1–3)

5 parler

À deux. Faites un dialogue comme celui de l'exercice 3. Changez les détails.

lire **6** **Dans le magasin de vêtements. Mettez le dialogue dans le bon ordre.**

Vendeur: Bonjour, mademoiselle. Je peux vous aider?
            …

Vendeur: Et de quelle taille, mademoiselle?
Cliente: Bleu ou noir, s'il vous plaît.
Vendeur: Un tee-shirt de quelle couleur, mademoiselle?
Cliente: Je voudrais un tee-shirt, s'il vous plaît.
Vendeur: Attendez un instant. … Voilà.
Cliente: Taille deux, s'il vous plaît.
Vendeur: De rien, mademoiselle. Vous devez payer à la caisse.
Cliente: C'est combien, s'il vous plaît?
Vendeur: Bonjour, mademoiselle. Je peux vous aider?
Vendeur: C'est 5,60€, mademoiselle.
Cliente: D'accord. Ça va, merci.

écouter **7** **Écoutez et vérifiez.**

écouter **8** **Écoutez et reliez les images et les prix. (1–3)**

a   b   c   d   e   f

75€   44€   38€   53€   62€   35€

parler **9** **À deux. Adaptez le dialogue de l'exercice 6 et présentez-le (de mémoire, si possible).**

un	une	des
haut	chemise	baskets
jogging	jupe	chaussures
maillot de foot	robe	
pantalon	veste	
polo		
pull		
sweat		

> When you are buying shoes, the word for 'size' is **la pointure**.

écrire **10** **Écrivez un paragraphe sur ce que vous portez le soir et le week-end.**

D'habitude, le soir, je porte … , mais s'il fait froid, je … ou …

Pour faire du sport, je …

Le week-end, si je vais en boîte ou à une fête …

Expo-langue →→→→

Grammaire 2.2

Adjectives of colour come after the noun they describe and must agree with the noun. Adjectives which do not already end in **e** add **–e** in the feminine singular, **–s** in the masculine plural and **–es** in the feminine plural.
un haut vert   une chemise vert**e**
des tee-shirts noir**s**   des baskets noir**es**
marron does not change and **blanc** is irregular (**blanc/blanche**).

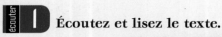

1 Écoutez et lisez le texte.

Salut, Liam

Désolé de devoir aller au collège ce matin, mais on se retrouve vers 14h30 au Café Coupole, OK? Pour aller en ville, prends le bus numéro 14. L'arrêt d'autobus se trouve en face de l'appartement, de l'autre côté de la rue. Descends devant l'hôtel de ville, à la place du Marché. Tourne à gauche et traverse aux feux rouges. Continue tout droit et prends la première rue à droite. (Il y a une pâtisserie au coin qui s'appelle Le Petit Pain Doré.) Va tout droit jusqu'au carrefour et prends la deuxième rue à droite – c'est la rue principale. Le café est sur ta gauche à côté du syndicat d'initiative. Si tu as le temps, il y a une bonne confiserie au bout de la rue, entre la parfumerie et la charcuterie, où tu peux acheter des bonbons délicieux!

À tout à l'heure!

Sébastien

2 Mettez les directions en anglais dans l'ordre du texte ci-dessus.

a Turn left and cross at the traffic lights.
b That's the high street.
c Get off in front of the town hall on Market Square.
d The café is on your left next to the tourist information office.
e Go straight on and take the first street on the right.
f The bus stop is opposite the flat, on the other side of the road.
g There's a good sweetshop between the perfume shop and the delicatessen.
h Go straight on as far as the crossroads and take the second on the right.
i There is a cakeshop on the corner.

> Look for words you already know (e.g. **autobus**, **marché**, **gauche**, **bonbons**) to help you to pick out the correct sentences in exercise 2.

3 Écrivez les directions en français.

Exemple: 1 devant la confiserie

Expo-langue →→→→ **4.1**

Prepositions are used to describe the position of things.

Some prepositions take **de** when followed by a noun: this changes to **du/de la/de l'/des** when used with a definite article.

à côté **du** syndicat d'initiative = next to the tourist information office

However, other prepositions do not use **de**.
devant l'hôtel de ville = in front of the town hall

Make a list of the prepositions in the text above and their meanings. Which ones take **de** and which do not?

1

2

3

4

5

6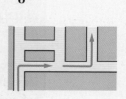

7

8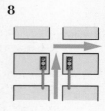

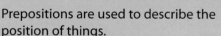

4 Écoutez et regardez le plan. Où va-t-on? (1–6)

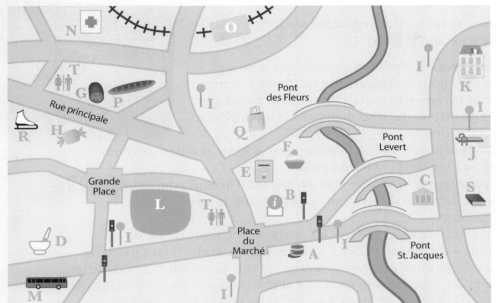

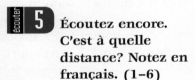

A	le commissariat de police
B	le syndicat d'initiative
C	la bibliothèque
D	la pharmacie
E	la boîte aux lettres
F	la pâtisserie
G	la charcuterie
H	la confiserie
I	l'arrêt d'autobus
J	la piscine
K	l'hôtel de ville
L	le parc
M	la gare routière
N	l'hôpital
O	la gare SNCF
P	la boulangerie
Q	le centre commercial
R	la patinoire
S	la librairie
T	les WC

5 Écoutez encore. C'est à quelle distance? Notez en français. (1–6)

6 À deux. Faites un dialogue en utilisant le plan ci-dessus. Utilisez *vous*.

Expo-langue →→→→

Grammaire **3.11**

You use the imperative to give instructions.
The **vous**-form imperative is the present tense verb minus the word **vous**.
The **tu**-form imperative is the present tense verb minus the word **tu**.
–er verbs also drop the **s** at the end of the verb.
Traversez le pont, **allez** tout droit et **prenez** la première rue à gauche.
Traverse le pont, **va** tout droit et **prends** la première rue à gauche.
(Cross the bridge, go straight on and take the first street on the left.)

Où est/se trouve le/la/l'…, s'il vous/te plaît?
Où sont/se trouvent les …, s'il vous/te plaît?
Pour aller au/à la/à l'/aux …, s'il vous/te plaît?
Est-ce qu'il y a un/une/des … près d'ici, s'il vous/te plaît?
Allez/Va tout droit/jusqu'au/à la/a l'/aux …
Traversez/Traverse (le pont).
Prenez/Prends la (première/deuxième/troisième) rue à gauche/droite.
C'est sur votre/ta gauche/droite.
Pouvez-vous/Peux-tu répéter, s'il vous/te plaît?
C'est loin d'ici/à quelle distance?
(Non,) c'est (tout) près d'ici./C'est (assez/très) loin.
C'est à (deux cents) mètres/un kilomètre/(cinq minutes) à pied (environ/à peu près).

7 Écrivez pour un copain/une copine la direction pour aller à ces endroits. Utilisez le plan ci-dessus.

1 la piscine   2 la gare
3 la patinoire   4 la librairie
5 le centre commercial

> Remember to use the **tu**-form imperative when giving directions to a friend.

1 Écoutez et lisez le texte. Puis regardez les huit mots. Qu'est-ce que c'est en anglais?

Camille: Salut, les gars! J'ai bien acheté deux cartes et deux CD pour l'anniversaire de Claire et Vincent.

Nicolas: Il faut les envoyer aujourd'hui, hein, parce que leur anniversaire, c'est demain. Il faut faire des paquets, non?

Camille: Oui, puis je vais aller à la poste pour acheter des timbres pour envoyer les cartes et les paquets.

Farida: Et pour leur fête d'anniversaire? On est d'accord pour faire la fête sur la plage samedi prochain? Afram, tu vas t'occuper du barbecue?

Afram: D'accord, mais qui va faire les courses avec moi? Il faut de la viande – du bifteck et des saucisses, par exemple. Il faut préparer des salades aussi et comme dessert, je vais peut-être faire des tartes aux fruits, comme une tarte aux abricots ou une tarte au citron.

Farida: Pas de problème. Je viens avec toi. Il faut de la musique aussi. Pour ça, je vais téléphoner à mon cousin. Il est DJ et il a toutes sortes de musique.

Nicolas: Génial! Et moi, je vais organiser les activités sportives! On peut jouer au volley et puisqu'on est sur la plage, il faut faire du surf, non?

Camille: Bonne idée, mais est-ce qu'on a assez de planches de surf?

Nicolas: Non, il faut en louer. Ça ne coûte pas très cher. Ne t'inquiète pas. Je vais m'occuper de tout ça.

Camille: Bon, alors. Au boulot, les gars!

1	un timbre	5	des abricots
2	un paquet	6	un citron
3	envoyer	7	une planche de surf
4	du bifteck	8	louer

> You should be able to guess the meaning of most of these words from the context!

Expo-langue →→→→

Grammaire 4.6

You use **il faut** to say that something is needed or must be done. It can be used with a noun or with the infinitive of another verb.

Il faut de la musique. = We need (some) music.

Il faut préparer des salades. = We need to make salads.

2 Relisez le texte et complétez les phrases avec *il faut* et l'infinitif d'un verbe.

1 ... les cartes et les paquets aujourd'hui.
2 Pour acheter des timbres, ... à la poste.
3 ... du bifteck et des saucisses pour le barbecue.
4 Pour faire des salades et des tartes aux fruits, ...
5 Pour la musique, ... au cousin de Farida.
6 On va faire du surf, mais ... des planches.

3 À deux. Imaginez que vous êtes Camille et Nicolas.
Complétez les dialogues.

À la poste

■ Vous désirez, monsieur/mademoiselle?
● Je voudrais …

■ Voilà. C'est tout?
●

■ Qu'est-ce qu'il y a dedans?
●

■ C'est pour envoyer en France ou
à l'étranger?
●

■ Ça fait 3,75€, s'il vous plaît.

Dans le magasin de location

■ Bonjour. Je peux vous aider?
●

■ Vous en voulez combien?
●

■ C'est pour combien de temps?
●

■ Pas de problème. Je vais les chercher
tout de suite.
● €€€?

■ C'est 5€ par heure, mais il faut payer
une caution de 20€.

4 Copiez le bon mot pour chaque nombre. Utilisez le glossaire, si nécessaire.

une baguette
de la bière
des champignons
du cidre
des framboises
des haricots verts

1
2
3
4
5
6
7
8
9
10
11
12
13

de l'huile d'olive
de la moutarde
du pâté
des pâtes
du riz
des saucisses
du saucisson

5 Écoutez Afram et Farida. Qu'est-ce qu'ils
ont acheté pour le barbecue? Copiez et
complétez la grille en français.

choses achetées	quantité
saucisses	1 kilo

> Be careful when you are doing a listening
> exercise not to confuse words that
> sound similar! What differences should
> you listen for between **saucisses** and
> **saucisson** and between **pâté** and **pâtes**?

6 Imaginez que vous préparez une fête. Écrivez un e-mail à votre copine Laure.

Répondez à ces questions:

● C'est quelle sorte de fête, où et quand?
● Qu'est-ce qu'il faut acheter pour la fête et en
quelle quantité?
● Qu'est-ce qu'il faut faire aussi?
● Qui va faire quoi?

Posez-lui une question sur la fête.

Expo-langue →→→→ *Grammaire* **1.13**

en means 'of it' or 'of them' and
replaces **de** + a noun.
It's not always translated in English.
J'**en** ai acheté un grand pot.
= I bought a big jar (of it).

1 Léna et Karim vont à Bordeaux pour la fête sur la plage.
Écoutez et notez les phrases dans l'ordre du dialogue.

Party sur la plage à
Bordeaux!
sam. 21 juillet
14h00–18h00
Barbecue, volley-ball,
disco, surf
Afram, Camille,
Farida & Nicolas

Options

a un aller-retour   **b** non-fumeurs
c Il arrive à Bordeaux à quelle heure?
d Est-ce qu'il faut changer de train?
e Le train part à quelle heure?
f deuxième classe   **g** l'horaire des trains
h avec la carte d'étudiant
i Le train part de quel quai?
j Ça coûte combien, les billets?

2 Trouvez l'équivalent en français de l'exercice 1.

1   second class
2   no smoking
3   with a student card
4   Do you have to change trains?
5   The train leaves from which platform?

6   a return ticket
7   The train leaves at what time?
8   How much do the tickets cost?
9   train timetable
10   It arrives in Bordeaux at what time?

3 À deux. Complétez la conversation au guichet en utilisant des
phrases de l'exercice 1.

● Je voudrais aller à Bordeaux, s'il vous plaît.
■ Vous voulez un aller simple ou _____?
● _____, s'il vous plaît.
■ Première ou _____?
● _____, s'il vous plaît.
■ Fumeurs ou _____?
● _____, s'il vous plaît. _____?
■ Ça coûte 17 euros.
● Merci, voilà. _____?
■ Il y a un train toutes les heures.
  Le prochain train part à 11h25.
● Et _____?
■ À 13h05.
● _____?
■ Non, c'est un train direct.
● Et _____, s'il vous plaît?
■ Du quai numéro huit.

4 Refaites le dialogue en utilisant les détails ci-dessous.

Rouen
→
1ère classe

26€
départ: 15h30
arrivée: 16h45
quai 5

Strasbourg
↔
2ème classe

12€50
départ: 19h15
arrivée: 21h25
quai 2

Marseille
→
1ère classe

9€30
départ: 13h05
arrivée: 16h50
quai 7

5 Lisez et faites une liste des nouveaux mots de vocabulaire.
Pouvez-vous deviner leur équivalent en anglais?

— Des voyages désastreux! —

J'allais en vacances en Grèce, mais mon taxi pour aller à l'aéroport n'est pas venu parce qu'il avait un pneu crevé, donc je suis partie en voiture. Cependant ma voiture est tombée en panne sur l'autoroute et j'ai dû appeler une dépanneuse. Le mécanicien a mis deux heures pour réparer la voiture, donc j'ai raté l'avion et je suis rentrée chez moi, très fâchée!
Yasmina

J'étais en vacances à Paris, donc j'ai acheté un carnet de dix tickets de métro parce que c'était moins cher. Un jour, dans la station de métro du Louvre, un homme a volé mon portefeuille dans mon sac. Dedans, il y avait tout mon argent, mes cartes de crédit et mon carnet! En plus, en visitant la Tour Eiffel, je suis descendu par l'escalier parce que je n'aime pas les ascenseurs, mais je suis tombé et j'ai cassé mon appareil-photo!
Clément

Ma famille et moi sommes partis en vacances en Espagne, mais on s'est levés en retard, donc c'était la panique et puis quand on est entrés dans l'aéroport, il y avait la queue partout à cause d'une grève des bagagistes. L'avion est parti avec un retard de trois heures et le vol était complet. On est enfin arrivés à notre hôtel à minuit et on s'est couchés vers une heure du matin!
Farid

6 Relisez les textes de l'exercice 5 et écrivez le nom de la personne.

Qui … ?

1 … est parti en retard en vacances?
2 … a perdu tout son argent?
3 … a raté son vol?
4 … a eu un accident en vacances?
5 … s'est couché très tard après son voyage?
6 … a eu des problèmes sur l'autoroute?
7 … a dû attendre à l'aéroport?

7 Décrivez un voyage désastreux que vous avez fait.

Mentionnez:
● où vous êtes allé(e), avec qui et pourquoi
● comment vous avez voyagé
● les problèmes que vous avez eus
● ce que vous avez fait à la fin du voyage

To work out the meaning of new words:
● look for near-cognates (e.g **mes cartes de crédit**)
● use context (e.g. **un carnet de dix tickets**)
● look for parts of words you recognise (e.g. appareil-**photo**)

Expo-langue →→→→

Grammaire 3.3

avoir, **devoir** and **mettre** have irregular past participles.
J'ai **eu** pas mal de problèmes. | I had quite a few problems.
J'ai **dû** acheter un aller simple. | I had to buy a single ticket.
J'ai **mis** deux heures. | I took two hours.

The following verbs all take **être** in the perfect tense:

aller to go	**entrer** to go in
venir to come	**sortir** to go out
arriver to arrive	**monter** to go up/get in
partir to leave	**descendre** to go down/get out
tomber to fall	All reflexive verbs also take **être**:
rentrer to go home	Je me **suis** réveillée. = I woke up.
rester to stay	On s'**est** couchés. = We went to bed.
retourner to return	

Don't forget to make the past participle of **être** verbs agree!

1 Écoutez. Qu'est-ce qu'on veut acheter et quel est le problème?
Notez les *deux* bonnes lettres et les *deux* problèmes pour chaque dialogue. (1–5)

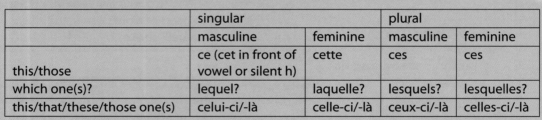

a un blouson   b une casquette   c une ceinture   d un chapeau   e une cravate

f des chaussettes   g des gants   h un imperméable   i un maillot de bain   j un manteau

trop ... grand(e)(s)   serré(e)(s)   long(ue)(s)   cher/chère(s)
petit(e)(s)   large(s)   court(e)(s)   démodé(e)(s)

Expo-langue →→→→

Grammaire **1.10**

Grammaire **2.5**

Like other adjectives and pronouns, the adjectives and pronouns below must agree with the noun they refer to or replace:
Tu aimes **ce** blouson/**ces** chaussettes? = Do you like this jacket/these socks?

	singular		plural	
	masculine	feminine	masculine	feminine
this/those	ce (cet in front of vowel or silent h)	cette	ces	ces
which one(s)?	lequel?	laquelle?	lesquels?	lesquelles?
this/that/these/those one(s)	celui-ci/-là	celle-ci/-là	ceux-ci/-là	celles-ci/-là

2 À deux. Complétez le dialogue dans le magasin de vêtements. Utilisez les idées ci-dessous ou vos propres idées.

Vendeur/euse: Bonjour, monsieur/mademoiselle. Je peux vous aider?/Que désirez-vous?
Client(e): Je voudrais/J'aimerais un/une/des ... , s'il vous plaît.
Vendeur/euse: Bien sûr, monsieur/mademoiselle. Voilà.
Client(e): Il est/Elle est/Ils sont/Elles sont un peu trop grand(e)(s)/cher(s)(chères) ... pour moi. Avez-vous/Je préférerais quelque chose de plus petit .../moins cher(s)(chères) ... , s'il vous plaît(?)
Vendeur/euse: Nous avons aussi celui-ci/celle-ci/ceux-ci/celles-ci, en cuir/laine/rouge/noir ...
Cliente(e): J'aime bien le/la/les rouge(s)/noir(e)(s)/bleu(e)(s) ...
Vendeur/euse: Lequel/Laquelle/Lesquels/Lesquelles, monsieur/mademoiselle?
Client(e): Celui/Celle/Ceux/Celles-ci/-là. Je peux l'/les essayer, s'il vous plaît?
Vendeur/euse: Bien sûr. Les cabines d'essayage sont au fond/là-bas.
...
Vendeur/euse: Il/Elle vous va bien/Ils/Elles vous vont bien, monsieur/mademoiselle.
Client(e): Merci. Je le/la/les prends.

3 Écoutez et répétez aussi vite que possible!

Oui, celui en cuir gris est pour lui.

To pronounce the sound –**ui**, as in *oui*, *cuir* and *celui*, whistle silently as you say it!

écrire **4** Imaginez que vous êtes très riche et que vous avez un shopper personnel. Laissez un mot pour lui dire quels vêtements vous voudriez.

Je voudrais acheter un blouson en cuir noir, pas trop serré, pour aller au barbecue de Tom Cruise samedi prochain. J'aimerais de nouvelles baskets aussi, pointure 40. Comme marque, je préférerais des Nike ou … Pour la soirée des Oscars, je voudrais porter …

Expo-langue →→→→

Grammaire 3.10

You use the conditional to say what you would like or prefer. The conditional ending for **je** is **–ais**. You can use the conditional of verbs such as **aimer**, **préférer** and **vouloir** with a noun or with the infinitive of another verb.

J'**aimerais** porter une longue robe bleue. = I'd like to wear a long, blue dress.
Comme marque, je **préférerais** Armani. = As a brand, I'd prefer Armani.

lire **5** Lisez le guide du grand magasin et le texte dans les bulles. C'est à quel étage?

1 Je voudrais acheter des chaussures pour mon petit garçon.

2 Où se trouve le rayon des fruits et légumes, s'il vous plaît?

3 Il me faut acheter un nouveau frigo. C'est à quel étage?

4 Je cherche une bouteille de parfum pour ma femme.

4ème étage:	Meubles Électroménager
3ème étage:	Audio-visuel Informatique
2ème étage:	Rayon hommes Rayon enfants
1er étage:	Rayon femmes Bijouterie
Rez-de-chaussée:	Alimentation
Sous-sol:	Librairie-papeterie Cadeaux Parfumerie

10 J'ai besoin d'un paquet d'enveloppes et d'un stylo.

9 Mon mari veut acheter un pull d'hiver.

8 Ma mère m'a demandé d'acheter un paquet de disquettes pour son ordinateur.

7 Je voudrais acheter des boucles d'oreilles pour aller avec cette robe.

5 On aimerait voir des canapés et des fauteuils.

6 J'aimerais acheter Les Choristes en DVD.

 6 Écoutez. C'est la bonne direction? Répondez par oui ou non. (1–7)

écouter 1 Écoutez et trouvez les deux bonnes images pour chaque personne qui parle. (1–4)

a  b  c  d

e f g  h

Expo-langue →→→→

You use the perfect tense to describe a single action in the past:
Je **suis allé(e)** au cinéma. = I went to the cinema.

The imperfect tense is often used to say 'was' or 'were –ing':
J'**allais** au cinéma. = I was going to the cinema.

Some verbs in the imperfect are translated without using 'was/were': see p. 46.
On n'a pas pu voir le film qu'on **voulait** voir. = We couldn't see the film that we wanted to see.

Sometimes, the perfect and imperfect are used in the same sentence:
Quand **on a quitté** la maison, **il faisait** beau. = When we **left** the house, it **was** fine.

Grammaire 3.5

lire 2 Reliez et copiez les deux parties de chaque phrase.

1 Mon petit copain n'aimait pas la couleur et en plus ...
2 J'ai dû retourner au magasin et ...
3 J'allais au cinéma avec ...
4 Mais on n'a pas pu voir le film qu'on voulait voir ...
5 Pendant que je dansais, ...
6 Après, j'ai découvert que ...
7 Quand on a quitté la maison, il faisait beau et très chaud, donc ...
8 Mais quand on est arrivés au concert, ...

... un garçon stupide m'a fait tomber.
... on a trouvé qu'il y avait un trou dedans.
... une fille que j'aimais bien.
... demander un remboursement.
... on portait un tee-shirt et un short.
... ma montre ne marchait pas.
... il pleuvait à verse.
... parce que c'était complet.

écouter 3 Écoutez et lisez le dialogue.

■ Salut, Ahmed! Ça s'est bien passé avec Claire samedi?
● Non, pas du tout!
■ Ah, bon, pourquoi?
● On est allés en boîte. On s'amusait bien, mais je suis allé aux toilettes et quand je suis revenu, elle parlait avec un autre garçon! Puis, quand on est sortis, il pleuvait et le bus avait 20 minutes de retard. C'était nul.
■ Je suis désolé.

4 À deux. Inventez un autre dialogue. Changez les détails en bleu de l'exercice 3. Utilisez les mots dans la case ou vos propres idées.

> On est allés au cinéma/en ville/dans les magasins/à la piscine.
> Il y avait … /J'ai acheté … /On voulait voir … /On allait faire … /Il faisait beau.
> Mais pendant que/qu'…
> j'achetais des glaces/on attendait le bus/on dansait ensemble, …
> on a vu … /je suis tombé(e) … /il a cassé … /elle a perdu …
> Mais/Et quand …
> on est arrivés/sortis/je suis revenu(e)/rentré(e) à la maison, …
> … on s'est disputés/on a trouvé un trou/il/elle ne marchait pas/il pleuvait/
> il n'y avait pas de … /c'était complet.
> C'était affreux/un désastre.

5 Lisez le texte. Trouvez tous les verbes à l'imparfait et au passé composé.

> Samedi dernier, je suis sortie avec mon petit copain, Sébastien, mais c'était un désastre! Il y avait un bon film qu'on voulait voir au cinéma, donc on a quitté la maison de bonne heure. Au début, tout allait bien. On attendait le bus, il faisait beau, on parlait ensemble, c'était sympa. Mais on a attendu une bonne demi-heure et le bus n'est pas arrivé. On ne pouvait pas prendre un taxi parce qu'on n'avait pas assez d'argent, donc on est partis à pied. Après quarante minutes, on est arrivés au cinéma, bien fatigués, et on avait très chaud. Malheureusement, on avait trop de retard et c'était complet! Mais ce n'était pas le pire. Sébastien a vu son ancienne petite copine Élodie, que je déteste. Moi, j'étais toute rouge et je portais un vieux jean, mais elle, elle avait les cheveux blonds parfaits et elle portait une nouvelle robe. Ils parlaient ensemble, ils flirtaient. J'étais si furieuse que je suis partie. Malheureusement, il pleuvait à verse et je suis arrivée chez moi trempée jusqu'aux os. Après, Sébastien s'est excusé et samedi prochain, on va voir le film. Mais la prochaine fois, je vais prendre assez d'argent pour un taxi – et un parapluie!
> **Chloé**

6 Relisez le texte et choisissez les bonnes réponses.

1 Quand Chloé et Sébastien sont allés au cinéma, **(a)** ça s'est bien passé **(b)** ça s'est mal passé.
2 Pendant qu'ils attendaient le bus, **(a)** il faisait beau **(b)** il pleuvait.
3 Ils n'avaient pas assez d'argent **(a)** pour un taxi **(b)** pour le cinéma.
4 Ils n'ont pas vu le film parce que/qu' **(a)** c'était trop cher **(b)** ils sont arrivés en retard.
5 L'ancienne petite copine de Sébastien portait **(a)** un vieux jean **(b)** une nouvelle robe.
6 Chloé n'était pas contente **(a)** parce que Sébastien flirtait avec Élodie **(b)** parce qu'Élodie est partie.
7 Quand Chloé a quitté le cinéma, **(a)** il faisait beau **(b)** il pleuvait.
8 La prochaine fois, **(a)** elle va prendre un parapluie **(b)** elle va porter une robe.

7 Décrivez une sortie désastreuse. Adaptez le texte de l'exercice 5, si vous voulez.

> Le week-end dernier, je suis sorti(e) avec … Il y avait un concert en plein air, donc on a … /est …

As well as the perfect and imperfect tenses, include examples in your writing of the present tense and the future with **aller** + infinitive. To make what you write more interesting, use connectives such as **parce que** and **donc** to join sentences. And try to include colourful expressions such as **malheureusement** and **c'était un désastre!** All of these ideas will gain you extra marks in your exam!

Contrôle continu

Une journée désastreuse!

Tous les samedis matins, j'aime retrouver mes copains en ville. D'habitude, on a rendez-vous au centre commercial pour faire les magasins, puis on mange ensemble et quelquefois on fait du bowling ou on s'amuse en jouant au baby-foot.

Mais samedi dernier, tout s'est mal passé. Tout d'abord, je me suis levée tard. Au lieu de me réveiller vers sept heures et demie, j'ai fait la grasse matinée jusqu'à neuf heures moins le quart! Puisque j'avais rendez-vous avec les autres à neuf heures et demie, j'ai dû me dépêcher. L'arrêt d'autobus ne se trouve pas loin de chez moi, au coin de la rue, cependant j'ai raté le bus. Malheureusement, je n'avais pas assez d'argent pour les courses et pour un taxi, donc j'ai décidé d'y aller à pied.

Au début, il faisait beau et c'était assez agréable, mais peu après, il a commencé à pleuvoir. Je n'avais pas de parapluie et je ne portais qu'un tee-shirt et une jupe en coton, donc j'étais bientôt trempée jusqu'aux os. Je suis arrivée enfin au centre commercial et mes copains trouvaient ça marrant de me voir dans un tel état. J'ai décidé d'aller tout de suite dans une boutique de mode et d'acheter une robe pas trop chère pour remplacer mes vêtements mouillés. J'ai trouvé une robe bleue qui n'était pas mal, mais il y a eu encore un désastre! Pendant que j'étais en train d'essayer la robe, quelqu'un a volé mon porte-monnaie dans mon sac à main! J'ai dû aller au commissariat de police pour donner une description de la voleuse. D'abord, j'étais très fâchée, mais après j'ai pleuré. Quelle journée désastreuse!

Samedi prochain, je vais me lever plus tôt et je vais prendre non seulement assez d'argent, mais aussi un parapluie. Et je vais faire attention à mon sac à main aussi!

Mériem

Contrôle continu

1 Copiez les phrases en bleu dans le texte et trouvez l'équivalent en anglais ci-dessous.

1 everything went wrong
2 I cried
3 instead of waking up
4 to replace my wet clothes
5 the thief (female)
6 I missed the bus
7 at the beginning
8 a little bit later
9 my purse
10 not only … but also
11 in such a state
12 I was only wearing a t-shirt
13 while I was trying on the dress
14 we meet/we have a meeting
15 I had a lie-in/slept in late
16 angry
17 I was soon soaked to the skin
18 I had to hurry

2 Écrivez V (Vrai), F (Faux) ou PM (Pas Mentionné).

1 D'habitude, Mériem retrouve ses amis au centre commercial.
2 Ils font du bowling tous les samedis.
3 Samedi dernier, Mériem s'est levée à neuf heures moins le quart.
4 Le bus est arrivé en retard.
5 Elle a dû aller en ville à pied.
6 Elle avait un parapluie parce qu'il pleuvait.
7 Mériem préfère les robes bleues.
8 La voleuse a pris le porte-monnaie de Mériem.
9 Mériem a vu la voleuse.
10 Le samedi prochain, elle va acheter un porte-monnaie.

3 Décrivez une journée désastreuse, réelle ou imaginaire.

Boîte à outils

1 Decide on the content

- ◆ Use your imagination! This could be an ordinary day (like a school day) or a special occasion (like the start of a holiday, a journey or a date) when it all went wrong ...
- ◆ Use what you know: try to use or adapt some of the expressions from Exercise 1 or from Units 3 and 5 of this module.
- ◆ Show off what you know: talk about yourself, but also include details of other people, to demonstrate that you know how to use other verb forms correctly (**on, il/elle/ils/elles**).
- ◆ Be expressive: include some exclamations, but only one or two.
  Quel(le) idiot(e)! – What an idiot!   *Quel voyage désastreux!* – What a disastrous journey!
  Quel désastre! – What a disaster!   *Quelle journée/soirée désastreuse!* – What a disastrous
  Quelle horreur! – How awful!   day/evening!

2 Structure your text carefully

- ◆ Include some **expressions of frequency** (e.g. *tous/toutes les ... , d'habitude, normalement, quelquefois, de temps en temps*, etc.).
- ◆ Adapt and use these two useful structures from Mériem's text:
  pour + an infinitive = in order to
  On a rendez-vous au centre commercial pour faire les magasins.
  We meet in the shopping-centre (in order) to do some shopping.

  en + **–ant** form of the verb = (by) –ing
  (This is called the present participle: take the **nous** form of the present tense and replace **–ons** with **–ant**.)
  On s'amuse bien en jouant au baby-foot. We have fun *playing* table football.

- ◆ Useful adjectives:

content(e)	happy
heureux/euse	happy
déçu(e)	disappointed
fâché(e)	angry
furieux/euse	furious
triste	sad

- ◆ To talk about next time, use **aller** + the infinitive (the near future tense).
  La prochaine fois, je vais/on va me/se lever plus tôt/prendre un parapluie/faire attention, etc.

Introduction
Describe what normally happens, using the present tense.

Main paragraphs
Describe what happened on the day that went wrong.

Conclusion
Describe what happened at the end of the day.
Describe how you felt.
Say what you'll do differently next time.

- ◆ Use the **perfect tense** to describe single actions in the past.
- ◆ Use the **imperfect tense** to describe what **was happening**.
- ◆ Try to work in **être en train de** + infinitive = to be (in the process of) –ing
  Pendant que j'étais en train d'essayer la robe. – While I was (*in the process of*) *trying* on the dress.

3 Check what you have written carefully.
Check:
- ◆ spelling and accents
- ◆ gender and agreement (adjectives, past participles of *être* verbs)
- ◆ tenses: e.g. perfect or imperfect? correct endings? correct auxiliary (*avoir* or *être*) in the perfect tense?

Où est/sont … ? — Where is/are … ?

le bowling	*bowling alley*	la patinoire	*ice-skating rink*
le café	*café*	la piscine	*swimming pool*
le camping	*campsite*	la poste	*post office*
le centre commercial	*shopping centre*	l'église (f)	*church*
le collège	*(secondary) school*	l'hôpital (m)	*hospital*
le musée	*museum*	l'hôtel (m)	*hotel*
le parc	*park*	les toilettes (f)/WC (m)	*toilets*
le stade	*sports stadium*	les magasins (m)	*shops*
la bibliothèque	*library*	Tu tournes/Vous tournez …	*You turn …*
la gare (SNCF/routière)	*(train/bus) station*	à gauche/à droite	*left/right*

L'alimentation — Food

Je voudrais …	*I'd like …*	des fraises (f)	*strawberries*
du beurre	*butter*	des œufs (m)	*eggs*
du café	*coffee*	des pêches (f)	*peaches*
du fromage	*cheese*	des petits pois (m)	*peas*
du jambon	*ham*	des poires (f)	*pears*
du jus d'orange	*orange juice*	des pommes (f)	*apples*
du lait	*milk*	des pommes de terre (f)	*potatoes*
du pain	*bread*	des raisins (m)	*grapes*
du poisson	*fish*	des tomates (f)	*tomatoes*
du poulet	*chicken*	Je voudrais un kilo de poires.	*I'd like a kilo of pears.*
du yaourt	*yoghurt*	cinq cents grammes	*half a kilo*
de la confiture (à la fraise)	*(strawberry) jam*	une tranche	*a slice*
de la salade	*salad/lettuce*	une boîte/une bouteille	*a tin/a bottle*
de l'eau (f) minérale	*mineral water*	un paquet/pot	*a packet/a pot/jar*
des bananes (f)	*bananas*	un litre	*a litre*
des chips (f)	*crisps*		

Aux magasin de vêtements — At the clothes shop

un haut	*a top*	un sweat	*a sweatshirt*
un jogging	*a tracksuit*	une chemise verte	*a green shirt*
un maillot de foot	*a football top*	une jupe marron	*a brown skirt*
un pantalon	*a pair of trousers*	une robe	*a dress*
un polo	*a polo shirt*	une veste	*a jacket*
un pull	*a jumper/sweater*	des baskets (f) blanches	*white trainers*
un short	*a pair of shorts*	des chaussures (f)	*shoes*

Les directions — Directions

Où est/se trouve … ?	*Where is … ?*	Est-ce qu'il y a un(e) … près d'ici?	*Is there a … near here?*
Où sont/se trouvent … ?	*Where are … ?*	Tourne/Tournez aux feux rouges.	*Turn at the traffic lights.*
le commissariat de police	*police station*	Va/Allez tout droit.	*Go straight on.*
le syndicat d'initiative	*tourist information office*	Prends/Prenez …	*Take …*
l'arrêt d'autobus (m)	*bus stop*	la première/deuxième rue (à gauche/droite)	*the first/second road (on the left/right)*
l'hôtel de ville (m)	*town hall*		
la librairie	*bookshop*	Traverse/Traversez le pont.	*Cross the bridge.*
le centre commercial	*shopping centre*	Continue/Continuez jusqu'au carrefour.	*Continue to the crossroads.*
Pour aller au/à la/ à l'/aux … ?	*How do you get to … ?*		

C'est sur ta/votre gauche/ droite.	*It's on your left/ right.*	entre	*between*
C'est loin d'ici?	*Is it far from here?*	sous	*under(neath)*
C'est à quelle distance?	*How far away is it?*	sur	*on*
C'est à cinq minutes/ 200m.	*It's five minutes/ 200m away.*	jusqu'à	*until, as far as*
		à côté de	*next to*
C'est tout près d'ici/ assez loin.	*It's very near here/ quite far.*	au bout de	*at the end of*
		au coin (de)	*on the corner (of)*
après	*after*	au fond (de)	*at the bottom, at the back (of)*
dans	*in*		
derrière	*behind*	de l'autre côté de	*on the other side of*
devant	*in front of*	en face de	*opposite*

On prépare une fête / *Organising a party*

Il faut acheter …	*We need to buy …*	des champignons (m)	*mushrooms*
du bifteck	*steak*	des framboises (f)	*raspberries*
du cidre	*cider*	des haricots (m) verts	*green beans*
du citron	*lemon*	des pâtes (f)	*pasta*
du pâté	*pâté*	des saucisses (f)	*sausages*
du riz	*rice*	Il faut de la musique.	*We need music.*
du saucisson	*(cold, salami-style) sausage*	Il faut organiser les activités.	*We need to organise activities.*
de la bière	*beer*	Je voudrais …	*I'd like …*
de la moutarde	*mustard*	envoyer un paquet à l'étranger	*to send a parcel abroad*
de l'huile (f) d'olive	*olive oil*		
des abricots (m)	*apricots*	louer une planche de surf	*to hire a surfboard*
des cerises (f)	*cherries*	des timbres	*stamps*

Le voyage / *Travel*

un aller simple/ aller-retour	*a single/return ticket*	l'aéroport (m)	*airport*
		le vol	*flight*
première/deuxième classe	*first/second class*	le retard	*delay*
fumeurs/non-fumeurs	*smoking/ non-smoking*	les bagages (m)	*luggage*
		le pneu (crevé)	*(flat) tyre*
Le train arrive à quelle heure?	*When does the train leave/arrive?*	la grève	*strike*
		les objets trouvés (m)	*lost property*
Est-ce qu'il faut changer de train?	*Do you need to change train?*	J'ai perdu …	*I've lost …*
		On a volé …	*Someone's stolen …*
Le train part de quel quai?	*Which platform does the train leave from?*	mon portefeuille	*my wallet*
		ma carte de crédit	*my credit card*
J'ai raté (l'avion).	*I missed (the plane).*		

Ça me va? / *Does it suit me?*

Le blouson est trop large.	*The jacket is too baggy.*	un imper(méable)	*raincoat*
Le manteau est trop court.	*The coat is too short.*	un maillot de bain	*swimming costume/ trunks*
La ceinture est trop longue.	*The belt is too long.*		
La cravate est démodée.	*The tie is old-fashioned.*	une casquette	*cap*
		des chaussettes (f)	*socks*
Les gants sont un peu serrés.	*The gloves are a bit tight.*	en coton/cuir/laine	*cotton/leather/woollen*
		Je peux l'/les essayer?	*Can I try it/them on?*
un chapeau	*hat*		

5 Le collège

L'emploi du temps Expressions of time
Referring to the past, the present and the future

Déjà vu 1

 1 Écoutez. Copiez et complétez l'emploi du temps.

	lun	mar	mer	jeu	ven
8h00	espagnol	**d**	sciences phys	français	technologie
9h00	**a**	histoire-géo	technologie	**g**	latin
10h00	récré				
10h15	anglais	maths	**f**	anglais	anglais
11h15	étude	français	EPS	maths	français
12h15	déjeuner				
13h30	histoire-géo	SVT		espagnol	**i**
14h30	**b**	**e**		**h**	sciences phys
15h30	**c**	maths		latin	**j**

2 Quel jour sommes-nous?

SVT – sciences et vie de la terre
(sciences naturelles/biologie)
EPS – éducation physique et sportive

1 Aujourd'hui, j'ai un cours de latin en fin de journée quand on est déjà fatigués. Le même jour, j'ai deux cours de français, un cours d'anglais et un cours d'espagnol. Comme je ne suis pas forte en langues, ce n'est pas ma journée préférée.

2 Ma matière préférée, c'est le dessin. Aujourd'hui, j'ai deux heures de dessin. En ce moment, on fait une BD. Nous écrivons l'histoire et faisons les dessins nous-mêmes. J'aime ça.

3 Cet après-midi, on a sport directement après le déjeuner, suivi par deux heures de matières sérieuses où il faut se concentrer. Je trouve ça difficile.

4 Je déteste la musique et je n'aime pas tellement l'EPS, mais j'aime la techno et on finit à midi … alors, c'est ma journée préférée.

3 Que pensent-ils des différentes matières? Pour chaque personne, mettez le symbole et le numéro de la bonne raison dans la grille. (1–4)

1 J'ai trop de contrôles à préparer.
2 On n'a pas (trop) de devoirs.
3 On a trop de devoirs.
4 Le prof est sévère.
5 C'est difficile.

6 C'est intéressant.
7 Ce n'est pas mon truc.
8 Je suis fort(e) en …
9 Je suis faible en …
10 C'est ennuyeux/euse …

Opinions
matière préférée ✔✔
aime ✔
bof —
n'aime pas ✘

	maths	français	anglais	sciences	sport
1	✘ 5				
2					

Déjà vu 1

4 À deux. Posez et répondez aux questions.

- Quelles matières étudies-tu?
- Quelle est ta matière préférée?
- Pourquoi?
- Es-tu fort(e) en maths?
- Quelles autres matières aimes-tu?
- Pourquoi?
- Quel est ton jour préféré?
- Aimes-tu le sport?
- Quelle est la matière que tu détestes le plus?
- Pourquoi?
- Quelles autres matières n'aimes-tu pas?
- Pourquoi?

> Remember to use **le/la** or **les** in front of school subjects when talking about them and to include intensifiers (**assez, très, trop, un peu**) when expressing your opinions.
>
> J'aime/Je déteste **le** français. C'est **un peu/assez/trop/très** difficile/facile/intéressant/ennuyeux.

 5 Utilisez ce que vous avez fait dans l'exercice 4 pour écrire un petit discours sur vos matières.

6 Quelle heure est-il? Choisissez la bonne horloge. (1–8)

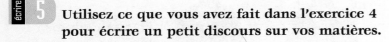

a   b   c   d   e   f   g   h

7 On est quel jour aujourd'hui? Regardez l'emploi du temps dans l'exercice 1.

1 *Hier après-midi, je suis allé(e) au collège et j'ai eu une heure d'histoire-géo. Ce matin, j'en ai encore une heure et demain, j'ai une heure de techno.*

2 *Hier, je ne suis pas allée au collège. Aujourd'hui, j'ai deux heures de dessin – j'aime bien le dessin – et demain, j'ai un cours de SVT.*

> j'aurai – I will have
>
> hier – yesterday
> aujourd'hui – today
> demain – tomorrow

3 *Super, il n'y a pas de cours d'anglais aujourd'hui! Hier, j'ai eu un cours d'anglais et demain, j'en aurai un autre. Mais aujourd'hui, c'est super, pas d'anglais!*

4 *Hier, j'ai eu un cours d'EPS et j'en aurai un autre demain. Mais après-demain, on a deux jours de congé!!*

5 *Aujourd'hui, on commence avec l'anglais et on finit avec les maths … Quel jour épouvantable! Demain, c'est mieux, heureusement! On va travailler seulement le matin. Hier, on a eu six cours et une heure d'étude.*

 8 Qu'as-tu fait hier, que fais-tu aujourd'hui et qu'est-ce que tu vas faire demain?

Hier matin/après-midi, j'ai (eu un cours de …)
Aujourd'hui, j'ai (un cours de …)
Demain, je vais faire (un cours de …)

Déjà vu 2

1 Que portent-ils? (1–4)

a   b   c   d   e

f   g   h   i   j

k   l  m  n

bordeaux – maroon
bleu marine – navy blue

2 Lisez et trouvez qui écrit.

a  b  c  d

1 *Pour aller au collège, il faut porter une jupe marron, une chemise blanche, un collant marron, un pull marron et une cravate à rayures marron et jaunes. C'est affreux! Les garçons portent un pantalon noir, une chemise grise, la même cravate que les filles et une veste marron. Ce n'est pas très chic!*

2 *Notre uniforme consiste en un pantalon noir, une chemise rouge, une cravate à rayures rouges et noires, un pull noir et une veste rouge. Les filles portent une jupe rouge ou un pantalon noir, une chemise blanche et un pull noir. On ne peut pas porter de baskets. Il faut porter des chaussettes grises et des chaussures noires!*

3 À deux. Décrivez: (a) ce que vous portez au collège, (b) ce que vous portez d'habitude le week-end, (c) ce que vous portez pour le sport.

| un chandail – cardigan |
| un collant – tights |
| un jean – jeans |
| un maillot – (football) shirt |
| un pantalon – trousers |
| un polo – polo shirt |
| un pull – jumper |
| un short – shorts |
| un sweat – sweatshirt |
| un tee–shirt – tee-shirt |
| une chemise – shirt |
| une cravate – tie |
| une jupe – skirt |
| une robe – dress |
| une veste – jacket |
| |
| des baskets (f) – trainers |
| des chaussures (f) – shoes |
| des chaussettes (f) – socks |
| des sandales (f) – sandals |

Expo-langue →→→→

 2.2

Remember: colour adjectives come after the noun they describe and agree with it.

singular		plural	
masculine	feminine	masculine	feminine
noir	noire	noirs	noires
rouge	rouge	rouges	rouges
blanc	blanche	blancs	blanches

Some colour adjectives don't change:

- when the colour is made up of two parts:
  bleu marine, bleu clair, vert pistache, etc.

- when the colour is derived from a noun:
  beige – beige, bordeaux – maroon, corail – coral, lilas – lilac, marron – brown, orange – orange

 4 Décrivez votre uniforme.

Pour le collège, les garçons portent ... et les filles portent ...
Pour le sport, il faut porter ....

 5 À deux. Regardez les images et décrivez ce qu'ils portent.

long(ue)	en jean – denim
court(e)	en còton – cotton
étroit(e)	en laine – woollen
large	en cuir – leather
délavé(e) – washed out/faded	

 6 Décrivez un nouvel uniforme pour votre collège.

Mon nouvel uniforme
Pour les garçons, ...
Pour les filles, ...
J'ai choisi la couleur ... parce que ...
C'est plus chic/pratique/confortable ...

lire **1** **La formation à la française. Lisez le texte et répondez aux questions en français.**

En France, les petits vont en maternelle à l'âge de trois ans. Ils passent en primaire à l'âge de six ans.

À l'école primaire, les élèves ne vont pas à l'école le mercredi, mais en revanche, ils y vont le samedi matin. D'abord, ils apprennent l'alphabet et les chiffres. Plus tard, ils apprennent à lire et font des exercices de compréhension et des exercices de calcul.

À l'âge de dix ans, les élèves vont au CES (collège d'éducation supérieure). Ils entrent en sixième.

À partir de quinze ou seize ans, les élèves vont au lycée. Ils choisissent le lycée technique ou le lycée général. D'habitude, ils passent le bac entre dix-sept et dix-neuf ans. S'ils réussissent le bac, ils peuvent aller à l'université.

Les élèves qui ne travaillent pas bien redoublent: ils refont une année d'école. Les élèves de seize ans peuvent quitter l'école.

> passer – to take an exam
> réussir – to pass an exam
> redoubler – to repeat a year in the same class

D'habitude …

1 À quel âge vont les enfants en maternelle?
2 À quel âge vont-ils au CES?
3 À quel âge vont-ils au lycée?
4 À quel âge peuvent-ils quitter l'école?
5 À quel âge passent-ils le bac?
6 Qu'est-ce qu'ils choisissent à l'âge de 16 ans?
7 Que font-ils à l'école primaire?

écouter **2** **Écoutez et remplissez les blancs.**

Mes frères jumeaux (1) _____ cinq ans. Ils (2) _____ en maternelle. Quand ils (3) _____, ils (4) _____ bonjour à l'institutrice, ils (5) _____ leur sac par terre et (6) _____ leurs pantoufles.

En classe, ils (7) _____ l'institutrice, (8) _____ des livres et (9) _____ des mots simples. Ils (10) _____ des puzzles, (11) _____ des chansons et (12) _____ des poésies par cœur.

À midi, ils (13) _____ à la cantine où ils (14) _____ un plat et un dessert et (15) _____ de l'eau.

Expo-langue →→→→

Grammaire 3.2

In the present tense, the **ils/elles** form of the verb (the 3rd person plural) usually ends in **–ent**. This ending is not pronounced.
ils/elles parl**ent**, ils/elles choisiss**ent**, ils/elles veul**ent**
Note the important exceptions: ils/elles **vont/font/sont/ont**.

Always look for patterns to help you remember the **ils/elles** forms.

● Some verbs in **–ir** and **connaître** add **–ss–**.
ils/elles choisi**ss**ent fini**ss**ent rempli**ss**ent
réussi**ss**ent connai**ss**ent

● Some verbs in **–nir** (**venir**, **tenir**) and **prendre** double the **n**.
ils/elles vie**nn**ent tie**nn**ent pre**nn**ent

● Some verbs in **–ire** add **–s–** or **–v–**.
ils/elles di**s**ent (dire) li**s**ent (lire)
ils/elles écri**v**ent (écrire) boi**v**ent (boire)

● These modal verbs change the stem:
vouloir – ils/elles v**eu**lent
pouvoir – ils/elles p**eu**vent
devoir – ils/elles d**oi**vent

3 À deux. Posez des questions sur le texte de l'exercice 2 et répondez-y.

■ Quel âge ont ses frères? ...

Où ...?
Que ...?
Qu'est-ce qu'ils ...?
Quel/Quelle ... ?

 4 Faites la comparaison.

En France, les petits enfants vont à l'école à l'âge de ...
Chez nous, ils y vont ...
En France, ils n'y vont pas le mercredi, mais en revanche ...
...

 5 Le collège Louis Pasteur. Lisez et répondez aux questions.

discovery.

Notre collège s'appelle Louis Pasteur en hommage à cet homme qui a découvert la pénicilline et qui est né assez près d'ici. Il y a environ mille deux cents élèves et plus de soixante profs.

Le matin, les cours débutent à 8h et se terminent à 16h30. Il y a une récré à 10h qui dure un quart d'heure et nous avons une heure et demie à midi pour le déjeuner. Le matin, il y a quatre cours et l'après-midi, trois cours. Nous n'avons pas de cours le mercredi après-midi. Pendant la journée, il y a bien souvent des heures de «trou» où les élèves n'ont pas cours. Dans ce cas, ils ont une heure d'étude où ils en profitent pour faire leurs devoirs et s'avancer pour le reste de la semaine. S'ils doivent proposer un exposé à leur classe, ils peuvent aller au CDI, la «bibliothèque» du collège où ils trouvent tous les renseignements nécessaires à leur recherche.

D'habitude le soir, j'ai au moins deux heures de devoirs. Et toi? Combien d'heures de devoirs as-tu?

1 Louis Pasteur était (**a**) politicien (**b**) joueur de foot (**c**) chercheur scientifique.
2 Les cours commencent à (**a**) huit heures (**b**) huit heures et demie (**c**) neuf heures.
3 Ils finissent à (**a**) quatre heures (**b**) quatre heures et quart (**c**) quatre heures et demie.
4 D'habitude, il y a (**a**) cinq (**b**) six (**c**) sept cours par jour.
5 Ils n'ont pas de cours (**a**) le mercredi après-midi (**b**) le samedi (**c**) le mercredi.
6 Le CDI est (**a**) un cours de sport (**b**) un centre de documentation (**c**) un centre d'initiatives.

 6 À deux. Discutez.

■ Quelles différences y a-t-il entre le collège en France et chez vous?

D'habitude chez nous, les collèges prennent le nom de la ville ou du quartier.
En France, ils prennent le nom ...
En France, les cours débutent ...

 7 Faites un exposé: *Mon collège.*

Notre collège s'appelle (Newtown High School d'après ...)
C'est un collège (mixte) ...
Il y a environ (800) élèves et ...

 8 Vidéoconférence. Préparez une présentation de votre collège.

Notre collège s'appelle ...

Si possible, enregistrez votre présentation!

2 Ma journée – aujourd'hui et hier
Your school day
Reflexive verbs in the present and perfect

1 Une journée scolaire. Lisez et écrivez V (Vrai), F (Faux) ou PM (Pas Mentionné) à côté de chaque phrase.

Le matin, je me réveille à six heures. Je me lève tout de suite, je me douche et je m'habille. Au petit déjeuner, je mange des céréales et une tartine, c'est-à-dire une tranche de pain avec du beurre, du Nutella ou de la confiture. Je bois du chocolat chaud.

Je me dispute avec ma petite sœur parce qu'elle m'embête, puis je dis au revoir à mes parents et je sors de la maison. Je vais à l'arrêt de bus. Il faut prendre le car de ramassage parce que mon collège est en ville. Comme ma petite sœur va à l'école primaire au village, elle peut encore rester une heure à la maison.

Au collège, je retrouve mes amis. On parle, on rigole et on vérifie nos devoirs. À huit heures, la cloche sonne et on va en classe. À la récré, on sort dans la cour. Je mange un fruit et je bois du yaourt liquide.

À midi, je mange à la cantine car ma maison est trop loin pour rentrer. Le soir, les cours finissent normalement à 16h et je rentre tout de suite.

Mardi, j'ai un cours de musique en ville. Je prends mon goûter avec moi et je reste en ville. Après la leçon de piano, mon père me ramène à la maison. Je finis mes devoirs et je me couche tout de suite parce que je suis fatiguée.

Amélie

1 Elle se lève à six heures.
2 Elle mange du pain
3 Elle boit du jus d'orange.
4 Elle prend le car de ramassage.

5 Elle a une sœur aînée.
6 Les cours débutent à huit heures.
7 Elle n'habite pas près du collège.
8 À midi, elle mange un fruit.

2 La journée scolaire. Écoutez et notez les réponses de Mélinda et Romain.

1 À quelle heure se réveillent-ils?
2 À quelle heure se lèvent-ils?
3 Que mangent-ils au petit déjeuner?
4 Que boivent-ils?
5 À quelle heure sortent-ils?
6 Comment vont-ils au collège?
7 À quelle heure rentrent-ils?
8 À quelle heure se couchent-ils?

Expo-langue →→→→ **3.15**

Reflexive verbs always have a reflexive pronoun before the verb.

se lever – to get up
je **me** lève   nous **nous** levons
tu **te** lèves   vous **vous** levez
il/elle/on **se** lève ils/elles **se** lèvent

3 À deux. Comparez la journée de Mélinda et Romain.

Mélinda se réveille à … et Romain se réveille à …

4 Ma journée. Que faites-vous d'habitude quand vous avez cours? Décrivez une journée scolaire typique.

D'habitude, je me réveille …

lire 5 Lisez et remplissez les blancs.

Hier, je me suis réveillée à sept heures. Je me suis levée tout de suite. J'ai dû me dépêcher. Je me suis vite douchée, et je me suis habillée sans faire attention. Je suis sortie en courant sans avoir pris de petit déj, puis j'ai raté le bus et quand je suis arrivée au collège, mes copains se sont moqués de moi. J'avais mis le pull de Spider-Man de mon petit frère, et en plus, je l'avais mis à l'envers.
Cécile

1 _____ , elle s'est réveillée à sept heures.
2 Elle _____ raté le bus.
3 Quand elle s'est habillée, elle n'a pas _____ attention.
4 Elle n'a pas eu le temps de prendre son _____ .
5 Elle s'est trompée de _____ .
6 Ses copains se sont _____ d'elle.

Expo-langue →→→→ *Grammaire 3.15*

You use the perfect tense refer to a single action or event in the past. All reflexive verbs use **être** as the auxiliary verb and so the past participle agrees with the subject.

je me suis réveillé(e)   nous nous sommes réveillé(e)s
tu t'es réveillé(e)   vous vous êtes réveillé(e)s
il/elle/on s'est réveillé(e)(s) ils/elles sont réveillé(e)s

écouter 6 Écoutez et choisissez les bonnes images pour Vincent et Pascaline. (1–2)

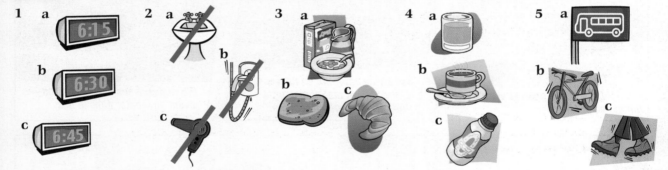

écrire 7 Choisissez Vincent ou Pascaline et comparez ce que vous avez fait hier.

Hier, Vincent/Pascaline s'est levé(e) à ... et moi, je me suis levé(e) à ...
Il/Elle a mangé ...

parler 8 À deux. Posez et répondez aux questions.

Hier ...
1 À quelle heure tu t'es levé(e)?
2 Qu'est-ce que tu as mangé au petit déj?
3 Qu'est-ce que tu as bu?
4 À quelle heure es-tu sorti(e) de la maison?
5 Comment es-tu allé(e) au collège?
6 Où as-tu déjeuné?
7 À quelle heure es-tu rentré(e)?
8 Tu t'es couché(e) à quelle heure?

écrire 9 Vidéoconférence. Hier. Préparez cinq questions à poser et vos réponses par écrit.

■ À quelle heure tu t'es levé(e) hier?
● Moi, je ... Hier, je me suis ...

1 Lisez l'histoire de Denis Distrait. Regardez bien.
Où a-t-il perdu ses affaires?

1 son forfait
2 son porte-monnaie
3 ses affaires de gym
4 ses stylos
5 son portable
6 ses clés

a à la maison?
b dans le jardin?
c à la boulangerie?
d à l'arrêt de bus?
e dans la rue?
f dans le bus?

Denis a oublié d'allumer le réveil sur son portable. Il s'est réveillé à 7h15. Ses parents étaient déjà partis depuis longtemps.

Il a mis son jean et son pull. Il a pris son cartable et son sac avec ses affaires de gym et il est sorti en courant.

Il a juste eu le temps d'acheter un croissant avant de prendre le bus.

Il a trébuché et ses affaires sont tombées par terre.

Ses stylos ont roulé en-dessous d'une voiture mal garée sur le trottoir. Il n'a rien remarqué.

Il a ramassé ses autres affaires avant de monter dans le bus.

Il est arrivé au collège.

Il n'a pas trouvé ses devoirs parce qu'il avait oublié de les faire. Hier soir, il y avait un match de foot important à la télé!

trébucher – to trip
mal garé – badly parked
le forfait – bus pass

Expo-langue →→→→

Grammaire **1.7**

In the perfect tense, if you use **le**, **la**, **l'** or **les** (the direct object pronoun) in front of a verb with **avoir**, the past participle has to agree.

As-tu vu mon frère? Oui, je **l'**ai vu. = Yes I saw *him*.
As-tu vu ma sœur? Oui, je **l'**ai vu**e**. = Yes, I saw *her*.
As-tu vu mes frères? Non, je ne **les** ai pas vu**s**. = No, I didn't see *them* [boys].
As-tu vu mes sœurs? Oui, je **les** ai vu**es**. = Yes, I saw *them* [girls].

écouter **2** Écoutez. Qu'est-ce qu'ils ont perdu? Ils sont comment? Où est-ce qu'ils les ont perdus? Copiez et remplissez la grille. (1–3)

	quoi?	description	où?
1			

parler **3** À deux. Imaginez que vous avez perdu votre sac. Décrivez-le.

Qu'est-ce qu'il y avait dans le sac? Décrivez votre trousse, vos livres, votre porte-monnaie, etc.

Possessive adjectives

	masculine	feminine	plural
my	mon	ma	mes
your	ton	ta	tes
his/her/its	son	sa	ses
our	notre	notre	nos
your	votre	votre	vos
their	leur	leur	leurs

écrire **4** Imaginez. Vous avez perdu vos affaires. Écrivez des petites annonces.

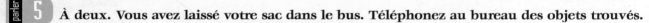

J'ai perdu mon vélo.
Je l'ai laissé …
Il est …

Qui a trouvé mon forfait de bus? C'était dans …

parler **5** À deux. Vous avez laissé votre sac dans le bus. Téléphonez au bureau des objets trouvés.

■ Ici, le bureau des objets trouvés. Bonjour, je peux vous aider?
● J'ai perdu mon sac …

a   **b**

■ Où l'avez-vous perdu?
● **a**   **b**

■ À quelle heure?
● **a** 8.15   **b** 8.20
■ Qu'est-ce qu'il y avait à l'intérieur du sac?
● **a**    **b**

■ Votre nom est-il marqué dessus?
● …
■ Quel est votre nom? Et votre adresse?
● …
■ Pouvez-vous me donner votre numéro de téléphone?
● …
■ Bien, si on le trouve, je vous passerai un coup de fil.
● …

écouter 1 Écoutez et lisez. Choisissez la bonne réponse: a ou b.

Mes parents ont déménagé en Grande-Bretagne il y a un an et maintenant, je fréquente un collège britannique. Au début, ce n'était pas facile. Je pouvais à peine comprendre ce qu'on me disait parce qu'ils avaient un fort accent. Maintenant, ça va, mais je dois me concentrer tout le temps.

Le collège est moins grand que mon ancien collège en France. Il n'y a que 800 élèves. En France, il y avait 1200 élèves. Ici, il y a 30 élèves au maximum dans chaque classe. Je trouve ça mieux.

Heureusement, ce qu'on fait en cours est plus facile que chez nous. Par exemple, en sciences naturelles, ce que je fais en ce moment, je l'ai déjà fait en France l'année dernière. Il n'y a rien de vraiment nouveau. Ni les maths ni les sciences physiques ne sont difficiles. En plus, on peut faire de la musique pop ou du théâtre en cours facultatif. Je n'ai jamais fait de théâtre au collège en France et pourtant, j'aime bien ça.

En France, les cours commencent à huit heures. Ici, les cours ne commencent qu'à neuf heures, il ne faut pas se lever aussi tôt qu'en France. Super! Les cours sont moins longs et les journées aussi sont moins longues. Il n'y a jamais de cours le samedi. C'est un jour de congé.

Je ne mange pas à la cantine. Je trouve la nourriture moins bonne qu'en France. Je préfère apporter des sandwichs.

J'ai eu de la chance. Dans ma classe, personne ne se moque de moi de mon accent. Il y en a qui m'appellent Frog, mais si on ne fait pas attention, ils s'ennuient rapidement et ne le font plus. Ils me demandent si j'ai déjà mangé des escargots ou des cuisses de grenouilles, et quand je dis «oui», ils disent «beurk», mais c'est tout. Je m'entends bien avec la plupart des élèves de ma classe et on n'a jamais essayé de me racketter.

à peine – hardly
cours facultatif – option
cuisses de grenouilles – frogs' legs
racketter – to bully

En Grande-Bretagne ...
1 Le collège est (**a**) plus (**b**) moins grand qu'en France.
2 La classe est (**a**) plus (**b**) moins petite qu'en France.
3 Les cours sont (**a**) plus (**b**) moins longs qu'en France.
4 La journée est (**a**) plus (**b**) moins longue qu'en France.
5 Les cours sont (**a**) plus (**b**) moins difficiles qu'en France.
6 La nourriture est (**a**) meilleure (**b**) moins bonne qu'en France.

lire 2 Trouvez les phrases dans le texte de l'exercice 1.

1 neither maths nor science ...
2 there is nothing really new ...
3 nobody makes fun of my accent
4 it wasn't easy
5 there are only ... pupils
6 I have never ...
7 lessons don't start until ...

Expo-langue →→ Grammaire 3.13

Negatives
ne ... pas – not
ne ... plus – no longer
ne ... que – only/not until
ne ... jamais – never
ne ... rien – nothing
personne ne ... – nobody
ni ... ni ... – neither ... nor

3 Écoutez et complétez les réponses de Patrick.

1 Qu'est-ce que tu trouves le plus difficile?
Le plus difficile, c'est …

2 Qu'est-ce que tu aimes le plus?
Je ne dois pas …

3 Quelle est la plus grande différence?
Il faut …

4 Comment trouves-tu les cours?
J'aime beaucoup …

5 Quels sports fais-tu?
Je …

6 Quel est le grand avantage?
On n'a pas …

7 Est-ce qu'il y a des inconvénients?
Il y a un peu …

4 L'uniforme. Pour chaque déclaration, écrivez P (Positive), N (Négative), ou P/N (Positive/Négative).

1 On sait toujours ce qu'on va mettre le matin.

2 On ne voit pas de différence entre un élève riche et un élève pauvre.

3 Je trouve ça stupide. Pourquoi porter une cravate? Quel est l'intérêt?

4 Je n'ai jamais porté de cravate. Mon père n'en porte pas non plus!

5 Que les filles portent une cravate? Quelle horreur!

6 Si on porte un uniforme on est plus discipliné, mais on n'a pas l'occasion de porter des vêtements chics.

7 Chez nous, tous les gars portent des vêtements débraillés, un vieux jean et un pull. Un uniforme donne une bonne impression.

8 Ce qu'on porte n'a aucune importance. Pourquoi gaspiller tout cet argent en achetant une veste? C'est le comportement qui compte.

9 Il faut être à l'aise pour apprendre. On ne peut pas se sentir bien quand on porte une chemise et une cravate.

10 Au moins, avec un uniforme, les filles ne s'habillent pas n'importe comment. Elles ne portent pas de minijupes qui déconcentrent les garçons!

5 L'uniforme. Discutez!

Selon vous, quels sont les avantages et quels sont les inconvénients? D'accord ou pas?

> Tout d'abord, un uniforme doit être …
> confortable
> chic
> pas trop cher
> en tissu facile à laver
> en tissu qui n'a pas besoin de repassage

6 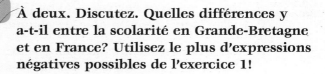 À deux. Discutez. Quelles différences y a-t-il entre la scolarité en Grande-Bretagne et en France? Utilisez le plus d'expressions négatives possibles de l'exercice 1!

Chez nous, … / En France, …
Les avantages/inconvénients sont …
La journée n'est pas si …
Les cours ne commencent/finissent qu'à …
On ne va pas au collège le …
On fait des matières différentes …
On ne fait ni de … ni de …
Les cours/La récré ne dure(nt) que …
Personne ne porte de …
On ne porte que …

7 Faites un exposé: *Les différences entre la scolarité en Grande-Bretagne et en France.*

1 Écoutez et lisez le texte. Trouvez les 22 verbes au futur.

Ton avenir, il sera comment?

> Que feras-tu quand tu quitteras le collège?

Si j'ai de bonnes notes, j'irai au lycée où je continuerai mes études. Puis quand je quitterai le lycée, j'irai à l'université où je ferai une licence de commerce.

Moi, je quitterai le collège à seize ans et je ferai un apprentissage chez Macintosh. J'apprendrai à réparer les ordinateurs parce que je m'intéresse beaucoup à l'informatique.

> Que feras-tu plus tard dans la vie?

Je ne sais pas exactement ce que je ferai quand je quitterai la fac, mais si c'est possible, je travaillerai à l'étranger – aux États-Unis, par exemple – ou bien je ferai du bénévolat en Afrique.

Si mes rêves se réalisent, j'aurai ma propre entreprise à trente ans! Ce sera un magasin d'informatique ou un service de réparation d'ordinateurs, par exemple.

> Comment sera ta vie personnelle?

J'espère que je rencontrerai la femme de mes rêves et qu'on aura deux ou trois enfants!

Je serai très riche et très heureuse, bien sûr! Et j'habiterai à la campagne ou au bord de la mer, je crois.

2 Relisez le texte et écrivez V (Vrai), F (Faux) ou PM (Pas Mentionné) à côté de chaque phrase.

1 Dans cet article, on parle de l'avenir.
2 Raoul ne quittera pas le collège si ses notes sont bonnes.
3 Il continuera ses études au lycée.
4 Il ira à l'université à Paris pour faire sa licence.
5 Marine ira au lycée pour faire son apprentissage.
6 Elle fera un apprentissage de réparation de voitures.
7 Raoul travaillera comme professeur en Afrique.
8 Marine aura peut-être son propre magasin d'informatique.
9 Si ses rêves se réalisent, Raoul aura des enfants.
10 Si elle est riche, Marine habitera à Paris.

Expo-langue →→→ *Grammaire 3.9*

To talk about your plans, you can use either **aller** + the infinitive (*going to …*) or the future tense (*will …*).
The future tense is formed from a stem plus the future tense endings (**–ai, –as, –a, –ons, –ez, –ont**).

For regular verbs, the stem is the infinitive (**–er** and **–ir** verbs) or the infinitive minus the final **–e** (**–re** verbs): **quitter**ai, **finir**as, **apprendr**a

Some verbs are irregular, so you need to learn the stem separately:
aller – j'**ir**ai   avoir – j'**aur**ai
être – je **ser**ai   faire – je **fer**ai

je quitterai	nous quitterons
tu quitteras	vous quitterez
il/elle/on quittera	ils/elles quitteront

écrire **3** **Copiez et complétez le texte.**

Quand je (**1**) ▭▭▭ le collège à seize ans, j'(**2**) ▭▭▭ au lycée où je
(**3**) ▭▭▭ mes études. Après, j'(**4**) ▭▭▭ en faculté où je (**5**) ▭▭▭ une
licence de marketing. Mais mon copain Thomas n'(**6**) ▭▭▭ pas au lycée. Il
(**7**) ▭▭▭ un apprentissage chez Citroën où il (**8**) ▭▭▭ à réparer les
voitures. Plus tard dans la vie, je (**9**) ▭▭▭ dans le marketing et j'(**10**) ▭▭▭
à la campagne, mais Thomas espère qu'il (**11**) ▭▭▭ son propre garage. J'espère
qu'on (**12**) ▭▭▭ tous les deux riches et heureux!

You usually only pronounce **s, t** and
x at the end of a word if the next
word begins with a vowel sound.

parler **4** **Prononcez les paires de phrases.
Attention aux lettres en gras!**

J'irai au**x** magasins.
J'irai au**x** États-Unis.

Un adolescen**t** heureux.
Un adolescen**t** content.

Je continuerai me**s** études.
Je continuerai me**s** devoirs.

écouter **5** **Écoutez et vérifiez.**

parler **6** **À deux. Répondez aux trois questions de l'exercice 1.
Parlez de vous-même ou utilisez les détails ci-dessous.**

16 ans: quitter collège
apprentissage (salon de coiffure)
(apprendre à couper les cheveux des clients)
35 ans: propre salon de coiffure
rencontrer homme/femme de mes rêves
2 enfants
appartement centre-ville

quitter collège → lycée
université (licence français et commerce)
bénévolat en Inde
30 ans: propre entreprise: librairie
rencontrer partenaire de mes rêves
pas d'enfants, 2 chiens
maison bord de la mer

écrire **7** **Imaginez que vous êtes Bart ou Lisa
Simpson, ou un(e) autre enfant célèbre.
Écrivez un paragraphe sur votre avenir
(utilisez votre imagination!).**

Mentionnez:
- à quel âge vous quitterez le collège et si
  vous continuerez vos études
- ce que vous ferez comme travail, après
  avoir fini les études
- comment sera votre vie personnelle
  (famille, domicile, etc.)

Le collège Louis Pasteur

Notre collège a été fondé en 1978 et a pris le nom de l'homme qui a découvert la pénicilline.

Les locaux sont grands. Ils s'étendent sur trois étages, mais ne sont pas modernes. Il y a quatre labos de sciences, un CDI, un gymnase et deux salles d'informatique. Les vestiaires ont besoin d'être modernisés et le bâtiment est trop petit. Il a été construit pour 800 élèves, mais maintenant, il y a environ 1200 élèves et 60 profs.

Les personnes les plus importantes sont le directeur et la conseillère principale d'éducation qui s'occupent des élèves qui ont un mauvais comportement. Une infirmière s'occupe des élèves qui tombent malade. La concierge est la personne peut-être la plus importante parce qu'elle assure la propreté du collège. Il ne faut pas l'embêter!

Les cours débutent à 8h du matin et finissent à 16h ou 17h. Nous avons cours le mercredi matin. Cependant, nous n'avons plus de cours le samedi matin. Traditionnellement, la pause déjeuner dure deux heures, mais chez nous, on l'a raccourcie et elle ne dure plus qu'une heure et demie. Un cours dure une heure.

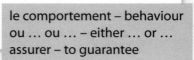

Pour moi, ce qu'il y a de mieux, c'est que chaque année, le collège organise un échange avec un collège de l'Île de la Réunion ou un collège des États-Unis. Ces échanges sont très populaires auprès des élèves. Cette année, ils sont allés aux États-Unis et l'année prochaine, ils iront à la Réunion. Je suis allé à la Réunion l'année dernière. C'était vraiment cool!

«Un grand nombre d'activités musicales et sportives assurent une formation intéressante, enrichissante et éducative», comme c'est s'écrit sur le prospectus du collège. L'année dernière, j'ai fait du basket et du volley, mais j'ai aussi joué au badminton et au tennis. Cette année, je vais faire du hockey sur gazon.

L'année prochaine, on va construire un nouveau centre sportif, mais ce sera trop tard pour moi: je serai au lycée!

Matthieu

| le comportement – behaviour |
| ou … ou … – either … or … |
| assurer – to guarantee |

1 Copiez les phrases en bleu dans le texte et trouvez l'équivalent en anglais ci-dessous.

1 a large number of musical and sporting activities
2 for me the best thing is
3 was founded in
4 the most important people
5 need to be modernised
6 we have lessons
7 very popular with the pupils
8 about
9 the premises
10 the cleanliness
11 it will be too late
12 it lasts only

2 Choisissez a ou b.

1 Le bâtiment est   (**a**) moderne   (**b**) vieux.

2 La pause de midi dure   (**a**) une heure et demie   (**b**) deux heures.

3 Les cours finissent à   (**a**) quatre heures   (**b**) six heures de l'après-midi.

4 La Réunion est   (**a**) une ville aux États-Unis   (**b**) une île.

5 L'année dernière, Matthieu a fait du   (**a**) hockey sur gazon   (**b**) badminton.

3 Décrivez votre collège.

Boîte à outils

1 Decide on the content

◆ You are 'advertising' your school, not talking about what *you* do, so you will mostly be using the third person.

2 Structure your text carefully

◆ *Le collège s'appelle Newtown High School d'après la ville.*

◆ *C'est un collège mixte qui est spécialisé dans l'apprentissage du sport et de la musique.*

◆ For details on the history of a place, see Module 3.
   Il a été construit … Fondé en …

◆ When talking about the facilities or subjects, avoid giving long lists – you won't get many marks for them!

◆ Useful phrases:
   Il y a environ … élèves et … profs.
   Monsieur le directeur/Madame la directrice … tandis que le directeur adjoint …
   Il y a un gymnase, trois labos, etc.
   On étudie l'italien, la philosophie, etc.
   For other subjects, see *Mots*, p. 90 or look them up in a dictionary.
   To describe your uniform, see pp. 76–77.
   Clubs ou activités sportives/musicales
   échanges linguistiques ou culturels
   stages de sport
   événements dans le collège (expositions, pièces de théâtre …)

◆ *L'année dernière, …*
◆ *L'année prochaine, …*

Introduction

Give the name of the school (including any details on how it got its name) and what sort of school it is.

Main section

Give a brief history of the school, if appropriate. Say how many pupils and staff there are, identifying the principal staff.
Talk about the facilities.
Mention some of the subjects studied, including any special options – options facultatives. Give details of the length of the school day and the lessons.
Describe the uniform if you have one, including details of the colours.
Mention any special features, such as clubs, events or connections with schools abroad.

Conclusion

Talk about the past and the future, mentioning something that used to happen and something that will happen at your school, so that you can demonstrate your ability to use the different tenses.

3 Check what you have written carefully.
Check:

◆ spelling and accents
◆ gender and agreement (e.g. adjectives, past participles of *être* verbs)
◆ verb endings for the different persons: *il/elle/ils/elles*, etc.
◆ tense formation (e.g. *j'ai commencé/je vais continuer*)

Les matières / Subjects

Ma matière préférée, c'est …	My favourite subject is …
le français	French
le théâtre	drama
les sciences (f) physiques	physical sciences
la biologie	biology
la chimie	chemistry
la physique	physics
la technologie	technology
les maths	maths
les sciences	science
les SVT/sciences (f) et vie de la terre	natural sciences/ biology
l'histoire-géo (f)	history-geography
l'allemand (m)	German
l'espagnol (m)	Spanish
Hier matin, j'ai eu un cours d'EPS.	Yesterday I had a PE lesson.
Aujourdhui, j'ai deux heures d'anglais.	Today I have two hours of English.
Demain, je vais faire un cours de dessin.	Tomorrow I'm going to have an art lesson.

Mon opinion / My opinion

j'adore	I love
j'aime bien	I like
je déteste	I hate
c'est …	it's …
intéressant	interesting
difficile	difficult
facile	easy
ennuyeux	boring
Je suis fort(e) en langues.	I am good at/strong in languages.
Je suis faible en sciences	I am weak at science.
C'est pas mon truc.	It's not my thing.

L'uniforme / Uniform

Il faut porter …	You have to wear …
un chandail	a cardigan
un collant	tights
un jean	jeans
un maillot (de foot)	a (football) shirt
un pantalon	trousers
un polo	a polo shirt
un pull	a jumper
un short	shorts
un sweat	a sweatshirt
un tee-shirt	a tee-shirt
une chemise	a shirt
une cravate	a tie
une jupe	a skirt
une robe	a dress
une veste	a jacket
des baskets (f)	trainers
des chaussures (f)	shoes
des chaussettes (f)	socks
des sandales (f)	sandals
C'est chic/pratique/ confortable.	It's stylish/practical/ comfortable.
Un uniform doit être …	A uniform should be …
pas trop cher	not too expensive
en coton/cuir/jean/laine	(in) cotton/leather/ denim/wool
en tissu facile à laver	in an easy to wash material
en tissu qui n'a pas besoin de repassage	in a material that doesn't need ironing

Les couleurs / Colours

blanc(he)	white
bleu(e)	blue
bordeaux	maroon
gris(e)	grey
jaune	yellow
noir(e)	black
orange	orange
rose	pink
rouge	red
vert(e)	green
bleu clair	pale blue
bleu foncé	dark blue
bleu marine	navy blue
à rayures	striped

La formation / Education

Ils vont à l'école primaire.	They to to primary school.
Ils vont au lycée à l'âge de …	They go to secondary at the age of …
Notre collège s'appelle …	Our college is called …
C'est un collège mixte.	It's a mixed secondary school.

Il y a environs … élèves.	*There are around … pupils.*	le directeur/la directrice	*headmaster/ headmistress*
Les cours débutent à …	*Lessons start at …*	le comportement	*behaviour*
Les collèges prennent le nom …	*Schools take the name …*	la discipline	*discipline*
l'instituteur/institutrice	*primary teacher*	les devoirs	*homework*
le/la professeur	*secondary teacher*	la récré	*break*

Ma journée / *My day*

Je me réveille à 7 heures.	*I wake up at seven o'clock.*	je me suis douché(e)	*I had a shower*
Je me lève tout de suite.	*I get up straight away.*	je me suis habillé(e)	*I got dressed*
Je me douche et je m'habille.	*I have a shower and get dressed.*	je me suis couché(e)	*I went to bed*
		Au petit déjeuner, j'ai mangé du pain.	*For breakfast I had some bread.*
Je me couche vers 10 heures.	*I go to bed at about ten.*	J'ai bu du chocolat chaud.	*I drank some hot chocolate.*
Hier, je me suis réveille(e) …	*Yesterday I woke up …*	Je suis sorti(e) à 8h15.	*I left at 8.15.*
		Je suis allé(e) au collège en car.	*I went to school by bus.*
je me suis levé(e)	*I got up*	Je suis rentré(e) à 4h30.	*I came home at 4.30.*

Des excuses / *Excuses*

J'ai oublié …	*I forgot …*	mon forfait	*my (travel) pass*
J'ai perdu …	*I've lost …*	mon portable	*my mobile*
mes affaires (f)	*my things*	Je l'ai laissé(e) …	*I left it …*
mon sac	*my bag*	Je les ai laissé(e)s …	*I left them …*
mon cartable	*my school bag*	à la maison	*at home*
ma trousse	*my pencil case*	à l'arrêt de bus	*at the bus stop*
mes clés (f)	*my keys*	dans le bus	*on the bus*
mon porte-monnaie	*my purse*	le bureau des objets trouvés	*Lost Property Office*

Au négatif / *In the negative*

ne … pas	*not*	Le journée n'est pas si …	*The day isn't so …*
ne … plus	*no longer*	Les cours ne commencent/ finissent qu'à …	*The lessons only start/finish at …*
ne … que	*only/not until*	La récré ne dure que …	*Break only lasts …*
ne … jamais	*never*	On ne porte que …	*You only have to wear …*
ne … rien	*nothing*		
personne ne …	*nobody*		
ni … ni …	*neither … nor …*		

Que feras-tu? / *What will you do?*

Si j'ai de bonnes notes, …	*If I have good results …*	J'aurai ma propre entreprise.	*I will have my own business.*
J'irai au lycée/ à l'université.	*I will go to lycée/ university.*	Je serai très riche.	*I will be very rich.*
Je ferai une licence de commerce.	*I will do a business degree.*	J'habiterai aux États-Unis.	*I will live in the US.*
Je ferai un apprentissage chez Citroën.	*I will do an apprenticeship with Citroën.*	Je continuerai mes études.	*I will continue my studies.*
		Je rencontrerai le/la partenaire de mes rêves.	*I will meet the partner of my dreams.*
Je travaillerai à l'étranger.	*I will work abroad.*	Je ne sais pas exactement ce que je ferai quand je quitterai le collège.	*I don't know exactly what I'll do when I leave college.*
Je ferai du bénévolat.	*I will do voluntary work.*	Je m'intéresse beaucoup à …	*I'm very interested in …*

L'argent, l'argent Discussing jobs and money
Indirect object pronouns

Déjà vu

1 Reliez les images et les phrases.

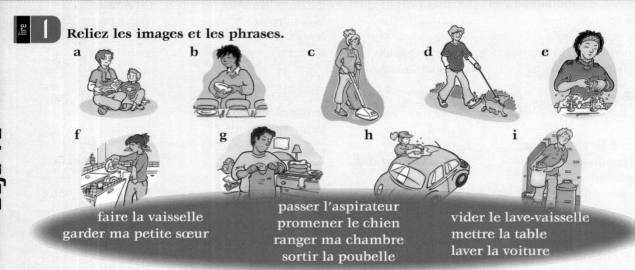

a   b   c   d   e

f   g   h   i

faire la vaisselle
garder ma petite sœur

passer l'aspirateur
promener le chien
ranger ma chambre
sortir la poubelle

vider le lave-vaisselle
mettre la table
laver la voiture

2 On parle de l'argent de poche et du travail à la maison. Écoutez et complétez la grille. Utilisez les lettres des images de l'exercice 1. (1–5)

	argent de poche	travail à la maison	content(e) ☺ ou pas content(e)? ☹
1	10€ par semaine	g (2 x par sem.) …	?

3 À deux. Choisissez deux personnes de l'exercice 2 et faites un dialogue en utilisant les questions ci-dessous.

- Qu'est-ce que tu fais pour aider à la maison?
- Est-ce qu'on te donne de l'argent de poche?
- En es-tu content(e)?

Ma mère/Mon père/Mes grands-parents …
… me donne(nt) (10)€ par semaine/mois comme argent de poche.
… ne me donne(nt) pas d'argent de poche.
… paie(nt) mes affaires scolaires/mes vêtements.
(Pour ça,) je dois aider (beaucoup/un peu) à la maison. Je dois ranger ma chambre …
…. tous les jours/deux fois par semaine/avant le dîner …
Je suis (assez/très) content(e)./Je trouve ça pas mal/assez généreux.
Je ne suis pas (du tout) content(e)./Je trouve ça un peu dur/injuste.
Ce n'est pas juste!/J'ai quand même besoin d'argent!

4 Écrivez un paragraphe sur deux des personnes de l'exercice 2.

Ses parents lui donnent … Pour ça, il/elle doit … Il/Elle trouve ça …

Expo-langue →→→→ *Grammaire* 1.8

me, **te** and **lui** are indirect object pronouns and go in front of the verb. They mean 'to me', 'to you' and 'to him/her', but the word 'to' is not always used in English.

	indirect object pronoun
(to) me	me
(to) you	te
(to) him/her	lui

Mes parents **me** donnent 10€ par semaine.
= My parents give (to) me €10 a week.
On ne **lui** donne pas d'argent de poche.
= They don't give (to) him/her any pocket money.

5 Écoutez ce qu'ils achètent avec leur argent de poche. Combien de fois est-ce qu'on mentionne chaque chose?

Exemple: **a** 2 fois

a
des bonbons ou des chocolats

b
des magazines

c
des cadeaux

d
du maquillage

e
du matériel scolaire

f
des CD ou des DVD

g
des jeux de console

h
des baskets

 6 Vidéoconférence. Répondez aux questions en utilisant les phrases ci-dessous. Utilisez un dictionnaire, si nécessaire.

- Qu'est-ce que vous achetez avec votre argent?
- Faites-vous des économies? Si oui, pourquoi?

Avec mon argent, je dois acheter ...
À part ça, j'achète/j'ai besoin de ...
J'économise/Je fais des économies/
   Je mets de l'argent de côté pour ...
J'essaie d'économiser/de mettre de côté
   ... livres par semaine/mois pour
   acheter ... parce que ...

Expo-langue →→→→ *Grammaire* **1.5**

You use **du/de la/de l'/des** ('some') when talking about what you buy, even though 'some' isn't always used in this context in English.

J'achète **du** maquillage et **des** magazines. = I buy (some) make-up and (some) magazines.

If you need to look up new vocabulary in a dictionary, make sure you choose the right word! If you want to say you are saving up for a pair of boots, make sure you chose the word for what you wear on your feet, not the boot of a car, etc. Look for any example sentences and check the English meanings of the word you choose in the French–English section of the dictionary.

7 Écrivez un paragraphe sur ce que vous achetez avec votre argent. Mentionnez aussi si vous mettez de l'argent de côté et si oui, pourquoi. Essayez d'utiliser ces mots et expressions:

j'en achète beaucoup – I buy a lot (of it/them)
avec l'argent qui me reste – with the money that's left
à part ça – apart from that
quelquefois/parfois – sometimes
toujours – always
coûte(nt) assez/très cher – cost(s) a lot
les marques comme ... – brand names/labels such as ...

écouter 1 Qui fait quel job? Écoutez et trouvez les bonnes images. (1–8)

a

b

c

d

e

f

g

h

écouter 2 Écoutez encore une fois. Copiez et complétez la grille en français. (1–8)

	jour(s)/fréquence	horaires	salaire
1	tous les samedis	de 13h à 18h	32,50€

lire 3 Trouvez les paires de phrases pour les images de l'exercice 1.

Exemple: a 13, …

1 Mon petit boulot, c'est dans un supermarché.

2 Je dois passer l'aspirateur et faire le café pour les clients.

3 J'ai un petit job dans un fast-food.

4 Je dois donner à manger aux animaux.

5 Je travaille à la caisse.

6 Je livre des journaux.

7 Mon travail, c'est dans l'épicerie de mon oncle.

8 Je fais des livraisons aux maisons près de chez moi.

9 J'ai un job dans une ferme.

10 On doit servir des hamburgers aux clients.

11 J'ai un petit boulot dans un salon de coiffure.

12 Je dois ranger l'équipement sportif.

13 Je m'occupe des enfants de mes voisins.

14 Je travaille dans un centre de loisirs.

15 Je dois remplir les rayons du magasin.

16 Je fais du baby-sitting.

parler 4 À deux. Imaginez que vous êtes une des personnes de l'exercice 1. Faites un dialogue en utilisant ces questions:

■ As-tu un job/un petit boulot?
● …
■ Quand fais-tu ça?
● Je fais ça tous les samedis/le dimanche matin/deux fois par semaine …
■ Quels sont les horaires de travail?
● Je travaille de … à …/Je commence à … et je finis à …/Je fais trois heures de travail …

■ Tu gagnes combien?
● Je gagne …/Je reçois …/On me paie …
■ Qu'est-ce que tu dois faire?
● …

5 Lisez les textes. Puis regardez les phrases en dessous. Pour chaque personne, écrivez P (Positive), N (Négative) ou P/N (Positive/Négative).

Exemple: 1 Lin (**a**) le salaire N, (**b**) ...

> When you do an exam-style task like this, it is important to look very closely at the text in order not to miss small words which can completely change the meaning of a sentence. Look for:
>
> - negatives (e.g. même si ce **n'**est **pas** très bien payé)
> - words like **trop** (too) and **sauf** (except), which turn a positive statement into a negative one
> - adjectives which have a positive meaning (e.g. **intéressant**) or a negative one (e.g. **monotone**)
> - expressions which contrast one thing with another, such as **parfois ... , mais d'habitude** (sometimes ... , but usually), **même si** (even if), **par contre** (on the other hand) and **malgré cela** (in spite of that)

1

J'aime bien mon job au fast-food, même si ce n'est pas très bien payé. Mes collègues sont sympas et on s'amuse bien ensemble. Mon patron, Monsieur Rachid, est parfois un peu sévère, mais en général, il est gentil.

Lin

2

Mon petit boulot au garage ne me plaît pas beaucoup et je m'ennuie. Je trouve ça monotone de nettoyer des voitures toute la journée. Et les heures sont trop longues aussi. La seule bonne chose, c'est que le salaire est assez intéressant.

Clément

3

La patronne du magasin où je travaille est toujours souriante et elle a un bon sens de l'humour. L'inconvénient, c'est que je dois me lever très tôt le samedi parce que je commence le travail à huit heures. Par contre, je finis à midi et c'est bien d'avoir l'après-midi libre.

Mathilde

4

Je suis tout à fait content de ce qu'on me paie pour mon travail au marché. Je m'entends bien avec les autres marchands avec qui je travaille, sauf le fils du propriétaire qui est arrogant et qui m'énerve. Malgré cela, je suis assez satisfait de mon job.

Guillaume

1 Lin: (**a**) le salaire (**b**) la personne pour qui elle travaille (**c**) les autres gens avec qui elle travaille
2 Clément: (**a**) le genre de travail (**b**) les horaires de travail (**c**) le salaire
3 Mathilde: (**a**) la personne pour qui elle travaille (**b**) les horaires de travail
4 Guillaume: (**a**) le salaire (**b**) les gens avec qui il travaille

6 Préparez une présentation d'une minute sur votre job. Si vous n'avez pas de job, utilisez les détails ci-dessous. Mentionnez:

- ce que vous faites comme job
- les horaires de travail et le salaire
- les avantages et les inconvénients

A *magasin de vêtements*
samedi 9h–17h ☹
passer l'aspirateur/remplir et ranger les rayons
salaire 45€ ☺   patronne ☺
collègues ☺

B *restaurant*
dimanche 10h–14h30 ☺
servir les clients/faire la vaisselle
salaire 20€ ☹   propriétaire ☹
collègues ☺ ☹

7 Écrivez un paragraphe sur votre job, réel ou imaginaire. Adaptez les textes de l'exercice 5, si vous voulez.

2 Au boulot! Discussing different jobs
Forming questions

écouter **1** Écoutez cette interview avec un reporter cameraman. Notez les questions dans le bon ordre.

1 Pourquoi l'aimez-vous?

2 Vous travaillez combien d'heures par semaine?

3 Depuis quand faites-vous ce travail?

4 Quels sont les inconvénients de votre travail?

5 Comment vous appelez-vous?

6 Comment êtes-vous devenu reporter cameraman?

7 Où travaillez-vous en ce moment?

8 Qu'est-ce que vous faites comme travail?

9 Vous aimez votre travail?

Expo-langue →→→→

Grammaire 4.2

You can form questions in a number of different ways:

1 By taking a statement and changing the intonation: **Vous aimez votre travail?**
2 By putting **Qu'est-ce que** on the front of a statement: **Qu'est-ce que** vous faites comme travail?
3 By using inversion (putting the verb before the subject): Où **travaillez-vous** en ce moment?

Some questions require the use of question words, e.g. **où** (where), **pourquoi** (why), **comment** (how), **(depuis) quand** ((since) when), **combien de** (how much/many).

The question word **quel** (which/what) is an adjective and must agree with the subject: see p. 8.
Quels sont les inconvénients?

---

lire **2** Complétez le texte en utilisant les mots ci-dessous.

Je m'appelle Guillaume Marchant. Je suis reporter cameraman (**1**) _____ quinze ans à peu près. Après avoir quitté le lycée, j'ai fait des (**2**) _____ de journalisme dans une école spécialisée à Bordeaux. En ce moment, je travaille beaucoup en (**3**) _____. En général, je travaille (**4**) _____ trente-cinq et quarante heures par (**5**) _____. Ce que j'aime surtout, c'est la (**6**) _____ du travail. D'ailleurs, j'aime beaucoup (**7**) _____; je n'aimerais pas être enfermé dans un bureau. Et c'est assez bien (**8**) _____ aussi! Les (**9**) _____ sont qu'on n'est pas souvent à la maison et que quelquefois, on (**10**) _____ travailler le week-end.

semaine   doit   université   Afrique   depuis   voyager   entre

intéressant   inconvénients   études   variété   payé

---

parler **3** À deux. Faites une interview avec Nathalie Lafontaine ou Jean-Luc Blier en utilisant les détails à droite.

Nathalie Lafontaine/Jean-Luc Blier
infirmière/infirmier depuis 7 ans
lycée → au IFSI (institut de
    formation en soins infirmiers)
travaille dans un hôpital à Paris
30 heures par semaine.
♥ son travail
♥ aider les gens malades
✗ pas bien payé; travailler la nuit

écrire **4** Écrivez un paragraphe pour Nathalie ou Jean-Luc. Adaptez le texte de l'exercice 2.

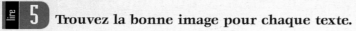
lire **5** **Trouvez la bonne image pour chaque texte.**

a

médecin

b

fermier/fermière
(agriculteur/agricultrice)

c

agent de police

d

facteur/factrice

e

chef de cuisine

1 C'est dur de travailler toute l'année en plein air, surtout en hiver. Mais c'est bien si on aime les animaux et si on a horreur d'être enfermé dans un bureau.

2 C'est un métier qui est parfois dangereux. Cependant, c'est bien de pouvoir faire quelque chose pour améliorer la société et on a beaucoup de contacts avec les gens.

3 Ce n'est pas très bien payé, c'est un peu monotone et on doit faire des kilomètres à pied ou à vélo. Par contre, on n'a pas trop de responsabilité et on a pas mal de temps libre.

4 Le salaire est bon. De plus, guérir et même sauver la vie des gens malades, c'est quelque chose de très gratifiant. Mais c'est souvent stressant comme métier.

5 C'est bien si on s'intéresse à l'alimentation et si on est propriétaire du restaurant. Mais on doit travailler le soir et on a souvent très chaud dans la cuisine.

lire **6** **Trouvez dans le glossaire ou dans un dictionnaire l'équivalent en anglais des mots en bleu dans l'exercice 5.**

écouter **7** **Écoutez. Donnez au moins un avantage et un inconvénient de chaque métier. Complétez la grille en français. (1–5)**

	avantages	inconvénients
1 caissier/caissière de supermarché	contact avec les gens …	monotone …
2 chauffeur/chauffeuse de poids lourds		
3 boulanger/boulangère		
4 coiffeur/coiffeuse		
5 garçon de café (serveur) /serveuse		

parler **8** **À deux. Quels métiers voudriez-vous ou ne voudriez-vous pas faire?**

■ Quel métier voudrais-tu faire et pourquoi?
● Je voudrais bien travailler comme … parce que …
■ Quel métier est-ce que tu n'aimerais pas faire et pourquoi?
● Je n'aimerais pas être … parce que …

1 Lisez les offres d'emploi et répondez aux questions en anglais.

A

Devenez un de nos animateurs en club.
Vous souhaitez apprendre un métier valorisant vos aptitudes sportives et vos talents artistiques?
Devenez l'un de nos 15 animateurs h/f en formation professionnelle.
Après deux mois de formation à Vichy, vous rejoindrez les équipes de nos villages vacances (Caraïbes et bassin méditerranéen) pour une période de mise en pratique de cinq mois.
Début du contrat le 5 septembre 2007

Merci d'adresser votre dossier de candidature par courrier (CV + lettre de motivation sous la référence 2MN/CP) à Look Voyages, service format...

B

Un CDI sans renoncer à vos vacances d'été
Hôtesses et Hôtes d'accueil
À temps partiel (après-midi ou matin) ou à temps complet
Votre rôle: vous avez en charge l'accueil visiteurs et téléphonique de sociétés prestigieuses basées à Paris, 78, 91, 92, 93, 94.
Vos atouts: excellente présentation, bon relationnel, maîtrise de l'anglais.

C

Leader mondial des jeux et équipements de loisirs renforce ses équipes et recrute dans le cadre de ses opérations sur le site de Disneyland© Resort Paris:
OPÉRATEURS D'ATTRACTIONS
PLEIN TEMPS – SAISON 2005 – (H/F)
Postes évolutifs en contrat CDI
Lieu de travail: MARNE-LA-VALLÉE
Qualités requises: Disponible le soir jusqu'à 2h et week-end – Dynamique –
Goût pour le sport – Sens du contact et de l'accueil
Langue: Une langue étrangère appréciée
Disponibilité: Immédiate ou ultérieure
Au-delà de votre formation, votre disponibilité et votre motivation feront la différence! Alors, rejoignez-nous!
Adressez CV, photo, lettre de motivation en précisant votre date de disponibilité à:
CIRSA AMUSEMENT France S.A.

> You don't need to understand every word of the texts to tackle Exercise 1. Look for clue words (e.g. **sport, sportive, temps, deux mois** …). Your answers to Exercise 1 should then help you to find the words you need in Exercise 2.

In which job …
1 is an ability or liking for sports a requirement? (2 jobs)
2 is it important to have fluent English?
3 could you work either part-time or full-time?
4 will you be given two months' training?
5 do you need to be available to work at nights and at the weekend?
6 will you spend time at a holiday village in the Caribbean or the Mediterranean?
7 will you have to welcome visitors in person and on the phone?
8 would the ability to speak a foreign language be appreciated?
9 does it specify that should you send your letter of application by post?
10 are your availability and motivation key factors?

2 Écrivez l'équivalent en anglais de ces mots et expressions tirés des annonces de l'exercice 1. Devinez d'abord, puis vérifiez dans un dictionnaire.

1 vos aptitudes sportives
2 goût pour le sport
3 maîtrise de l'anglais
4 deux mois de formation
5 disponible le soir jusqu'à 2h et week-end
6 Caraïbes
7 l'accueil visiteurs
8 une langue étrangère appréciée
9 votre dossier de candidature
10 votre disponibilité

 3 On téléphone pour avoir des renseignements sur quel emploi ci-dessus? A, B ou C? (1–3)

écouter

4 **Écoutez et complétez le dialogue.**

■ Allô, (**1**) _____ Cécile Moreau. Je peux vous aider?

● Bonjour, madame. Je voudrais (**2**) _____ à Mademoiselle Chagny, s'il vous plaît.

■ Je (**3**) _____, monsieur, mais elle n'est pas là en ce moment. Vous voulez (**4**) _____ un message?

● Oui, je veux bien, s'il vous plaît.

■ C'est de la (**5**) _____ de qui, monsieur?

● C'est de la part de Mathieu Gesbert.

■ Gesbert, ça (**6**) _____ comment, s'il vous plaît?

● G-E-S-B-E-R-T.

■ (**7**) _____ est votre numéro de téléphone, s'il vous plaît, monsieur?

● C'est le 06 10 77 34 30.

■ Et quel est votre message?

● C'est que je (**8**) _____ un peu en retard pour notre réunion cet après-midi parce que mon train a une demi-heure de (**9**) _____.

■ Bon, merci. Je lui passerai (**10**) _____ message. Elle vous rappellera plus tard.

● Merci, madame. Au revoir.

■ De rien, monsieur. Au revoir.

retard
numéro
serai
s'écrit
parler
quel
laisser
écouter
part
votre
ici
regrette

parler

5 **À deux. Pratiquez le dialogue de l'exercice 4.**

Expo-langue

Remember to use **vous** and **votre/vos** in a formal, work-related situation. French people also use **monsieur**, **madame** and **mademoiselle** a lot in order to be polite. You need to use these in formal letters, as well as the proper starting and signing off expressions (see below).

parler

6 **Adaptez le dialogue de l'exercice 4 en changeant les mots en bleu. Utilisez les détails ci-dessous.**

Gérard/Geneviève Lenoble
Madame Renault
Christophe/Christine Papignon
01 39 85 43 19
malade – ne peut pas venir à la réunion
de 10h30

Pascal/Pascale Dubois
Monsieur Léon
Sayed/Suraya Djamal
03 55 71 40 29
arrivera à la gare SNCF à 15h25

écrire

7 **Posez votre candidature! Adaptez la lettre à droite en utilisant l'annonce A ou B de l'exercice 1. Inventez certains détails, si vous voulez.**

20 mai 2006

Madame/Monsieur,

J'ai vu votre annonce dans le journal d'hier et je voudrais poser ma candidature pour le poste d'opérateur d'attractions chez Cirsa.

Comme vous verrez dans mon CV, j'ai déjà travaillé comme animateur de sport pour enfants dans une colonie de vacances. J'ai aussi un petit boulot comme garçon de café le samedi après-midi, donc j'ai de l'expérience avec les clients. J'aime beaucoup travailler en équipe et surtout travailler avec les enfants.

Je suis assez sportif et je participe à des compétitions de natation. Je parle bien l'anglais, puisque j'apprends cette langue depuis sept ans. Quant à mon caractère, je suis travailleur, agréable et poli. Je m'entends bien avec les autres.

Veuillez trouver ci-joint mon CV.

Dans l'attente de votre réponse, madame/monsieur, je vous prie d'agréer l'expression de mes salutations sincères.

Samuel Rousseau

lire 1 Trouvez les paires de phrases.

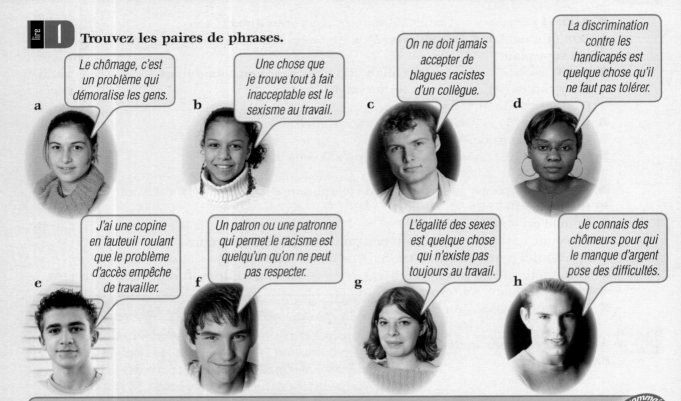

a *Le chômage, c'est un problème qui démoralise les gens.*

b *Une chose que je trouve tout à fait inacceptable est le sexisme au travail.*

c *On ne doit jamais accepter de blagues racistes d'un collègue.*

d *La discrimination contre les handicapés est quelque chose qu'il ne faut pas tolérer.*

e *J'ai une copine en fauteuil roulant que le problème d'accès empêche de travailler.*

f *Un patron ou une patronne qui permet le racisme est quelqu'un qu'on ne peut pas respecter.*

g *L'égalité des sexes est quelque chose qui n'existe pas toujours au travail.*

h *Je connais des chômeurs pour qui le manque d'argent pose des difficultés.*

Expo-langue →→→→

Grammaire 1.9

qui refers to the *subject* of a sentence and means 'who', 'which' or 'that':
Il y a beaucoup de gens **qui** sont au chômage. = There are lots of people **who/that** are unemployed.

que refers to the *object* of a sentence and means 'whom', 'which' or 'that'.
que shortens to **qu'** in front of a vowel sound:
Mon patron est quelqu'un **qu'**on ne peut pas respecter. = My boss is someone **whom/that** you can't respect.
Look for examples of **qui** and **que** in Exercise 1 and decide why each one has been used in each case.

écrire 2 Traduisez en français en adaptant les phrases de l'exercice 1.

1 Racism is something that you mustn't tolerate.
2 You must never accept a boss who makes sexist jokes.
3 A colleague who allows discrimination is someone you can't respect.
4 Something I find unacceptable is discrimination against handicapped people.
5 I have a friend for whom unemployment causes difficulties.

écouter 3 Écoutez et notez la bonne lettre. Pour chaque personne, le problème, c'est ... (1–5)

a le chômage
b le racisme au travail
c le sexisme au travail
d l'accès aux handicapés
e trop de travail

4 Prononcez les paires de mots français et anglais.

1 sexisme   sexism
2 raciste   racist
3 discrimination   discrimination
4 problème   problem
5 inacceptable   unacceptable

Be careful with the pronunciation of French words that look similar to English words. For example, **–isme** in French (**racisme**, **sexisme**) is not pronounced the same as **–ism** in English. Also, the stress or emphasis in a French word often falls in a different place to the English (e.g. unac**cept**able, inaccept**able**).

5 Écoutez et vérifiez. Répétez les mots si vous avez fait des erreurs de prononciation.

6 Vidéoconférence. Préparez et mémorisez votre réponse aux questions ci-dessous.

■ La discrimination, est-ce que ça existe dans ton collège?
■ Quelle est ton attitude concernant ce problème?

> À mon avis, le plus grand problème dans notre collège, c'est (le sexisme/le racisme/la discrimination contre les handicapés). Par exemple, (je connais des gens qui font des blagues sexistes/les bâtiments ne sont pas adaptés aux gens qui sont en fauteuil roulant). Je crois qu'on ne doit jamais accepter …/C'est quelque chose qu'il ne faut pas tolérer/Je trouve que c'est une chose qui est tout à fait inacceptable …

7 Écrivez un paragraphe sur le(s) problème(s) dont vous avez parlé dans l'exercice 6.

8 Lisez et complétez ces lettres.

Q Dans l'usine où je travaille, il y a pas mal d'immigrés d'origine tunisienne ou algérienne. Mon (**1**) _____ fait souvent des remarques ou des (**2**) _____ racistes et c'est (**3**) _____ que je trouve inacceptable. Mais

Q J'ai une copine qui est en (**6**) _____ roulant et qui travaille dans une épicerie. Elle a des (**7**) _____ parce que le magasin n'est pas adapté à l'accès aux (**8**) _____. Mais le propriétaire refuse de le changer et il dit que si elle insiste, elle (**9**) _____ au chômage. Vous pouvez me donner des conseils?

A Il ne (**4**) _____ jamais tolérer le racisme au travail. Vous devez parler au directeur ou à la directrice de (**5**) _____.

A C'est un préjugé contre les handicapés et un tel patron est quelqu'un qu'on ne peut pas (**10**) _____. Votre copine doit consulter un avocat.

l'usine
travaillera
bureau
fauteuil
handicapés
blagues
respecter
faut
quelque chose
sera
patron
difficultés

écouter 1 Écoutez, et lisez les phrases dans les bulles. Qui parle? (1–6)

Mon stage en entreprise

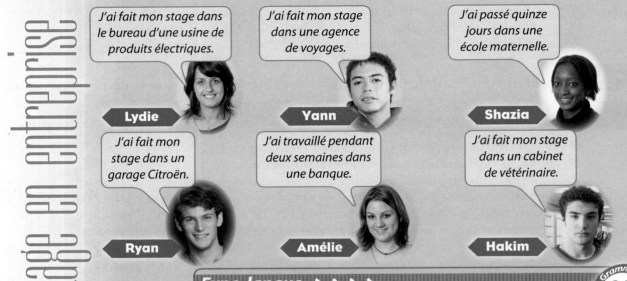

J'ai fait mon stage dans le bureau d'une usine de produits électriques. — **Lydie**

J'ai fait mon stage dans une agence de voyages. — **Yann**

J'ai passé quinze jours dans une école maternelle. — **Shazia**

J'ai fait mon stage dans un garage Citroën. — **Ryan**

J'ai travaillé pendant deux semaines dans une banque. — **Amélie**

J'ai fait mon stage dans un cabinet de vétérinaire. — **Hakim**

Expo-langue →→→→ (Grammaire 3.5)

You use the perfect tense for single events in the past.
J'**ai fait** mon stage dans un bureau. = I did my work experience in an office.

You use the imperfect tense to describe things which you did regularly in the past. It often means 'used to'.

Je **travaillais** à la caisse. = I worked/used to work on the till.
Les clients me **téléphonaient**. = Customers called/used to call me.

lire 2 Trouvez la seconde partie des phrases pour les personnes de l'exercice 1.

1 Ryan: J'aidais les mécaniciens à …
2 Lydie: Je classais des fiches et je faisais …
3 Hakim: Je m'occupais des animaux qui …
4 Amélie: Je servais les clients avec …
5 Yann: J'envoyais des brochures de vacances …
6 Shazia: Je surveillais les enfants …

a … aux clients.
b … pendant l'heure du déjeuner.
c … un des employés permanents.
d … des photocopies.
e … réparer les véhicules.
f … arrivaient pour des opérations.

écrire 3 Écrivez d'autres phrases à l'imparfait pour les personnes de l'exercice 1 en utilisant les verbes ci-dessous.

1 Ryan (ranger les outils; changer les pneus des voitures)
   Je rangeais les outils et je …
2 Lydie (prendre des commandes au téléphone)
3 Hakim (prendre les rendez-vous au téléphone; accompagner la vétérinaire dans ses visites à des fermes)
4 Amélie (travailler à l'ordinateur; devoir compter l'argent)
5 Yann (répondre au téléphone; faire le café pour les autres employés)
6 Shazia (jouer avec les enfants; les aider pendant leurs leçons)

4 Écoutez et notez si leur stage en entreprise était une expérience positive (P), négative (N) ou positive-négative (P/N), et pourquoi. Complétez la grille. (1–5)

	Expérience P, N ou P/N?	Pourquoi?
1	P	

Remember, when people are giving an opinion, their tone of voice, as well as the actual words they use, can help you to work out whether they are being positive, negative or neutral.

5 À deux. Pratiquez le dialogue ci-dessous.

■ Où as-tu fait ton stage en entreprise?
● J'ai fait mon stage dans un magasin de vêtements.
■ Tu l'as fait pendant combien de temps?
● J'ai fait ça pendant deux semaines, en mai.
■ Qu'est-ce que tu devais faire?
● Je travaillais à la caisse, je servais les clients. Quelquefois, je remplissais les rayons et je rangeais les vêtements aussi.
■ C'était comment?
● En général, c'était bien. Mes collègues étaient sympa et j'ai appris beaucoup de choses. Mais ma patronne était parfois de mauvaise humeur et j'étais souvent très fatigué(e) le soir.

6 Interviewez votre partenaire sur son stage en entreprise en changeant les détails en bleu dans le dialogue ci-dessus. Si vous n'avez pas fait de stage, inventez les détails.

C'était une expérience positive/
   une perte de temps totale.
Ce n'était pas complètement positif.
J'étais un peu déçu(e)/très satisfait(e).
J'ai beaucoup apprécié mon stage.
J'ai appris beaucoup de choses.
Je n'ai pas appris grand-chose./
   Je n'ai rien appris.
D'une part … D'autre part …
Il n'y avait pas grand-chose à faire pour moi.
J'avais beaucoup/trop de travail à faire.
Le travail était varié/monotone.

On me donnait des choses intéressantes à
   faire.
Mon/Ma patron(ne)/Le/La propriétaire
   (n')était (pas) …
Mes collègues étaient (tous) (toujours/
   souvent) gentil(le)(s)/(dés)agréable(s)/
   de bonne humeur.
… avait/avaient un bon sens de l'humour.
Je m'entendais bien avec …
   (sauf un/une qui était …)
On s'amusait bien ensemble.
Je me suis ennuyé(e).
Je me sentais un peu exploité(e).

7 Vous avez lu un article dans un magazine «*Les stages en entreprise: une bonne chose ou une perte de temps?*». Écrivez une réponse au magazine en français en donnant vos idées et vos opinions sur les stages. Mentionnez:

● où vous avez fait votre stage et pendant combien de temps
● ce que vous deviez faire comme travail
● si c'était réussi: pourquoi/pourquoi pas?
● votre opinion sur les stages en entreprise

Mon stage en entreprise

Dans mon collège, tous les élèves de troisième ont fait un stage en entreprise au mois de mai. Le stage a duré quinze jours et j'ai eu de la chance de trouver une place dans un garage Toyota dans la ville où j'habite. Je m'intéresse beaucoup aux voitures et un jour, je voudrais devenir mécanicien ou même avoir mon propre garage, donc je pensais que ce serait une bonne expérience pour moi.

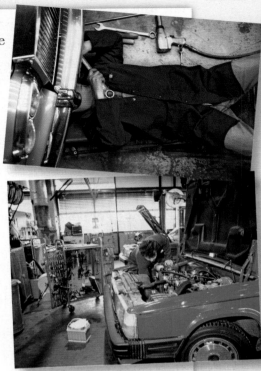

Dans l'ensemble, mon stage était très positif et j'ai appris beaucoup de choses. Je me levais tous les jours à sept heures moins le quart et je prenais le bus pour aller en ville. Je commençais le travail à neuf heures et je finissais à dix-sept heures trente, mais j'avais une heure pour déjeuner. Le travail était assez varié. Je n'avais pas le droit de réparer les véhicules tout seul, mais j'aidais les mécaniciens qualifiés et on me laissait changer les pneus. Quelquefois, je sortais avec un de mes collègues en camionnette pour aider les clients dont la voiture était en panne. De temps en temps, je devais faire des petits boulots moins intéressants, comme laver les voitures, passer l'aspirateur et faire le café pour mes collègues, mais ça ne me dérangeait pas.

Je m'entendais bien avec mes collègues qui étaient tous sympa et on s'amusait bien ensemble. Mon patron, le propriétaire du garage, n'était pas toujours de bonne humeur, mais il a dit qu'il était très content de mon travail et il m'a proposé de faire un apprentissage chez lui. Je ne sais pas encore si je continuerai mes études après mes examens GCSE ou si je quitterai le collège à seize ans, mais j'ai beaucoup apprécié mon stage au garage et je voudrais bien retourner y travailler.

Lucas

1 Copiez les phrases en bleu dans le texte et trouvez l'équivalent en anglais ci-dessous.

1 I got on well with
2 to help customers whose cars had broken down
3 I was lucky enough to find
4 he offered me an apprenticeship
5 all Year 10 pupils
6 I wasn't allowed to repair vehicles alone
7 I'd like to go back and work there
8 the work experience lasted for a fortnight
9 he said he was very pleased with my work
10 I thought it would be a good experience for me
11 on the whole
12 some less interesting chores
13 they let me change tyres
14 it didn't bother me/I didn't mind
15 I don't know yet

2 Écrivez V (Vrai), F (Faux) ou PM (Pas Mentionné) pour chaque phrase ci-dessous.

1 Lucas n'était pas content de son stage en entreprise.
2 Il a passé une semaine dans un garage.
3 Il devait travailler sept heures par jour.
4 Il a trouvé son travail fatigant.
5 Lucas avait le droit de changer les pneus.
6 Il préférait sortir en camionnette avec un de ses collègues.
7 Quelquefois, Lucas passait l'aspirateur et faisait le café.
8 Il avait de bons rapports avec ses collègues.
9 Son patron était toujours agréable.
10 Lucas n'a pas encore décidé ce qu'il fera plus tard.

3 Décrivez votre stage en entreprise en donnant votre opinion.

Boîte à outils

1 Decide on the content

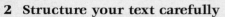

- Use or adapt phrases from Lucas's text and from Unit 5.
- Show that you can use present, past and future tenses.
- If you need to write something which is not in the book, keep it simple. For example, instead of 'I worked in the ICT support department of a company which produces computer parts', go for something like 'I worked for a computer company': *J'ai travaillé dans une entreprise d'ordinateurs.*

2 Structure your text carefully

- Remember, French school years are expressed differently: *en troisième* = in Year 10, *en seconde* = in Year 11, etc.
- Use the **perfect tense** to talk about single events in the past.
- Use the **present tense** to give your reasons (that you like or are interested in certain things).
- To really impress your examiner, use a complex sentence which combines the present, conditional and imperfect, as Lucas has done:
  Je m'intéresse beaucoup aux voitures et un jour, je voudrais devenir mécanicien … … donc je pensais que ce serait une bonne expérience pour moi.

Introduction

Background to your work experience: When did you do it? (In which school year? In which month?)
How long did it last?
Why did you choose to do your work experience in this particular place?

Main paragraphs

Talk about your daily routine while you were doing your work experience.
Say what types of jobs you had to do.
Talk about the other staff and how you got on with them.

Conclusion

Say whether you would like to work there, or do a similar job, in the future.
Say why.

- Use the **imperfect tense** to talk about daily routine, and to describe the jobs you did regularly.
- If you're talking about what you had to do, use the imperfect of *devoir* + infinitive.
  Je devais faire des photocopies et répondre au téléphone.
- If you want to describe something you did only once, use the **perfect tense**.
- You should also use the **perfect tense** to say what you learned and liked or disliked:
  J'ai appris … I learned …
  J'ai/Je n'ai pas aimé … (+ a noun or an infinitive)
- Use this as an opportunity to show that you can use the *il/elle/ils/elles* forms of the imperfect tense:
  Mon/Ma patron(ne) était/avait/aimait/disait que …
  Mes collègues/Les autres employés étaient/avaient …

- Use the **conditional** to say what you would or wouldn't like to do.
- You could add a reason using the **imperfect**.
  … parce que c'était intéressant/je n'aimais pas le patron
- Try to also include some examples of the **future tense**.
- You could even combine the future and the conditional in one sentence: *Quand je quitterai le collège, je voudrais …*

3 Check what you have written carefully. Check:

- spelling and accents
- gender and agreement (e.g. adjectives, past participles of *être* verbs)
- verb endings for the different persons: *il/elle/ils/elles*, etc.
- tense formation (e.g. *j'ai commencé/je continuerai*)

Les tâches ménagères — *Household chores*

Je dois …	*I have to …*	passer l'aspirateur (m)	*do the vacuum-cleaning*
aider à la maison	*help around the house*	promener le chien	*walk the dog*
faire la vaisselle	*do the washing-up*	ranger ma chambre	*tidy my bedroom*
garder ma petite sœur	*look after my little sister*	sortir la poubelle	*take the dustbin out*
mettre la table	*lay the table*	vider le lave-vaisselle	*empty the dishwasher*

L'argent de poche — *Pocket money*

Je reçois (10 euros).	*I get (10 euros).*	Avec mon argent, j'achète …	*With my money, I buy …*
Ma mère me donne/Mes parents me donnent (10 euros).	*My mother/My parents give(s) me (10 euros).*	du maquillage	*make-up*
		du matériel scolaire	*school equipment*
par semaine/mois	*per week/month*	des bonbons (m) et des chocolats (m)	*sweets and chocolates*
Mes parents paient …	*My parents pay for …*	des cadeaux (m)	*presents*
mes affaires (f) scolaires	*my school things*	des jeux de console (m)	*console games*
mes vêtements (m)	*my clothes*	quelquefois/parfois	*sometimes*
Je suis content(e).	*I'm happy.*	toujours	*always*
C'est pas mal/assez généreux.	*It's not bad/quite generous.*	J'économise/Je fais des économies pour …	*I'm saving up for …*
Je ne suis pas content(e).	*I'm not happy.*	Je mets de l'argent de côté pour …	*I put money aside for …*
Je trouve ça dur/injuste.	*I find it hard/unfair.*		
Ce n'est pas juste.	*It's not fair.*		
J'ai besoin d'argent.	*I need money.*		

Les petits boulots — *Part-time jobs*

Je travaille dans …	*I work in …*	Je gagne (5€) par heure.	*I earn (€5) an hour.*
un centre de loisirs	*a leisure-centre*	Je fais le café pour les clients.	*I make coffee for the customers.*
un fast-food	*a fast-food restaurant*	Je travaille à la caisse.	*I work on the till.*
un salon de coiffure	*a hairdresser's*	Je fais des livraisons.	*I do deliveries.*
un supermarché	*a supermarket*	Je sers les clients.	*I serve the customers.*
Je fais du babysitting.	*I do babysitting.*	Je range l'équipement sportif.	*I tidy up the sporting equipment.*
Je livre des journaux.	*I deliver newspapers.*	Je remplis les rayons.	*I fill the shelves.*
Je travaille de (9h00) à (17h30).	*I work from (9 a.m.) until (5.30 p.m.).*		

Les métiers — *Jobs/Professions*

l'agent (m) de police	*policeman/policewoman*	le facteur/la factrice	*postman/postwoman*
le/la boulanger/ère	*baker*	le/la médecin	*doctor*
le/la caissier/ère	*cashier/checkout person*	le serveur/le garçon de café	*waiter*
le/la chauffeur/euse de poids lourds	*lorry driver*	la serveuse	*waitress*
le/la chef de cuisine	*cook/chef*	le steward/l'hôtesse (f) de l'air	*airline steward/stewardess*

Les avantages et les inconvénients — *Advantages and disadvantages*

Ce que j'aime surtout, …	*What I like most of all …*	monotone	*monotonous*
c'est la variété du travail	*is the variety of work*	satisfait(e)	*satisfied*
le/la patron(ne)	*boss*	sévère	*strict*
mes collègues (m/f)	*my colleagues/workmates*	enfermé(e) dans un bureau	*shut up in an office*
le salaire	*salary*	fatigant(e)	*tiring*
les horaires (m) de travail	*hours of work*	gratifiant(e)	*rewarding*
les (autres) gens (m)	*the (other) people*	sale	*dirty*
sauf	*except*	stressant(e)	*stressful*
même (si)	*even (if)*	On (n')a (pas) …	*You (don't) have …*
C'est/Ce n'est pas bien payé.	*It is/It isn't well paid.*	beaucoup de/pas mal de	*a lot of*

contact avec les gens (m)	contact with people	On reçoit un pourboire.	You get a tip.
responsabilité	responsibility	On travaille en équipe.	You work in a team.
temps libre	free time	On voyage beaucoup.	You travel a lot.
On doit se lever tôt.	You have to get up early.	les heures (f) sont longues	the hours are long

Les offres d'emploi — *Job adverts*

l'aptitude (f) sportive	sporting ability	Comme vous verrez dans mon CV, ...	As you will see from my CV ...
la maîtrise de l'anglais	fluency in English		
les langues (f) étrangères	foreign languages	Veuillez trouver ci-joint ...	Please find attached ...
J'ai vu votre annonce ...	I saw your advert ...	Dans l'attente de votre réponse	Looking forward to hearing from you
Je voudrais poser ma candidature pour le poste de ...	I would like to apply for the job of ...	Je vous prie d'agréer l'expression de mes salutations sincères	Yours sincerely

Au téléphone — *On the telephone*

Ici, (Pierre Dupont).	(Pierre Dupont) speaking.	Ça s'écrit comment?	How do you spell that?
Je voudrais parler ...	I'd like to speak to ...	Ne quittez pas.	Hold the line.
Je regrette. Il/Elle n'est pas là en ce moment.	I'm sorry. He/She isn't here at the moment.	Je vais vous passer (Madame Mériel).	I'll put you through to (Madame Mériel).
Vous voulez laisser un message?	Do you want to leave a message?	Quel est votre numéro (m) de téléphone/portable/fax?	What's your telephone/ mobile/fax number?
C'est de la part de qui?	Who's it from?	Je rappellerai demain.	I'll call back tomorrow.

Les problèmes au travail — *Problems at work*

Le plus grand problème, c'est ...	The biggest problem is ...	l'handicapé(e)	disabled person
		l'immigré(e)	immigrant
le racisme	racism	le/la musulman(e)	Muslim
le sexisme	sexism	il ne faut pas tolérer	you/we must not tolerate
les blagues (f) racistes	racist jokes	tout à fait inacceptable	completely unacceptable
la discrimination contre	discrimination against	le préjugé	prejudice

Les stages en entreprise — *Work experience*

J'ai fait mon stage dans ...	I did my work experience in ...	Ce n'était pas complètement positive.	It wasn't completely positive.
J'ai fait ça pendant une semaine.	I did it for a week.	J'aidais les mécaniciens.	I helped the mechanics.
		Je rangeais les outils.	I put away the tools.
J'ai passé deux semaines dans ...	I spent two weeks in ...	Je faisais des photocopies.	I did the photocopying.
		Je classais des fiches.	I did the filing.
un garage	garage	Je prenais des commandes.	I took down orders.
une agence de voyages	travel agency	Je prenais les rendez-vous.	I booked appointments.
une banque	bank	Je servais les clients.	I served customers.
une école primaire/ maternelle	primary/nursery school	Je travaillais à l'ordinateur.	I worked on the computer.
		Je répondais au téléphone.	I answered the telephone.
une usine	factory	J'envoyais des brochures.	I sent out brochures.
		Je faisais le café.	I made the coffee.
J'ai appris beaucoup de choses.	I learned a lot.	Je surveillais les enfants.	I watched the children.
		J'aidais pendant leurs leçons.	I helped in lessons.
Je n'ai pas appris grand-chose.	I didn't learn much.	Je n'avais pas grand-chose à faire.	I didn't have much to do.
Je n'ai rien appris.	I didn't learn anything.	Je (ne) m'entendais (pas) bien avec ...	I (didn't get) got on well with ...
C'était ...	It was ...		
une perte de temps totale	a complete waste of time	Je me suis ennuyé(e).	I was bored.
une expérience positive	a positive experience	Je me sentais un peu exploité(e).	I felt a bit exploited.

Destinations touristiques
Talking about holiday venues
Using the verb _aller_

1 C'est quel site touristique?

Exemple: 1 c

a

les châteaux de la Loire

b

la tour Eiffel

c
Disneyland Paris

d
la Dordogne

e
la Bretagne

f
Futuroscope

g
le Mont-Blanc

h
la côte d'Azur

Déjà vu 1

1 C'est un grand parc d'attractions avec beaucoup de manèges.
2 Ce monument a été construit en 1889 pour l'Exposition universelle à Paris. À cette époque, c'était la plus haute tour d'Europe.
3 C'est une rivière qui a donné son nom à cette région pittoresque et touristique du centre-ouest de la France.
4 Les maisons secondaires des rois et des nobles: en été, ils quittaient la capitale pour aller à la campagne et chasser.
5 C'est une région littorale appréciée de ceux qui font de la voile et pêchent. Cette région se trouve dans le nord-ouest de la France.
6 C'est un bâtiment futuriste qui abrite un parc d'attractions basé sur les médias et l'image.
7 C'est surtout une région de vacances appréciée pour ses plages, son climat chaud et ensoleillé.
8 C'est la plus haute montagne d'Europe, qui domine la vallée de Chamonix. C'est aussi un site privilégié pour le ski et l'alpinisme.

> You might not understand all the words in the text, but don't be put off. Use words you know as clues to work out the general meaning.

le manège – carousel
une exposition – exhibition
chasser – to hunt
littoral – coastal

Expo-langue

The irregular verb **aller** (to go) is very important. Make sure you know it.

Présent		Passé composé
je vais	nous allons	je suis allé(e)
tu vas	vous allez	*Futur proche*
il/elle/on va	ils/elles vont	je vais faire

2 Où sont-ils allés l'année dernière et où vont-ils cette année?

	l'année dernière	cette année
moi	Dordogne	Paris
Hugo et Didier	châteaux de la Loire	Mont-Blanc
Florence	côte d'Azur	côte d'Azur
Stéphane	Paris	Bretagne

lire 3 Où passe-t-on la nuit? Faites correspondre les images, les titres et les textes.

 1  2  3  4 5

hôtel   **auberge de jeunesse**   **gîte**

camping   **chambre d'hôte**

a Ici, on peut louer une chambre pour une ou plusieurs nuits. Les repas y sont servis.

b Maison où l'on vous sert uniquement le petit déjeuner.

c Appartement ou maison que l'on peut louer, d'habitude pour la semaine, sans service de repas.

d Lieu normalement équipé de sanitaires où l'on peut dormir sous une tente.

e Maison où les jeunes peuvent se loger et se nourrir lorsqu'ils font des voyages.

écouter 4 Écoutez et notez. Où vont-ils, avec qui et où vont-ils loger? Écrivez les bonnes lettres pour chaque personne. (1–5)

Exemple: **Mélanie**, à Paris, 2, b

Mélanie
Nicolas
Jérôme
Sébastien
Delphine

Destination?

à Paris
au bord de la mer
à Disneyland Paris
en Dordogne
les châteaux de la Loire

Avec qui?

1 ma famille
2 ma classe
3 mes grands-parents
4 mon père
5 ma mère

Logement?

a   b   c
d   e   f

écrire 5 Imaginez que vous êtes Mélanie, Jérôme, etc. Écrivez un paragraphe sur les projets de vacances pour chaque personne.

Je pars avec ...
Nous allons à/en ...
On va loger dans ...

The verb **visiter** is a false friend: you can use it to visit a place or building (e.g. a museum), but not a person. For this, use **aller voir** or **rendre visite à**.
J'ai déjà **visité** la Dordogne.
On **va visiter** les châteaux.
Je **vais voir** mon correspondant.
Je **vais rendre visite à** mon correspondant.

Déjà vu 2

Déjà vu 2

parler **1** À deux. Discutez. Mettez les phrases dans la grille.

	hier (imparfait)	aujourd'hui (présent)	demain (futur)
	il faisait beau	il fait beau	il fera beau

il
il y a
il fera
il faisait
il y aura
il fait
il y avait

pleut
neige
des nuages
neigeait
pleuvait
neigera
des orages
du brouillard
du vent
pleuvra
beau

Expo-langue

To talk about the weather:
- what it was like in the past: use the imperfect *Il faisait beau.*
- what it is like now: use the present *Il fait beau.*
- what it will be like in the future: use the future *Il fera beau.*

écouter **2** Écoutez et vérifiez.

parler **3** À deux. Quel temps faisait-il, fait-il et fera-t-il?

le nord – north
le sud – south
l'est – east
l'ouest – west

Hier · Aujourd'hui · Demain

lire **4** Trouvez la bonne définition.

1 ensoleillé   **a** le ciel est couvert
2 nuageux   **b** une pluie qui tombe tout à coup et ne dure pas longtemps
3 averse   **c** un moment où la pluie s'arrête
4 orage   **d** quand le soleil brille
5 éclaircie   **e** une grosse pluie avec des éclairs et des coups de tonnerre

5 Écoutez la météo et choisissez les bons symboles pour chaque région.

Exemple: 1 b, c, h

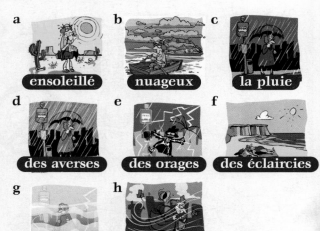

a ensoleillé
b nuageux
c la pluie
d des averses
e des orages
f des éclaircies
g du brouillard
h du vent

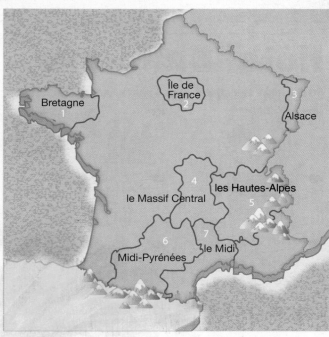

Bretagne 1
Île de France 2
Alsace 3
le Massif Central 4
les Hautes-Alpes
5
6 Midi-Pyrénées
7 le Midi

6 Le temps chez nous. Écoutez et lisez. C'est V (Vrai), F (Faux) ou PM (Pas Mentionné)?

1 En été, il pleut d'habitude le soir.
2 Le foehn est un type d'orage.
3 En automne, elle aime les couleurs des arbres.
4 En hiver, il fait très froid pendant la nuit.
5 En hiver, il fait quelquefois chaud pendant la journée.
6 Au printemps, il ne pleut pas.

J'habite en montagne. D'habitude en été, il fait beau et il y a du soleil. De temps en temps, il y a un vent désagréable qui arrive du sud et qui s'appelle le foehn. Quelquefois, il y a de grands orages le soir, mais normalement, le mauvais temps passe vite.

En automne, il y a souvent des nuages et il pleut beaucoup. C'est un moment un peu triste. Les feuilles tombent des arbres et il commence à faire froid.

Un jour, en hiver, on se réveille et le monde est couvert d'une neige qui brille au soleil. Quelquefois, nous avons plus d'un mètre de neige en une nuit. Les jours d'hiver sont souvent ensoleillés et même chauds: il faut mettre de la crème solaire. En altitude, le soleil est dangereux!

Le printemps arrive souvent en retard chez nous. La neige fond, les rivières débordent et nous avons beaucoup de brume et de précipitations, mais finalement, les fleurs apparaissent à nouveau sur les alpages et on peut de nouveau ranger ses pulls!

Alizée

7 Écrivez la météo pour la Grande-Bretagne.

Au sud de l'Écosse, il y a/aura ....

Aujourd'hui

Demain

Irlande du Nord
Écosse
Pays de Galles
Angleterre

Irlande du Nord
Écosse
Pays de Galles
Angleterre

Hôtel Belle-vue

60 chambres climatisées (dont 4 pour personnes handicapées)

Autres activités:

Hôtel Les 3 Ours

35 chambres

lire 1 Lisez et trouvez. C'est quel hôtel?

1 piscine extérieure chauffée
2 toutes les chambres sont équipées d'un sèche-cheveux et d'un mini-bar
3 télé-satellite dans les chambres
4 une douche et des WC en suite
5 location de vélos
6 aire de jeux
7 chambres non-fumeurs
8 salle fitness et jacuzzi

écouter 2 Ils choisissent quel hôtel? Pourquoi? Notez les raisons en anglais.

Expo-langue

Grammaire 4.3

si has three meanings:
- *if* Je ne sais pas **si** je peux venir.
- *so* Elle est **si** bavarde!
- *yes* *(when replying to a negative question/statement)*
  Tu ne viens pas. **Si!** You aren't coming. Yes, I am!

lire 3 C'est quel *si*? Choisissez (a) *if*, (b) *so* ou (c) *yes*!

1 L'hôtel coûte si cher qu'il faut trouver une autre solution.
2 Si l'hôtel coûte cher, je ne peux pas venir.
3 Tu n'as pas d'argent? Si, mais je le mets de côté pour acheter une moto.
4 S'il fait beau, on pourra dormir sous une tente.
5 Tu ne veux pas dormir sous une tente? Si, je veux bien.
6 S'il faut trouver un logement, il faut chercher sur le net.
7 Il est si riche qu'il peut choisir un hôtel de luxe.
8 S'il n'y a pas de piscine, nous ne voulons pas venir.

4 L'hôtel. Écoutez et mettez les questions dans le bon ordre.

1 Est-ce qu'il y a une connexion pour Internet?
2 Est-ce qu'il y a une piscine?
3 Avez-vous des chambres libres?
4 Est-ce qu'on peut louer des vélos?
5 Avez-vous des chambres non-fumeurs?
6 Est-ce qu'il y a des commerces à proximité?
7 Est-ce qu'il y a un aire de jeux?
8 Avez-vous quatre chambres de deux lits?
9 Ça coûte combien?
10 Est-ce que les chambres sont avec douche et WC?

les commerces – shops

5 À deux. Posez des questions.

Avez-vous ... ?
Est-ce qu'il y a ... ?

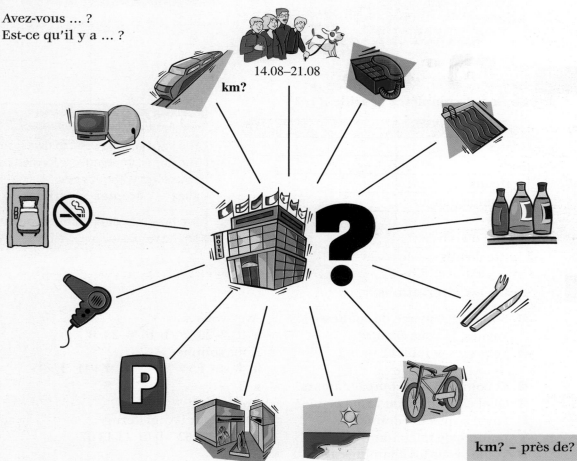

14.08–21.08

km?

km? – près de?

6 Faites une pub pour un hôtel près de chez vous.

Red Lion Hotel
Situé à deux minutes de la plage/ proximité des commerces
... chambres avec ...
...

2 Une auberge de jeunesse Booking into a youth hostel The imperative

lire 1 **Faites correspondre le français et l'anglais.**

1 accueil
2 sélectionnez
3 réservez en ligne
4 contactez-nous
5 saisissez vos coordonnées
6 tarifs

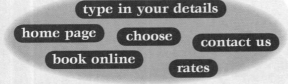

type in your details · home page · choose · contact us · book online · rates

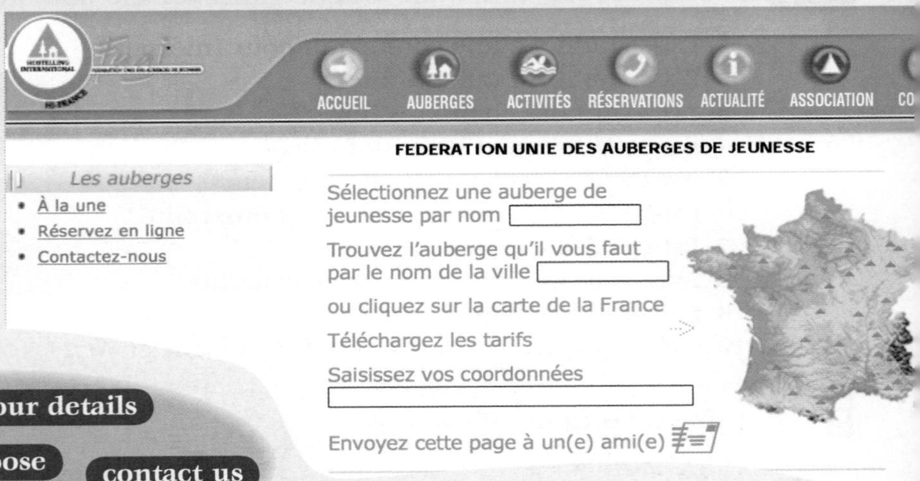

ACCUEIL
AUBERGES
ACTIVITÉS
RÉSERVATIONS
ACTUALITÉ
ASSOCIATION
FEDERATION UNIE DES AUBERGES DE JEUNESSE
Les auberges
À la une
Réservez en ligne
Contactez-nous
Sélectionnez une auberge de jeunesse par nom
Trouvez l'auberge qu'il vous faut par le nom de la ville
ou cliquez sur la carte de la France
Téléchargez les tarifs
Saisissez vos coordonnées
Envoyez cette page à un(e) ami(e)

écouter 2 **La réservation. Écoutez. Copiez et complétez la grille. (1–2)**

	les Pins	les Vagues
dates		
filles		
garçons		
accompagnateurs		
nuits		
heure d'arrivée		
autre détails		

Expo-langue →→→→ *Grammaire 3.11*

The imperative is used to give instructions. The formal imperative is formed using the **vous** form without **vous**.

allez **écoutez** **écrivez**

See how many imperatives you can find on the web page in Exercise 1.

parler 3 **Faites les réservations.**

- ■ Bonjour! Auberge de Jeunesse les Vagues, je vous écoute.
- ● Avez-vous … **a** 21/7–28/7 **b** 16/8–23/8
- ■ Vous êtes combien?
- ● Nous sommes **a** ♂ ×8 ♀ ×7 **b** ♂ ×11 ♀ ×9
- ■ Et combien d'accompagnateurs?
- ● **a** 3 **b** 5
- ■ Quel est le nom du responsable?
- ● [*votre prof*]
- ■ Pouvez-vous me donner un numéro de téléphone?
- ● 0044 (pour l'Angleterre) **a** 98 76 54 32 **b** 01 23 45 67
- ■ Voulez-vous les chambres avec ou sans sanitaires?
- ● …
- ■ À quelle heure arriverez-vous?
- ● **a** 18h45 **b** 21h30
- ■ Autre chose?
- ● ? 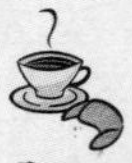
- ■ Oui, le petit déjeuner est inclus.
- ● ? 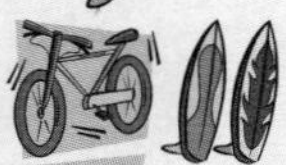
- ■ Oui.
- ● ? 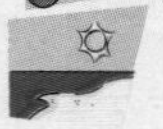
- ■ Oui, à deux minutes d'ici.
- ● Merci.

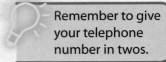

Remember to give your telephone number in twos.

4 Lisez et complétez la lettre en utilisant les mots en dessous.

accompagnateurs

d'agréer   distingués

envoyer

faut   fourni

hôtel

impossible   louer

piscine

possible   prendre

Manchester, le 6 mai

Madame, Monsieur,

J'aimerais réserver dix-huit places pour sept filles, huit garçons et trois **(1)** _____ dans votre auberge de jeunesse pour les nuits du 23 au 29 juillet.

J'aimerais savoir s'il est **(2)** _____ de **(3)** _____ le petit déjeuner et le dîner à l'auberge et s'il est possible de **(4)** _____ des vélos.

Est-ce qu'il **(5)** _____ apporter un sac de couchage ou est-ce que le linge est **(6)** _____?

Y a-t-il une **(7)** _____ et un cinéma à proximité?

Je vous serais reconnaissante si vous pouviez m' **(8)** _____ un dépliant de votre auberge.

Je vous prie **(9)** _____, madame/monsieur, l'expression de mes sentiments les plus **(10)** _____.

Sally Brown

5 L'auberge a répondu à la lettre de Sally. Notez les détails.

1   places?

2   dates?

3      ?

4      ?

5      ?

6      ?

7      ?

8      ?

6 Écrivez une lettre.

👤 ×5   ☽ ×5
👤 ×7
👤 ×2   20/9–26/9

km?

?

?

?

Pour vos vacances en Ardèche, choisissez un camping familial et vivant situé au cœur de la région.

Au pied des vignes et dans une immense forêt naturelle, le camping est conçu comme un jardin botanique où chaque emplacement exprime les charmes de l'Ardèche.

Sur le camping

◎ piscine 150m²
◎ pataugeoire
◎ épicerie et snack
◎ salle de jeux
◎ mini-golf et ping-pong
◎ ateliers pour les enfants
◎ aire de jeux

◎ terrain de pétanque et de volley
◎ randonnées
✳ commerces à 1 km
✳ supermarché à 4 km
✳ équitation à 15 km
✳ rafting à 7 km
✳ gorges de l'Ardèche 15 km

lire 1 **Trouvez les mots/les phrases dans le dépliant.**

1 bowls
2 children's workshops
3 play area

4 games room
5 grocer's
6 walks/hikes

7 paddling pool
8 shops

Expo-langue →→→ *Grammaire 2.3*

notre/nos (*our*) always agrees with the noun it is with:
notre tente   **nos** bagages

Expo-langue →→→→→

The **nous** form of the verb almost always ends in **–ons**.
(Exception: **être**: nous **sommes**)

présent	*passé composé*	*imparfait*	*futur*	*conditionnel*
nous faisons	nous avons fait	nous faisions	nous ferons	nous ferions

---

parler 2 À deux. Décrivez ce que vous avez fait hier au camping.

Use the **nous** form here.
Watch out for which tense to use.

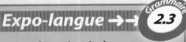
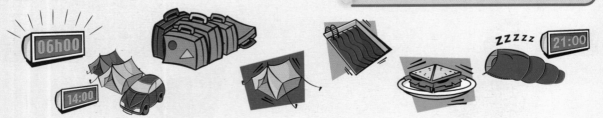

écrire 3 Écrivez un e-mail à votre copain/copine. Dites-lui ce que vous avez l'intention de faire demain.

4 Camping des Sapins. Écoutez les informations sur le camping et choisissez les bonnes réponses.

1 Situation: (**a**) mer (**b**) campagne (**c**) montagne
2 Hébergement: (**a**) caravanes (**b**) tentes (**c**) chalets
3 Distance des commerces: (**a**) 2 minutes (**b**) 5 minutes (**c**) 7 minutes
4 Piscine: (**a**) 75m^2 (**b**) 150m^2 (**c**) 180m^2
5 Pataugeoire: (**a**) 20m^2 (**b**) 25m^2 (**c**) 50m^2
6 Animations enfants: (**a**) tous les jours (**b**) tous les matins (**c**) tous les après-midis

5 Lisez la lettre et choisissez la bonne réponse.

1 Beth Fraser veut (**a**) se plaindre
 (**b**) réserver un emplacement
 (**c**) souhaiter de bonnes vacances
2 L'emplacement était (**a**) à l'ombre
 (**b**) près du parking
 (**c**) près de la piscine
3 Il n'y avait pas d'eau (**a**) assez près
 (**b**) après 22h00 (**c**) propre
4 Les sanitaires étaient (**a**) trop loin
 (**b**) sales (**c**) sans eau
5 Elle veut (**a**) un remboursement
 (**b**) une lettre d'excuses
 (**c**) une lettre de confirmation

> To say what something was like in the past, or that it didn't work, you use the imperfect tense.
> Il **était** … Il y **avait** ….
> Il/Elle ne **marchait** pas.
> Il/Elle ne **fonctionnait** pas.

> Madame/Monsieur
>
> Je vous écris pour me plaindre de mon séjour dans votre camping au mois d'août cette année.
>
> J'ai réservé et payé d'avance, mais quand nous sommes arrivés dans le camping, celui-ci était complet et il n'y avait pas d'emplacement pour nous. Vous nous avez trouvé un emplacement en plein soleil et il y avait trop de bruit provenant du parking d'à côté.
>
> Le branchement d'électricité fonctionnait à peine et nous avons dû aller à plus de 100m pour chercher de l'eau. Les sanitaires n'étaient pas propres et il y avait des feuilles dans la piscine. Malgré l'interdiction d'allumer la radio après 22h, il y avait beaucoup de gens qui le faisaient …
>
> Nous avons payé pour deux semaines, mais vu que les conditions n'étaient pas acceptables, nous sommes partis après deux jours. J'attends donc un remboursement.
>
> Dans l'attente de vous lire dans les meilleurs délais, je vous prie d'agréer, madame/monsieur, l'expression de mes sentiments les plus distingués.
>
> Beth Fraser

> Dans l'attente de vous lire dans les meilleurs délais – Looking forward to hearing from you soon

6 Ils se plaignent de quoi? (1–5)

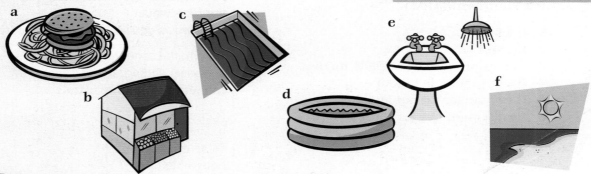

7 Imaginez. Vous avez passé de mauvaises vacances. Écrivez une lettre pour vous plaindre.

1 Où vont-ils? Qu'est-ce qu'ils mangent? (1–4)

a b c

d e f

2 Écoutez Nicholas et Sophie au restaurant. C'est vrai (V), faux (F) ou Pas Mentionné (PM)?

1 Il a faim.
2 Ils vont boire du coca.
3 Elle va prendre une salade niçoise.
4 Il va prendre de la soupe.
5 Il va manger un poulet frites.
6 Ils n'aiment pas les choses sucrées.

Expo-langue →→→→

Grammaire 3.10

Remember to use the conditional to translate 'would'.
What *would* you *like*?   Que **voudrais**-tu?

To form the conditional, you add the imperfect endings to the future stem:
j'**aimerais**, je **voudrais**, j'**irais**

j'aimerais
tu aimerais
il/elle/on aimerait
nous aimerions
vous aimeriez
ils/elles aimeraient

3 parler

À deux. Vous avez faim et soif et 35€ à vous partager!
Regardez le menu et décidez ensemble ce que vous allez commander.

Les boissons

Coca-cola, Orangina, limonade 2€
eaux minérales 1€
jus de fruits 1,50€
café express ou déca 1€
vin rouge 25cl 3€

Les entrées

soupe du jour 3€
salade de tomates 4€
salade verte 3€
pâté maison 4€

Les pâtes

spaghettis bolognaise 5€
tagliatelles carbonara 5,50€
lasagnes maison 6€

Les plats

faux-filet haché frites 6€
poulet frites 5€
steak frites 5€
côtelettes d'agneau, haricots et riz 7€
poisson du jour, carottes et riz 7€
salade niçoise 4,50€
omelette 4€

Le plateau de fromages 3€

Les desserts

mousse au chocolat 2€
tarte au citron 3€
tarte aux pommes 3€
crème brûlée aux prunes 3€
Glaces: vanille, fraise, chocolat, mangue, pistache 1,50€

– Qu'est-ce que tu prends?
– Je prends … (comme entrée) et puis … Et toi?
– Moi, je prends …
– Ça fait combien?
– …

4 écouter

Ils ont mangé où? Qu'est-ce qu'ils ont mangé? C'était comment? (1–3)

	Où?	plat 1	opinion	plat 2	opinion
1					

a Il/Elle était trop sucré(e).

b Il/Elle était trop salé(e).

c Il/Elle était trop cuit(e).

d Il n'y avait pas assez de sauce.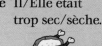

e Il/Elle était trop sec/sèche.

f C'était cher.

5 parler

À deux. Discutez: *En vacances*.

Quand tu pars en vacances …
■ Dînes-tu souvent en plein air?
■ Aimes-tu faire des pique-niques?
■ Préfères-tu dîner au restaurant, au fast-food ou à la pizzeria?
■ Avec qui préfères-tu dîner?
■ Qu'est-ce que tu aimes manger?
■ Que bois-tu?

D'habitude, …
Ça dépend. …
S'il fait beau, …
De temps en temps, …

6 écrire

Imaginez. Hier, c'était l'anniversaire de ta grand-mère. Vous êtes sortis dîner au restaurant. Où êtes-vous allés? Qu'est-ce que vous avez mangé? C'était comment? Écrivez un paragraphe.

lire **1** Qu'est-ce qu'ils aiment faire et qu'est-ce qu'ils n'aiment pas faire?
Copiez et complétez la grille.

a b c  d e  f

g h i j k l

Les grandes vacances, c'est le meilleur moment de l'année. J'aime nager dans la mer ou dans une piscine et j'aime jouer au volley avec mes copains. Quand on était petits, on faisait des balades et des pique-niques en famille dans la forêt, mais maintenant, le plus important, c'est de revoir mes amis. Ce que je n'aime pas, c'est de visiter un musée ou se traîner dans une grande ville pendant que mes parents font du shopping!
Vincent

Je déteste les vacances en famille. Quand j'étais petit, ça allait, mais maintenant je m'ennuie. Je n'aime pas me reposer sur la plage. Je n'aime pas bronzer. En fait, je dois même éviter de passer trop de temps au soleil. J'ai la peau sensible. Ce que j'aime, c'est faire du sport comme du parapente, de l'escalade ou de la randonnée en haute montagne. J'ai besoin d'un défi.
Sophie

Mon père et moi, nous aimons faire de la randonnée avec sac à dos et dormir à la belle étoile. J'adore ça, sauf quand il pleut! Quand j'étais petit, on allait à la plage avec ma mère, mais maintenant, mes parents sont séparés et je passe les grandes vacances avec mon père. Nous n'aimons pas la plage, les stations balnéaires avec les parcs d'attractions et leurs fast-foods et leurs boîtes en plastique que l'on retrouve partout par terre.
Christian

J'aime partir en vacances, mais cette année, on reste chez nous parce que mon père est au chômage. Ce que j'aime le plus, c'est aller à la piscine a parc aquatique. Je peux y aller en vélo Il y a du monde et on s'amuse bien. O trouve toujours de nouveaux amis et on peut jouer au volley. Je n'aime pas rester à la maison et ne rien faire que de regarder la télé ou lire des livres. Je ne peux même pas envoyer des e-mails à mes amis parce qu'ils sont tous partis en vacances, et cela me donne trop envie de partir, moi aussi!
Coralie

défi – challenge

nom	aime	n'aime pas
Vincent	a, ...	c, ...

écouter **2** Écoutez et notez. Relisez les textes de l'exercice 1 si nécessaire. (1–4)

a Who's speaking: Vincent, Sophie, Christian or Coralie?
b What does he/she usually do on holiday?
c What would he/she prefer to do?

parler **3** À deux. Posez les questions et répondez-y.

■ Qu'est-ce que (Vincent/Sophie/Christian/Coralie) aime faire?
■ Et qu'est-ce qu'(il/elle) n'aime pas faire?
■ Qu'est-ce qu'(il/elle) faisait quand il/elle était petit(e)?
■ Qu'est-ce qu'(il/elle) préférerait faire maintenant? Pourquoi?
■ Et toi? Qu'est-ce que tu aimes/n'aimes pas faire?
■ Que faisais-tu quand tu étais petit(e)?
■ Qu'est-ce que tu préférerais faire maintenant?

4 Lisez les textes et les phrases. C'est quel séjour?

1

Séjour sportif à la Martinique
Plongée sous-marine, kayak, trekking, baignades,
équitation au bord de la mer ◆ Excursions, soirées
Ce séjour aux Caraïbes vous permettra de combiner
la découverte de l'île et la détente au bord de la mer.
7h de vol de Paris et navette de l'aéroport jusqu'au lieu
d'hébergement dans un hôtel quatre étoiles
Équipement fourni: combinaison de plongée, bouteilles, sac étanche

2

Séjour multi-activités Biarritz
Moto, karting, cyclisme, piscine, surf, beach-volley, judo, tennis, foot,
excursions dans les Pyrénées
Hébergement hôtel familial deux étoiles
Le transport à l'hôtel sera effectué en minibus directement de la gare.
Ce séjour permettra aux jeunes d'expérimenter plusieurs sports.
Équipement fourni: vélo ou moto, casque, gants et genouillères

3

Visite culturelle *La découverte de la capitale*
Ce séjour permettra aux jeunes de découvrir la capitale à travers les
monuments et les quartiers typiques de Paris.
La tour Eiffel, l'arc de Triomphe, Notre-Dame, la Cité des sciences et de
l'industrie, visite des quartiers typiques, le parc d'attractions Parc Astérix
Les jeunes seront logés en auberge de jeunesse.
Le transport sera effectué en car grand tourisme.

a Vous visiterez les monuments les plus importants avec un guide qualifié.
b Vous partirez de l'aéroport Charles-de-Gaulle à Roissy.
c Les déplacements seront effectués en car.
d Vous n'aurez pas besoin d'apporter un équipement spécial pour la plongée.
e L'auberge de jeunesse est à dix minutes du centre-ville.
f Vous pourrez apprendre un nouvel art martial.
g Il fera très chaud.
h Les chambres sont bien équipées avec balcon donnant sur la mer.
i Randonnées en montagne sont au menu.

 5 À deux. Discutez. Donnez votre
opinion sur chaque séjour.

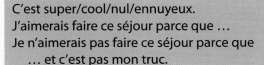
C'est super/cool/nul/ennuyeux.
J'aimerais faire ce séjour parce que …
Je n'aimerais pas faire ce séjour parce que
… et c'est pas mon truc.

 6 Mes vacances. Faites un résumé.

D'habitude, je vais …
En vacances, j'aime …
Je n'aime pas ….

Quand j'étais petit(e), je
Maintenant, je préférerais …
parce que ….

écouter 1 Les vacances de Jérôme. Écoutez et lisez le texte.
Décidez: V (Vrai), F (Faux) ou PM (Pas Mentionné)?

L'année dernière, nous sommes allés en Bretagne chez mes grands-parents. Le voyage était affreux. La voiture était pleine à craquer. Nous étions cinq personnes, le chien, tous les bagages, les vélos et deux planches à voile. Chose curieuse, ma sœur a toujours une grande valise, mais une fois qu'on est là-bas, elle ne porte que des bikinis!

Nous sommes partis à six heures du matin. Mais il y avait tellement de monde qui partait au même moment qu'il y avait des embouteillages partout sur l'autoroute. On a dû faire la queue pour l'essence et aux toilettes. Heureusement, nous avions emporté des sandwichs. Quand nous sommes arrivés, mes grands-parents dormaient dans leurs fauteuils devant la télé.

Le lendemain, il a plu et nous sommes allés faire du shopping à l'hypermarché, mais après, il y a eu du soleil presque tout le temps. La mer était un peu froide pour nager, mais nous avons mis une combinaison de plongée et mon frère et moi, nous avons joué dans l'eau et fait de la planche. Mon grand-père a un bateau à voile et il nous a appris à faire de la voile. Nous avons aussi pêché avec lui, et nous avons fait des balades en vélo avec nos parents. J'ai trouvé une nouvelle petite amie. Un jour, je promenais mon chien et elle est venue me parler. Elle était super chouette. Elle voulait apprendre à faire de la planche. Nous nous entendions très bien. J'espère qu'elle viendra l'année prochaine. J'ai voulu lui envoyer des e-mails, mais j'ai perdu son adresse.

1 Jérôme a passé ses vacances au bord de la mer.
2 Ses grands-parents habitent en Bretagne.
3 Il est parti avec sa famille.
4 Il y est allé en car.
5 Il emporte toujours une grande valise.
6 Le voyage s'est passé sans difficultés.
7 Ils ont logé dans une auberge de jeunesse.
8 Il a fait de la planche à voile avec son père.
9 Il a trouvé une nouvelle petite copine.
10 Il lui envoie des e-mails.

Expo-langue →→→→

Grammaire 3.5

Look out for time markers which tell you to use a past tense:
hier, l'année dernière, la semaine dernière, etc.

How to decide which past tense to use:
When talking about what happened on a single occasion in the past, use the *perfect tense*:
Hier, j'**ai fait** du judo/j'**ai reçu** un e-mail de mon copain.
La semaine dernière, je **suis allé(e)** en France.

When talking about something you used to do regularly in the past or to describe how something was in the past, use the *imperfect tense*:
L'année dernière, nous **jouions** au football tous les samedis. C'**était** génial!

écouter 2 Écoutez et choisissez les bonnes lettres. (1–3)

● Ou sont-ils allés? ● Pour combien de temps? ● Avec qui? ● Comment y aller?

a aux États-Unis	e deux semaines	i mes parents	m en voiture
b en Espagne	f trois semaines	j ma classe	n en avion
c en Corse	g dix jours	k ma mère	o à pied
d chez la famille	h une semaine	l ma sœur	p en train

parler **3** **Tour de France. À deux. Décrivez le voyage de Tom et Matthieu.**

Jour J. Ils sont partis de …
Ils ont pris le train …

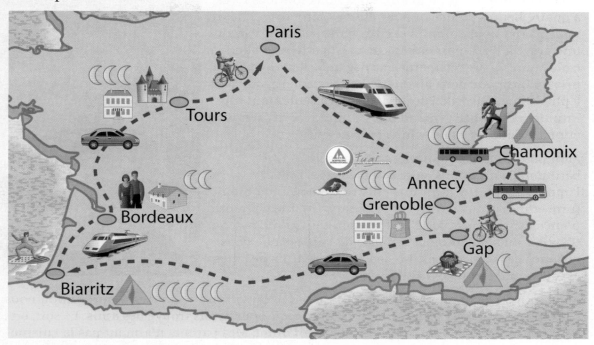

écrire **4** **Imaginez. Vous êtes partis avec Tom et Matthieu. Décrivez vos vacances!**

Nous sommes partis à 6h. Nous avons pris le train à … Il faisait déjà chaud et il y avait du monde à la gare … Nous nous sommes arrêtés à….

écouter **5** **Qu'est-ce qu'ils ont fait, font et feront? Copiez et complétez la grille. (1–3)**

	l'année dernière	cette année	l'année prochaine
1	un stage de planche à voile en Bretagne		
2			

écrire **6** **Écrivez. Qu'est-ce que vous avez fait l'année dernière, qu'est-ce que vous faites cette année et qu'est-ce que vous ferez l'année prochaine?**

You don't know what you're going to do? Say so.
Je ne sais pas encore …
Say what you would like to do instead.
… mais j'aimerais …

Contrôle continu

Mes vacances

L'année dernière, je suis allé en Espagne avec ma famille. Nous sommes partis en avion. Nous nous sommes levés à quatre heures du matin pour être à l'aéroport à l'heure, mais quand nous sommes arrivés en Espagne, il y avait une grève à l'aéroport et nous avons dû attendre pendant trois heures pour récupérer nos bagages. Nous avons pris un bus pour nous amener à l'appartement, qui était à plus d'une heure de l'aéroport, mais à seulement dix minutes de la plage. Quand nous sommes arrivés, nous étions fatigués et nous avions faim et soif.

Mon père a loué un appartement dans un grand bâtiment. Nous étions au troisième étage. Dans l'appartement, il y avait une cuisine, un salon où mon frère et moi avons dormi sur le canapé-lit, une chambre pour mes parents, une salle de bains et un grand balcon. C'était grand et commode, en face de la plage et à deux minutes des commerces! En bas, il y avait trois piscines et une grande pataugeoire.

Le matin, on se levait très tard, on déjeunait et on faisait les courses. L'après-midi, nous restions autour de la piscine. Mon frère et moi, nous avons trouvé des amis. Le soir, on se douchait, on s'habillait bien et on sortait dîner. Mes parents n'aiment pas la cuisine espagnole, on mangeait donc dans des restaurants français. J'aurais préféré manger à l'espagnol car j'aime les tapas, ces petites entrées variées. En Espagne, le soir, tout le monde sort se promener et l'ambiance est festive.

Un jour, nous sommes allés en car dans un parc aquatique où il y avait plusieurs piscines, une piscine à vagues et six toboggans. Le toboggan «noir» était sensass! Un autre jour, on est allés faire du karting. C'était ennuyeux!

Cette année, on retourne en Espagne, mais l'année prochaine, nous irons voir nos grands-parents en Normandie. Je préfère aller en Espagne parce que j'adore le soleil. La prochaine fois, j'apprendrai l'espagnol! Je connais déjà quelques mots et expressions! ¡Adiós!

Vincent

> J'aurais préféré … – I would have preferred …

1 Trouvez huit mots qui indiquent *quand* quelque chose a eu lieu. Essayez de les utiliser dans votre exposé.

2 Trouvez les phrases françaises dans le texte.
1 to be on time
2 we had to wait
3 to get our luggage
4 there was a strike
5 everybody
6 … was fantastic

3 Imaginez que vous êtes Vincent. Répondez aux questions en français.
1 Où es-tu allé?
2 Avec qui?
3 Comment y êtes-vous allés?
4 Comment était le voyage?
5 Où avez-vous logé?
6 C'était comment?
7 Qu'avez-vous fait?
8 Qu'avez-vous apprécié le plus?
9 Qu'est-ce que vous n'avez pas aimé?
10 Qu'est-ce que vous voulez faire l'année prochaine?

4 Décrivez des vacances.

Boîte à outils

1 Decide on the content
◆ Try to use or adapt some of the phrases from the text on page 124 or from the rest of the module.
◆ Refer to past, present and future events.
◆ If you have to look up new words in a dictionary, make sure you choose the correct French word. Look carefully at any example sentences given. Cross-check by looking the French word up at the other end of the dictionary. What English translations are given?

2 Structure your text carefully
◆ You do not need to include all these points, but cover enough of them to make your text interesting and to show off the French you know.

◆ Use the **perfect tense** to talk about what happened and the **imperfect** for descriptions (the weather, your opinions).
◆ Use the **nous** form to talk about what you did with other people. To review this, see p. 116.
◆ Include time markers such as *l'année dernière*, etc.
◆ Useful phrases:
Je suis allé(e)/resté(e)
avec mes parents/ma famille/ma classe
en train/en voiture/en car/en avion/en vélo
Il faisait chaud/froid …
La voiture est tombée en panne.

◆ For what you **did**, use the perfect tense:
J'ai fait … Je suis allé(e) …
◆ For what it **was** like, use the imperfect tense:
Il faisait … C'était …
◆ Useful phrases:
dans un hôtel/une auberge/une auberge de jeunesse/un camping
C'était confortable …
On mange de la tortilla qui est …
L'ambiance est …
Il fait plus chaud …

◆ For what you **would** like to do, use the conditional:
J'aimerais …

Introduction
~~~~~~~
Did you go away or stay at home?
Where did you go?
Who with?
How did you travel?
What was the weather like?
Did anything particular happen on the way?
If you stayed at home, what did you do?

Main section
~~~~~~~
Accommodation
Where did you stay?
What was your accommodation like?

Activities
What did you do? Where did you go?
What was it like?

Personal impressions
Talk about the differences:
– food and drink
– weather
– atmosphere

Conclusion
~~~~~~~
What would like to do next year?

3 Check what you have written carefully.
◆ spelling and accents
◆ gender and agreement (e.g. adjectives, past participles of *être* verbs)
◆ verb endings, especially *nous* forms (*–ons*)
◆ tense formation (e.g. *nous sommes allé(e)s/il faisait/nous aimerions*)

En vacances — *On holiday*

le camping	*campsite*
le gîte	*holiday house*
la caravane	*caravan*
la chambre d'hôte	*bed and breakfast*
la tente	*tent*
l'auberge (f)	*inn*
l'auberge (f) de jeunesse	*youth hostel*
l'hôtel (m)	*hotel*

Je pars avec ma famille/ ma classe/mes amis.	*I'm going (away) with my family/my class/my friends.*
Nous allons à Paris/ en Dordogne.	*We're going to Paris/ the Dordogne.*
On va loger dans un hôtel.	*We're going to stay in a hotel.*
J'ai visité le Louvre.	*I visited the Louvre.*
On va visiter les châteaux.	*We're going to visit the castles/chateaux.*

Le temps — *The weather*

la météo	*weather forecast*
Il fait beau.	*It is fine.*
Il y a du brouillard.	*It is foggy.*
Il y a des nuages.	*It is cloudy.*
Il y a des orages.	*There are storms.*
Il y a du soleil.	*It is sunny.*
Il y a du vent.	*It is windy.*
Il neige.	*It is snowing.*
Il pleut.	*It is raining.*
Il faisait beau.	*It was fine.*

Il y avait des orages.	*It was stormy.*
Il pleuvait.	*It rained.*
Il fera beau.	*It will be fine.*
Il y aura du vent.	*It will be windy.*
Il neigera.	*It will snow.*
au nord de l'Angleterre	*in the north of England*
au sud de l'Écosse	*in the south of Scotland*
à l'est de l'Irlande du Nord	*in the east of Northern Ireland*
à l'ouest du Pays de Galles	*in the west of Wales*

Les saisons — *The seasons*

au printemps	*in spring*
en été/automne/hiver	*in summer/autumn/winter*

À l'hôtel — *At the hotel*

Avez-vous …	*Do you have …*
un restaurant	*a restaurant*
le parking	*a car park*
une piscine (chauffée)	*a (heated) swimming pool*
une aire de jeux	*a (children's) play area*

Avez-vous … ?	*Do you have … ?*
des chambres libres	*rooms free*
des chambres non-fumeurs	*non-smoking rooms*
une chambre à deux lits	*a double room*
avec douche	*with a shower*

avec des WC en suite	*with en suite toilet*
avec salle de bains	*with bathroom*
avec une connexion pour Internet	*with an internet connection*
Est-ce qu'il y a … ?	*Is there … ?*
un sèche-cheveux	*a hair-drier*
un poste de télévision	*a television set*
L'hôtel est près de la gare?	*Is the hotel near the station?*
Est-ce qu'il y a des commerces à proximité?	*Are there shops nearby?*
Ça coûte combien?	*How much is it?*

À l'auberge de jeunesse — *At the youth hostel*

Nous sommes cinq.	*There are five of us.*
J'aimerais réserver 18 places …	*I'd like to reserve 18 places …*
pour 8 filles, 8 garçons et 2 accompagnateurs	*for 8 girls, 8 boys and 2 teachers*
pour les nuits de 23 au 29 juin	*for the nights of 23–29 June*
Nous voudrions quatre chambres avec/sans sanitaires.	*We'd like four rooms with/without toilet facilities.*
J'aimerais savoir s'il est possible de …	*I'd like to know if it's possible to …*
Est-ce que le petit déjeuner est inclus?	*Is breakfast included?*
Est-ce qu'il faut apporter un sac de couchage?	*Is it necessary to bring a sleeping bag?*

Est-ce que le linge est fourni?	*Is bedding provided?*
Est-ce qu'on peut louer des vélos?	*Can you hire bikes?*
Y a-t-il une piscine à proximité?	*Is there a swimming pool nearby?*
Je vous serais reconnaissant(e) …	*I would be grateful …*
si vous pouviez m'envoyer un dépliant	*if you could send me a brochure*

Au camping — *At the campsite*

la pataugeoire	*paddling pool*	le terrain de pétanque	*bowling area*
l'épicerie (f)	*grocery shop*	les randonnées (f)	*hikes*
la salle de jeux	*games room*		

Se plaindre — *Making a complaint*

Je vous écris pour me plaindre de mon séjour.	*I'm writing to you to make a complaint about my stay.*
complet/complète	*full*
… fonctionnait/fonctionnaient à peine	*… hardly worked*
Il n'y avait pas d'emplacements.	*There weren't any sites.*
Les sanitaires n'étaient pas propres.	*The toilets weren't clean.*
Il y avait trop de bruit.	*There was too much noise.*
vu que les conditions n'étaient pas acceptables	*as the conditions weren't acceptable*
J'attends donc un remboursement.	*So I expect a refund.*

La nourriture — *Food*

au restaurant	*at the restaurant*	l'omelette (f)	*omelette*
au fast-food	*at the fast-food restaurant*	les frites (f)	*chips*
à la pizzeria	*at the pizzeria*	les lasagnes (f)	*lasagne*
à la crêperie	*at the creperie*	les boissons (f)	*drinks*
Que voudrais-tu?	*What would you like?*	l'eau (f) minérale	*mineral water*
Je voudrais …	*I'd like …*	le vin rouge/blanc	*red/white wine*
Qu'est-ce que tu prends?	*What are you having?*	la tarte au citron/aux pommes	*lemon/apple tart*
Je prends … (comme entrée).	*I'm having … (as a starter).*	la glace	*ice cream*
le plat	*main course*	l'addition (f)	*bill*
la crêpe	*crepe/pancake*	Il/Elle était trop …	*It was too …*
le dessert	*dessert*	cuit(e)	*well done*
le plat du jour	*dish of the day*	salé(e)	*salty*
le plateau de fromages	*cheese board*	sec/sèche	*dry*
la salade (de tomates)	*(tomato) salad*	sucré(e)	*sweet*
la soupe du jour	*soup of the day*	Il n'y avait pas assez de sauce.	*There wasn't enough sauce.*
l'agneau (m)	*lamb*		

Mes vacances — *My holidays*

Quand j'étais petit(e), …	*When I was little …*	Nous sommes partis à 6h.	*We left at 6 o'clock.*
on faisait des balades	*we used to go for walks*	Il y avait du monde à la gare.	*It was very busy at the station.*
ça allait	*that was OK*		
Maintenant, j'aimerais …	*Now I would like …*	Nous nous sommes arrêtés à …	*We stopped at …*
je préférerais	*I would prefer*		
Je n'aimerais pas faire ce séjour parce que …	*I wouldn't like to go on this holiday because …*	L'année prochaine, j'irai aux États-Unis.	*Next year I'll go to the United States.*
		Je ferai un séjour d'escalade.	*I'll go on a climbing holiday.*
L'année dernière, nous avons pris le train à Paris.	*Last year, we took the train to Paris.*		

Ils sont comment? Describing people
The comparative and superlative

Déjà vu

1 Écoutez et lisez.
Identifiez chaque
personne de l'image.

Boîte de réception | Messages envoyés | Brouillons

Je t'envoie cette photo de notre équipe de basket, Les Casse-Filets. Tu veux savoir qui est qui? Bon, c'est moi le joueur de taille moyenne, aux cheveux bruns frisés. Tu me vois? Sélim, lui aussi, il est brun, mais il a les cheveux plus courts que moi. Je suis moins grand que Sélim et j'ai les yeux verts, tandis que lui, il a les yeux marron. David est facile à identifier. C'est le plus petit de l'équipe, mais il est l'un des meilleurs joueurs! Il est aussi le seul à avoir les cheveux blonds et les yeux bleus. Les deux autres sont Luc et Fabien. Luc a les plus longs cheveux de l'équipe. Il est aussi grand que Sélim, mais un peu plus petit que Fabien. Non seulement Fabien est le plus grand, mais il est le plus beau joueur aussi – les filles l'adorent! De plus, il joue mieux que moi. C'est pas juste!
Tariq

2 Écrivez V (Vrai), F (Faux) ou PM (Pas Mentionné) pour chaque phrase.

1 Sélim est plus grand que Tariq.
2 Tariq a les cheveux moins longs que Sélim.
3 David est aussi grand que Tariq.
4 David joue mieux que Luc.

5 Le plus grand de l'équipe est Fabien.
6 Fabien a les cheveux plus courts que Luc.
7 Tariq joue aussi bien que Fabien.
8 Luc joue mieux que Tariq.

Déjà vu

Expo-langue →→→→

Grammaire 2.4

The comparative

| plus … que (more …than) | moins … que (less …than) | aussi …que (as ….as) |

Je suis **moins grand que** Sélim. = I am *less tall/smaller than* Sélim.
Mais il a les cheveux **plus courts que** moi. = But his hair is *shorter than* mine.

The superlative

| le/la/les plus … (the most ….) | le/la/les moins (the least ….) |

Il est **le plus petit** des joueurs. = He's *the smallest* of the players.
Il a les cheveux **les plus longs** de l'équipe. = He has *the longest* hair of the team.
The superlative of **bon** (good) is **le/la/les meilleur(e)(s)** (the best).

Remember to make adjectives agree with the person or thing they are describing.
The comparative of the adverb **bien** (well) is **mieux** (better), which does not agree.

lire **3** **Lisez les opinions. Écrivez P (Positive), N (Négative) ou P/N (Positive/Négative) pour chaque opinion.**

1 À mon avis, Loïc est très gentil et sympa. Il est plus calme et plus généreux que les autres joueurs.

2 Je trouve que Nadine est la plus marrante et extravertie de l'équipe. Elle est pleine de vie, mais parfois, elle est un peu égoïste aussi.

3 D'accord, Franck est plus beau que les autres, mais il peut être assez paresseux. Malgré cela, c'est le joueur le plus intelligent de l'équipe.

4 Cette Claire est insupportable! Elle est trop bavarde, bruyante et pas du tout drôle!

5 Je sais que Yannick est timide, mais il est un peu trop sérieux pour moi. Je préfère les types plus rigolos et décontractés.

6 Non seulement Yasmina est la plus jolie de l'équipe, mais elle est toujours souriante et agréable. De plus, elle est la meilleure joueuse!

écrire **4** **Copiez et complétez la grille des adjectifs.**

Use your grammatical knowledge to predict the adjective endings.

singular		plural		anglais
masculine	feminine	masculine	feminine	
	belle	beaux		good-looking/beautiful
		laids		ugly
riche				rich
	pauvre			poor
	gentille			kind
			pénibles	irritating/a pain
sérieux				serious
	travailleuse			hard-working
poli				polite
	rigolote			funny/a laugh

écouter **5** **Écoutez et vérifiez.**

Which endings in the grid in Exercise 4 change the sound of the adjectives? Use your knowledge of links between spelling and sound in French to predict how the adjectives are pronounced. Then listen and check.

parler **6** **À deux. Faites des comparaisons entre des personnes célèbres en donnant votre opinion.**

- À mon avis, Jennifer Lopez est plus belle que Madonna.
- Oui, mais Madonna est la plus riche.
- D'accord. Mais qui est la plus intelligente à ton avis?
- …

écrire **7** **Imaginez que vous connaissez des gens célèbres. Écrivez des phrases comme dans l'exercice 3.**

Je trouve que Thierry Henry est rigolo et très gentil. Il est toujours poli et …

1 Écoutez et lisez. Complétez les détails sur ce joueur de tennis.

Nom: _____

Prénom: _____

Nationalité: _____

Âge: _____

Date de naissance: _____

Lieu de naissance: _____

Résidence: _____

État civil (marié/divorcé/célibataire): _____

Taille: _____

Cheveux: _____

Yeux: _____

Passe-temps: _____

Caractère: _____

Le jeune Français Richard Gasquet est déjà une étoile du tennis et un des meilleurs joueurs du monde. Né le 18 juin 1986 à Béziers, Richard habite actuellement à Paris où il s'entraîne au Centre National de l'Entraînement. Toujours célibataire, ce beau gosse aux cheveux châtain clair et aux yeux marron, qui mesure 1,82 m, ne manque pas de fans et pas seulement à cause de ses talents au tennis! Positif, courageux et ambitieux, Richard vit pour le tennis, mais en dehors des courts, il aime être avec ses amis, passe pas mal de temps à sa PlayStation et joue un peu au foot.

2 Reliez les deux parties de ces questions.

1	Comment vous	a	habitez-vous actuellement?
2	Vous êtes de quelle	b	passe-temps?
3	Quel âge	c	vous décrire?
4	Quelle est votre	d	avez-vous?
5	Où êtes-vous	e	né(e)?
6	Où	f	nationalité?
7	Êtes-vous	g	marié(e)?
8	Pouvez-vous	h	votre caractère?
9	Quels sont vos	i	date de naissance?
10	Comment est	j	appelez-vous?

3 À deux. Vous faites une interview avec Richard Gasquet. Utilisez les questions de l'exercice 2.

4 Écrivez un paragraphe sur cette joueuse de tennis française en utilisant les détails à droite.

Nom: _Mauresmo_

Prénom: _Amélie_

Nationalité: _française_

Date de naissance: _5 juillet 1979_

Lieu de naissance: _St Germain-en-Laye, France_

Résidence: _Genève, Suisse_

État civil (marié/divorcé/célibataire): _célibataire_

Taille: _1,75 m_

Cheveux: _brun clair/blonds_

Yeux: _marron_

Passe-temps: _cartes, surf, cinéma, lecture_

Caractère: _travailleuse, déterminée_

5 Lisez le texte et répondez aux questions en français.

Zizou — un héros national

Né le 23 juin 1972 à Marseille, Zinédine Zidane est français, mais d'origine algérienne. Enfant, il jouait au foot aux côtés de ses frères, Farid et Nordine, sur la place de La Castellane. À quatorze ans, il est devenu membre du club de football de Cannes où il est resté jusqu'à 1992. Après avoir quitté Cannes, il a passé quatre ans au club des Girondins de Bordeaux et c'est là qu'on l'a surnommé «Zizou». Zidane a quitté la France en 1996 pour aller en Italie où il a joué pendant cinq ans pour la célèbre équipe de la Juventus. Mais c'était comme capitaine de l'équipe nationale de France, pendant la finale de la Coupe du Monde de 1998 contre le Brésil, que Zizou a connu un des plus grands moments de sa carrière: il a marqué deux des trois buts qui ont permis à la France de gagner le match. Après être parti de la Juventus en 2001, Zinédine Zidane s'est installé avec sa femme, Véronique, et leurs trois fils à Madrid où il joue pour le Real Madrid.

1 Où Zinédine Zidane est-il né?
2 Combien de frères a-t-il?
3 Où jouait-il au football pendant son enfance?
4 Combien d'années Zidane a-t-il passé à Cannes?
5 Quel est son surnom?
6 Pourquoi a-t-il quitté la France en 1996?
7 Combien de buts a-t-il marqué pendant la finale contre le Brésil?
8 Quel pays a gagné la Coupe du Monde de 1998?
9 Zidane est-il marié ou célibataire?
10 Comment s'appelle l'équipe espagnole pour laquelle Zidane joue?

Expo-langue →→→→

Grammaire 3.6

To say 'after playing', 'after going', etc., use the perfect infinitive. This is formed with **après avoir** or **après être**, plus a past participle.
Après avoir joué au foot, ils ont bu un coca. = *After playing (= After having played)* football, they drank a Coke.
Après être allée au match, elle a pris le bus. = *After going (= After having gone)* to the match, she caught the bus.

6 Écoutez l'interview avec une jeune footballeuse et mettez les événements dans le bon ordre.

1 Elle s'est inscrite au club de foot du collège.

2 Elle a marqué un but pendant la finale du tournoi régional.

3 Elle jouait au foot au parc avec ses frères.

4 Elle est allée dans un lycée avec une section sportive.

5 Elle a essayé trois fois d'entrer dans l'équipe.

7 Faites une présentation sur Leila (de mémoire, si possible) en adaptant les phrases de l'exercice 6. Ajoutez des détails si vous voulez.

Try to use two examples of the perfect infinitive, to enhance your speaking in Exercise 7.

Écoutez et lisez cette publicité, puis trouvez l'équivalent en français des phrases en dessous.

Stages sportifs en auberge de jeunesse

 A

Les auberges de la Côte Basque
Surf, Bodyboard

Vous rêvez de connaître un jour cette sensation de liberté ou alors vous savez déjà surfer et vous voulez perfectionner votre «cut back»?

Débutant(e) ou confirmé(e), nous vous proposons ce stage comprenant deux heures de cours de surf intenses par jour avec nos deux écoles de surf partenaires labellisées par la Fédération Française de Surf.

Louez une planche de surf, nous avons du matos sur place: shortboards, mini malibus, longboards, combis rip curl à des tarifs préférentiels. Louez un vélo à l'AJ pour vous rendre sur les spots de surf.

Prix en demi-pension en camping à partir de 299€.

B

L'auberge d'Aix-en-Savoie
Parapente, vol libre

Vous vous réveillez chaque matin avec une folle envie d'ouvrir votre fenêtre et de battre frénétiquement des bras? Vous devez souffrir d'une grosse frustration au vol libre! Votre place est ici, à l'Auberge new-look d'Aix-en-Savoie.

Amoureux de la nature, indiscutablement sportif, préparez-vous à passer 5 jours de rêve, entre 900m et 1500m au-dessus du grand lac naturel de France: le lac du Bourget.

Désormais, il ne tient qu'à vous que votre rêve devienne réalité. Le directeur technique, 22 années de pédagogique du vol libre et pilote chevronné, a pour objectifs prioritaires: la sécurité, la rigueur dans la technique et la formation de pilote.

Prix en pension complète à partir de 545€.

---

labellisé par – approved by
du matos – gear, equipment
une folle envie – a crazy desire
battre frénétiquement – to beat wildly

Remember, some words in French are 'false friends'. The following all have a completely different meaning to their English equivalents. What do they mean?
le stage   la pension   la formation   passer   l'envie

---

1 feeling of freedom
2 you already know how to surf
3 to perfect
4 beginner or experienced (surfer)
5 we offer you
6 half-board (bed and breakfast)

7 hang-gliding
8 lake
9 your dream
10 safety
11 pilot training
12 full board (bed, breakfast and evening meal)

Lisez. On parle du stage A ou B ou tous les deux?

Expo-langue →→→→

Grammaire 3.9

Remember, you use the future tense to talk about definite plans. For details of how the future is formed, see p. 86.

1 Je passerai l'été au bord de la mer.

2 On louera des planches sur place.

3 J'aurai deux heures de cours par jour.

4 La vue du lac sera magnifique.

5 On fera notre formation de pilote en toute sécurité.

6 Je perfectionnerai ma technique.

7 On prendra la demi-pension.

8 Je réaliserai mes rêves.

9 J'apprendrai à voler comme un oiseau!

10 On mangera le soir à l'auberge.

3 Écoutez le dialogue et trouvez les mots qui manquent.

■ Alors, qu'est-ce que tu feras pendant les grandes vacances?
● J'(**1**) _____ en Normandie avec une copine.
■ Qu'est-ce que vous ferez là-bas?
● On fera un stage de (**2**) _____.
■ Ah, bon? Tu as déjà fait de la voile?
● Oui, j'en ai fait deux ou trois fois, mais je veux perfectionner ma technique.
■ Et ta copine, elle en a (**3**) _____ fait?
● Non, c'est sa (**4**) _____ fois. Elle est débutante.
■ Vous logerez où?
● On (**5**) _____ dans une auberge de jeunesse. On prendra la (**6**) _____.
■ Vous y passerez combien de temps?
● On y (**7**) _____ une semaine et on aura deux heures de cours par jour.
■ Et qu'est-ce que vous (**8**) _____ le reste du temps?
● Bof, on (**9**) _____ des randonnées. Et moi, je ferai peut-être de l' (**10**) _____ aussi.
■ Ce sera chouette! Alors, amusez-vous bien, toutes les deux!

logera
déjà   ski
ira
passera
demi-pension
irai
équitation
fera
première
voile
ferez

4 À deux. Adaptez le dialogue de l'exercice 3 en changeant les phrases soulignées. Utilisez les détails ci-dessous ou vos propres idées.

dans les Alpes

copain/copine

toi: débutant(e)

copain/copine: 2 fois

demi-pension

2 semaines – 1h cours

moi:

M	F
l'alpinisme	la pêche*
le canoë-kayak	la planche à voile
le parapente	la plongée
le ski	la randonnée
le ski nautique	la voile
le snowboard	l'équitation
le surf	l'escalade
le VTT	
le vol libre	* = takes aller, not faire!
	(aller à la pêche)

5 Écrivez un e-mail à votre copain Karim sur un stage sportif que vous ferez.

Mentionnez:
● où vous irez, quand et avec qui
● quel stage vous ferez
● si vous en avez déjà fait
● où vous logerez et mangerez
● si vous ferez d'autres activités
● comment ça sera

3 J'étais comme ça
Saying how things used to be
More practice with the imperfect tense

écouter **1** Écoutez et lisez. Mettez les personnages dans le bon ordre.

Le bateau célébrités

a *Il y a dix ans, j'étais footballeur professionnel. J'étais très en forme parce que je faisais de la natation tous les jours et j'allais souvent à la gym.*

Arnaud Dupré

b *En 1995, j'étais actrice et je jouais un des rôles principaux dans une série de télévision. J'étais très mignonne. J'avais les cheveux longs et noirs. Et je sortais avec un acteur très connu.*

Juliette Perrault

Bienvenue à bord du bateau célébrités, la nouvelle émission de télé-réalité! La formule, c'est très simple: un bateau de luxe et cinq célébrités. Chaque semaine, vous, les téléspectateurs, devez éliminer une personne. Rencontrons maintenant les participants!

c *Quand j'avais trente ans, j'habitais à Hollywood. J'étais réalisateur de films. J'étais riche. Je mangeais dans les meilleurs restaurants et je buvais du champagne.*

d *Pendant les années 60, je travaillais comme mannequin de mode. J'étais très mince. Je portais des vêtements de haute couture et je voyageais partout dans le monde.*

e *À la fin des années 70, je m'appelais Johnny Plastique. J'étais chanteur punk et j'avais les cheveux teints en rose. Je fumais et je buvais trop. J'étais un peu fou.*

Patrick DeLasalle

Minou

Johnny Girot

Expo-langue →→→→

Grammaire **3.4**

One of the use of the imperfect tense is to say 'used to'.

J'avais les cheveux longs et noirs. = I used to have long, black hair.
J'habitais à Hollywood. = I used to live in Hollywood.

lire **2** Relisez les textes et écrivez un résumé des cinq célébrités en anglais.

Arnaud Dupré used to be a professional footballer. He used to be very fit because …

parler **3** À deux. Interviewez une des célébrités ci-dessus. Utilisez ces questions.

● Quelle était votre profession?
● Que faisiez-vous?
● Vous étiez comment?

To pronounce the **–ais**, **–ait** and **–aient** imperfect endings correctly, try saying the English letter A, but smile broadly as you say it. To pronounce the **–iez** ending, do the same with the English letters E-A.

4 Écoutez les interviews avec Marianne et Jean-Luc. Copiez et complétez la grille pour chaque personne. (1–2)

	actuellement	il y a 10 ans
profession	*professeur de langues*	*étudiante*
mode de vie (travail, argent, loisirs, vêtements, état civil)		
aspect physique (taille, cheveux, forme)		

> When you are listening to complex language, don't try to understand every word. Just listen for the key words and phrases which give you the information you need.

5 Lisez et complétez le texte.

Il y a dix ans, Marianne était (**1**) _____ à l'université, mais maintenant, elle travaille comme (**2**) _____. Avant, elle n'avait pas beaucoup d'(**3**) _____, donc elle ne (**4**) _____ pas souvent et elle (**5**) _____ toujours un jean et un tee-shirt. Maintenant qu'elle est plus (**6**) _____, elle va au cinéma ou au restaurant et elle (**7**) _____ des vêtements. Il y a dix ans, elle était très (**8**) _____ et elle (**9**) _____ les cheveux longs et noirs, mais actuellement, elle a quelques kilos de trop et elle a les cheveux plus (**10**) _____.

contente   avait   argent   étudiante

achète   mariée   mince   sortait

portait   courts   riche   professeur de langues

6 Écrivez un paragraphe sur Jean-Luc.

Il y a dix ans, Jean-Luc jouait de la guitare dans un groupe de rock, mais maintenant, il travaille …

7 Vidéoconférence. Interviewez votre partenaire.

- ■ Ta vie, comment est-elle différente d'il y a dix ans?
- ● Il y a dix ans, j'allais à l'école primaire, mais maintenant, je vais …
  J'avais les cheveux … J'étais/Je portais/Je faisais/Je jouais …
  Maintenant, j'ai/je suis/je porte/je fais/je joue …

8 Votre vie, comment est-elle différente d'il y a dix ans? Écrivez un paragraphe.

1 Lisez et trouvez les deux parties de chaque texte.

Ma passion, c'est le rugby et je suis toulousain, donc il va sans dire que mon équipe préférée, c'est Toulouse! J'ai regardé notre dernier match, contre Narbonne, à la télé.

Je suis fan de cyclisme et j'ai regardé l'étape finale du Tour de France sur mon portable. Malheureusement, le Français Christophe Moreau n'a terminé qu'à la onzième place. C'est dommage parce quil avait gagné l'étape du prologue à Dunkerque.

Je suis accro au skate et une fois, j'ai eu la chance d'assister à la Coupe du Monde de Skate à Marseille. J'étais allé en vacances à Marseille avec mes parents et ils m'avaient donné la permission d'aller voir le championnat de skate.

J'adore le foot et je suis fière d'être supportrice de PSG (c'est-à-dire Paris Saint-Germain). Je vais souvent les voir au stade du Parc des Princes à Paris parce que c'est pas loin de chez moi. Le dernier match que j'ai vu était contre Strasbourg.

a C'est un coureur américain, Lance Armstrong, qui a gagné la course (pour la septième fois!) et qui portait le maillot jaune.
 Mélissa

b Les meilleurs du monde y participaient, y compris les Français Alex Coccini et Alex Giraud. Coccini a terminé à la deuxième place, mais c'est Omar Hassan, des États-Unis, qui a gagné. C'est le roi des skateurs!
 Arthur

c On avait perdu le match d'avant (contre Nice), donc il était important de gagner celui-ci. Heureusement, on est sortis vainqueurs, grâce à notre superbe buteur Bonaventure Kalou. On a gagné 1–0 et maintenant, on est deuxième en Ligue 1!
 Danielle

d On a gagné 64–22, malgré l'absence d'un de nos meilleurs joueurs, Frédéric Michalak, qui a dû quitter le terrain après trente minutes, à cause d'une cheville blessée. Mais il avait déjà marqué un essai fantastique. J'étais fier de lui.
 Jamel

2 Écoutez et vérifiez. (1–4)

> ### Expo-langue →→→→
> *Grammaire 3.7*
>
> You use the pluperfect tense to say '*had* done', '*had* gone', etc. Like the perfect tense, it is formed using an auxiliary – **avoir** or **être** – plus a past participle, but the auxiliary is in the imperfect tense.
>
> On **avait perdu** le match d'avant. – We *had lost* the match before.
> J'**étais allé(e)** en vacances à Marseille. – I *had gone* on holiday to Marseilles.

3 Répondez aux questions en anglais.

1 Why does Jamel support Toulouse?
2 Who scored a try against Narbonne?
3 What happened as a result of his injured ankle?
4 How did Mélissa watch the final stage of the Tour de France?
5 In which position did Christophe Moreau finish?
6 Who wore the winner's yellow jersey?
7 Why was Arthur able to watch the Skateboarding World Cup?
8 Who is 'the king of skaters', according to Arthur?
9 Which country does this skater come from?
10 Where does Danielle go to watch PSG play?
11 Why was it important for PSG to win this match?
12 Who scored the winning goal?

lire **4** **Qu'est-ce que c'est en anglais?**

1 contre
2 marquer un essai
3 fier/fière de
4 gagner la course
5 les meilleurs du monde

6 le roi de
7 perdre le match
8 le vainqueur
9 notre buteur
10 la Ligue 1

écouter **5** **Écoutez et choisissez la bonne phrase pour décrire les sentiments de chaque personne. (1–4)**

a J'étais fière, même si on n'a pas gagné.

b C'était un match plein de suspense.

c La course était passionnante.

d J'étais très déçu du résultat.

parler **6** **Préparez une présentation sur un match ou un autre événement sportif que vous avez vu ou regardé à la télé. Si vous préférez, utilisez les images ci-dessous. Utilisez les phrases de l'exercice 4 et adaptez les textes de l'exercice 1.**

a

b

c

d

e

f

écrire **7** **Écrivez un paragraphe sur un événement sportif, réel ou imaginaire.**

Mentionnez:
- si vous aimez ce sport et pourquoi
- où et quand vous avez vu/regardé l'événement sportif
- deux ou trois détails de l'événement
- qui a gagné/perdu
- votre opinion sur l'événement

If possible, try to use an example of the pluperfect tense in your account. Using a tense like this correctly will impress your examiner!

1 À votre avis, les adjectifs ci-dessous sont positifs (P), négatifs (N) ou positifs-négatifs (P/N)? Faites trois listes et notez l'anglais. Cherchez dans un dictionnaire, si nécessaire.

a ambitieux/euse	e fier/fière	i intelligent(e)	m rigolo(te)
b arrogant(e)	f généreux/euse	j jaloux/ouse	n sincère
c déterminé(e)	g gentil(le)	k modeste	o talentueux/euse
d égoïste	h honnête	l paresseux/euse	p têtu(e)

2 On décrit son meilleur copain ou sa meilleure copine. Écoutez et notez la lettre des adjectifs de l'exercice 1. (1–4)

3 Trouvez le bon adjectif pour chaque nom en dessous et copiez les paires. Puis notez l'anglais pour chaque mot.

> la jalousie
> la détermination
> l'égoïsme
> la sincérité
> la générosité
>
> l'entêtement
> la fierté
> le talent
> l'ambition
> la gentillesse
> l'honnêté
>
> l'intelligence
> la paresse
> la modestie
> le sens de l'humour
> l'arrogance

4 À deux. Discutez des qualités d'un bon copain/une bonne copine.

■ À ton avis, quelles sont les qualités d'un bon copain/une bonne copine?

● Pour moi, ... , c'est très important. Un bon copain/Une bonne copine devrait être ...
Le/la/l' ... , c'est essentiel. Il faut être très ...
Et toi? Quelle est ton opinion?

■ À mon avis, un bon copain/une bonne copine ...
Ce que je n'aime pas, c'est le/la/l' ...
Il ne faut pas être ....

● Mon meilleur copain/Ma meilleure copine, c'est quelqu'un de très ...
Son seul défaut est qu'il/elle est parfois/quelquefois un peu ...

> ● Be careful with the pronunciation of words which are similar to English words. The stress often falls in a different place (e.g. anglais: in**tell**igent; français: intellig**ent**).
>
> ● Groups of three vowels are often pronounced as a single sound in English, but as a series of two sounds in French (e.g. ambit**iou**s/ambit**ieu**x).
>
> ● Accents also change how letters are pronounced (e.g. sinc**è**re, g**é**n**é**reux).

5 Écrivez un paragraphe sur les qualités d'un copain ou d'une copine idéale et sur ton meilleur copain/ta meilleure copine.

6 Lisez les textes et écrivez V (Vrai), F (Faux) ou PM (Pas Mentionné) à côté de chaque phrase en dessous.

Qui admirez-vous et pourquoi?

Moi, j'admire beaucoup Youssou N'Dour. Non seulement c'est un chanteur et musicien très doué, mais il a beaucoup fait pour l'Afrique aussi. Par exemple, il a chanté avec Dido à trois concerts de Live 8 (à Londres, en Cornouailles et à Paris!) le 2 juillet 2005. De plus, j'admire son caractère. Il est né au Sénégal, il vient d'un milieu modeste, mais il est devenu l'un des chanteurs les plus connus d'Afrique et de France. Et malgré son succès, il est toujours sympa, généreux et modeste. C'est un vrai héros de notre époque.
Valentin

Mes héroïnes sont les championnes sportives de France, comme Mary Pierce. C'est une de nos meilleures joueuses de tennis et elle a dû travailler très dur pour y arriver. Mais ce que j'aime chez elle aussi, c'est sa personnalité: je la trouve gentille, calme et disciplinée. J'admire aussi nos jeunes athlètes comme Amélie Cazé, la pentathlonienne, et Annabelle Euranie, la judoka. Elles sont déterminées à réussir et elles ont déjà gagné pas mal de médailles. J'espère qu'elles auront du succès aux Jeux Olympiques de 2012!
Shazia

J'ai beaucoup d'admiration pour l'acteur Johnny Depp. Bien sûr, il est beau, il est célèbre, il est riche. Mais il a gardé son sens de l'humour et il ne se prend pas trop au sérieux. Quant à son travail cinématographique, chaque fois qu'on le voit à l'écran, il est différent: *Chocolat, Les Pirates des Caraïbes, Charlie et la chocolaterie* – la variété des rôles qu'il peut jouer est incroyable. Ça m'étonne qu'il n'ait pas encore gagné d'Oscar!
Lucie

1 Youssou N'Dour est sénégalais.
2 Valentin l'a vu au concert de Live Aid à Paris.
3 Youssou n'a pas eu beaucoup de succès en France.
4 Selon Shazia, Mary Pierce est travailleuse.
5 Shazia pense qu'Annabelle Euranie est une athlète déterminée.
6 Amélie Cazé a déjà participé aux Jeux Olympiques.
7 Lucie trouve que Johnny Depp est un peu trop sérieux.
8 Elle dit qu'il peut jouer beaucoup de personnages différents.
9 Elle espère qu'il gagnera un jour un Oscar.
10 Pour Lucie, *Les Pirates des Caraïbes* est un de ses films préférés.

7 Qui admirez-vous et pourquoi? Écrivez un paragraphe. Adaptez les textes ci-dessus.

Thierry Henry: le roi des footballeurs!

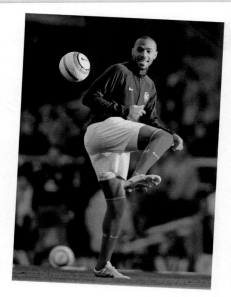

Né le 17 août 1977 à Paris, Thierry Henry est un des meilleurs footballeurs du monde. Ce Français d'origine guadeloupéenne habite actuellement à Londres car il joue depuis 1999 pour le célèbre club anglais Arsenal. Un beau mec aux cheveux courts et noirs et aux yeux marron, Thierry mesure 1m88. Il a deux frères, deux chats et à part le foot, il s'intéresse au cinéma et à la musique: il aime surtout le zouk (un style de musique traditionnel des Caraïbes). De caractère, Thierry (surnommé Titi) est très gentil. Il est toujours modeste, patient et poli et il n'est jamais agressif.

Enfant, il a grandi dans un quartier difficile de Paris. Ses parents étaient assez stricts et il devait travailler dur au collège. Mais quand on a découvert son talent sportif, son père l'a poussé vers le football. À dix-sept ans, il est devenu membre de son premier club professionnel, Monaco, où il est resté jusqu'à 1998.

Après avoir joué pendant un an pour l'équipe italienne de la Juventus, Thierry est arrivé à Arsenal. Il ne parlait pas bien anglais, mais il a vite appris! Il a aussi rapidement montré pourquoi le manager d'Arsenal l'avait choisi. Attaquant habile et puissant, Thierry a marqué dix-sept buts dans sa première année chez les «Gunners». Mais c'est en 1998 qu'il a connu un des plus grands moments de sa carrière en jouant dans l'équipe nationale de France contre le Brésil, pendant la finale de la Coupe du Monde. La France a gagné le match 3–0.

Mais que fera Thierry Henry plus tard? Restera-t-il chez Arsenal ou ira-t-il ailleurs? Voudrait-il peut-être retourner en France, comme membre du Paris Saint-Germain ou d'un des autres clubs de la Ligue 1? Ou changera-t-il complètement de carrière? Il a déjà fait de la publicité à la télé pour la Renault Clio. Peut-être qu'un jour Thierry Henry sera vedette de cinéma! Je ne sais pas exactement ce qu'il fera, mais je lui souhaite bonne chance. À mon avis, Thierry Henry est quelqu'un qui mérite son succès parce que c'est une personne sympa et douée.

Amélie

1 Copiez les phrases en bleu dans le texte et trouvez l'équivalent en anglais ci-dessous.

1 will he go somewhere else?
2 I wish him luck
3 he also soon showed
4 pushed him towards
5 he experienced one of the greatest moments of his career
6 a skilful and powerful striker
7 someone who deserves his success
8 he learned quickly
9 he grew up
10 when they discovered
11 in terms of his character
12 apart from football

2 Répondez aux questions en français.

1 Où et quand Thierry Henry est-il né?
2 Quelle est sa nationalité?
3 Pourquoi habite-t-il à Londres?
4 Il est comment physiquement?
5 Quels sont ses passe-temps?
6 Quelles sont ses plus grandes qualités?
7 Pourquoi devait-il travailler dur au collège?
8 Pendant combien d'années a-t-il joué pour Monaco?
9 Dans quel match important a-t-il joué en 1998?
10 Quelle expérience a-t-il eu comme acteur?

3 Faites le portrait d'une personne célèbre.

Boîte à outils

1 Decide on the content
◆ You don't have to write about a sportsperson. You could choose an actor/ actress, a singer or any other famous person.
◆ Show that you can use present, past and future tenses correctly.
◆ Use or adapt phrases from Amélie's text and from the module as a whole.
◆ As well as the present, perfect, imperfect and future tenses, try to include an example of other structures too, such as the conditional, the perfect infinitive or the pluperfect. Look for examples in the text to see how Amélie has done this. This will impress your examiner!
◆ Use a range of vocabulary (e.g. adjectives and abstract nouns).
◆ If you need to look up specialist vocabulary, make sure you have got the right word – e.g. cricket can be a sport or an insect!

2 Structure your text carefully
◆ Remember to make adjectives agree, if you are writing about someone female and when you are describing something plural (e.g. hair and eyes).

◆ Use the **perfect tense** for single actions in the past.
Il est devenu membre de son premier club professionnel.
La France a gagné le match.
◆ Use the **imperfect tense** to say 'was/were –ing', 'used to ... ', or for actions which went on for longer in the past.
Il devait travailler dur au collège.
Il ne parlait pas bien anglais.
◆ You can use the **perfect infinitive** to say 'after ... ing' (see p. 131).
Après avoir joué pendant un an pour la Juventus, ...
◆ You can also use the **pluperfect tense** to say '**had** done', '**had** gone', etc. (see p. 136).
Il a montré pourquoi le manager d'Arsenal l'avait choisi.
◆ If you don't know what the person's future plans are, do as Amélie has done and ask some rhetorical questions using the **future tense**.
Que fera Thierry Henry plus tard?
Restera-t-il chez Arsenal?
◆ If possible, try to use the **conditional**, to say 'would do something':
Voudrait-il peut-être retourner en France?

◆ You can use *À mon avis/Pour moi/Selon moi* or *Je pense que ...* to give your opinion.
◆ Instead of *parce que*, you could use *car* or *puisque*.

Introduction
Give background information about this person (e.g. date and place of birth, nationality, family, hobbies). Say what the person looks like and give details of their personality.

Main paragraphs
Give a summary of their career to date.
Say what they are going to do next or might do in the future.

Conclusion
Give your opinion of this person, supplying reasons.

3 Check what you have written carefully.
Check:
◆ spelling and accents
◆ gender and agreement (e.g. adjectives, past participles of *être* verbs)
◆ verb endings for the different persons: *il/elle/ils/elles*, etc.
◆ tense formation (e.g. *il est devenu/il sera vedette*)

La description physique
Physical description

beau/bel/belle	good-looking, beautiful
joli(e)	pretty
laid(e)	ugly
mignon(ne)	cute
mince	slim
les cheveux longs/ mi-longs/courts/frisés/ raides	long/medium-length/ short/curly/straight hair

les cheveux blonds/noirs/ roux	blond/black/red hair
les cheveux bruns/châtain	brown hair
chauve	bald
les yeux bleus/verts/gris/ marron	blue/green/grey/ brown eyes

Le caractère
Personality

agréable	pleasant, nice
agressif/ve	aggressive
ambitieux/euse	ambitious
arrogant(e)	arrogant
bavard(e)	talkative, chatty
bruyant(e)	noisy
calme	calm
célèbre	famous
courageux/euse	brave
décontracté(e)	relaxed
déterminé(e)	determined
drôle	funny
égoïste	selfish
extraverti(e)	extrovert
fier/fière	proud
généreux/euse	generous
gentil(le)	kind
honnête	honest
insupportable	unbearable
intelligent(e)	intelligent
jaloux/ouse	jealous

marrant(e)	funny
modeste	modest
paresseux/euse	lazy
pauvre	poor
pénible	irritating/a pain
paresseux/euse	lazy
patient(e)	patient
plein(e) de vie	full of life, lively
poli(e)	polite
riche	rich
rigolo(te)	funny, a laugh
sérieux/euse	serious
sincère	sincere
souriant(e)	smiley
sportif/ve	sporty
strict(e)	strict
sympa	nice, kind
talentueux/euse	talented
têtu(e)	stubborn
timide	shy
travailleur/euse	hard-working

Les informations personnelles
Personal details

Il/Elle est né(e) le 2 février.	He/She was born on 2 February.
Il/Elle habite à Paris.	He/She lives in Paris.
Il/Elle est …	He/She is …
marié(e)/divorcé(e)/ célibataire	married/divorced/single
Il/Elle s'est inscrit(e) au club (de foot).	He/She joined the (football) club.
Il a marqué un but pendant la finale.	He scored a goal in the final.
Elle a essayé trois fois pour l'équipe.	She tried out three times for the team.

Un stage sportif
A sporting holiday

J'irai dans les Alpes/en Normandie/à l'auberge d'Aix-en-Savoie.	I will go to the Alps/ Normandy/the Aix-en-Savoie hostel.
On fera un stage de ski.	We'll go on a skiing holiday.
Je suis débutant(e).	I'm a beginner.
J'en ai fait deux fois.	I've done it twice.
Je veux perfectionner ma technique.	I want to perfect my technique.

On logera dans un hôtel.	We'll stay in a hotel.
On prendra la demi-pension.	We'll go half-board.
On y passera une semaine.	We'll spend a week there.
On aura deux heures de cours par jour.	We'll have two hours of lessons a day.
le canoë-kayak	canoeing
le cyclisme/le vélo	cycling

le parapente	*parascending*	la pêche	*fishing*
le ski	*skiing*	la planche à voile	*windsurfing*
le ski nautique	*water-skiing*	la plongée	*scuba diving*
le snowboard	*snowboarding*	la randonnée	*hiking*
le surf	*surfing*	la voile	*sailing*
le VTT	*mountain-biking*	l'alpinisme (m)	*mountain climbing*
le vol libre	*hang-gliding*	l'équitation (f)	*horse-riding*
la boxe	*boxing*	l'escalade (f)	*rock-climbing*

Quand j'étais plus jeune *When I was younger*

Il y a dix ans …	*Ten years ago …*	j'achetais	*I used to buy*
j'allais à l'école primaire	*I went to primary school*	je buvais	*I used to drink*
j'avais les cheveux courts	*I had short hair*	je fumais	*I used to smoke*
j'étais mignon(ne)	*I was cute*	j'habitais	*I used to live*
je portais toujours un jean	*I always wore jeans*	je mangeais	*I used to eat*
je ne faisais pas d'exercice	*I used to do no exercise*	je sortais	*I used to go out*
je jouais de la guitare	*I used to play the guitar*	je travaillais	*I used to work*
		je voyageais	*I used to travel*

Les événements sportifs *Sporting events*

le but	*goal*	le/la supporter/trice (de)	*supporter (of)*
le/la buteur/euse	*scorer/striker*	le terrain (de rugby)	*(rugby) pitch*
le/la capitaine	*captain*	le tournoi	*tournament*
le/la champion(ne)	*champion*	le/la vainqueur	*winner*
le championnat	*championship*	contre	*against*
le concours	*contest/competition*	Il/Elle a fini en (deuxième) place.	*He/She finished in (second) place.*
la Coupe du Monde	*the World Cup*	Il/Elle a marqué (un but).	*He/She scored (a goal).*
le/la coureur/euse	*runner/cyclist*	Il/Elle a réussi (à) …	*He/She succeeded (in)/managed (to) …*
la course	*race*		
l'équipe (f)	*team*	On a gagné/perdu.	*We won/lost.*
l'essai (m)	*try (in rugby)*	J'étais fier/fière de …	*I was proud of …*
l'étape (f)	*stage (in a race)*	C'était un match plein de suspense.	*It was a match full of suspense.*
la finale	*the final*		
les Jeux (m) Olympiques	*the Olympic Games*	La course était passionnante.	*The race was fascinating.*
le/la joueur/euse	*player*		
la ligue	*league*	J'étais très déçu(e) du résultat.	*I was very disappointed by the result.*
la médaille (d'or)	*(gold) medal*		
le/la meilleur(e)	*the best*		
le/la perdant(e)	*loser*		
le/la pilote	*racing driver*		

Les qualités *Qualities*

Ce que j'aime/je n'aime pas, c'est …	*What I like/don't like is …*	la gentillesse	*kindness*
l'ambition (f)	*ambition*	l'honnêteté (m)	*honesty*
l'arrogance (f)	*arrogance*	l'intelligence (f)	*intelligence*
la détermination	*determination*	la jalousie	*jealousy*
l'égoïsme (m)	*selfishness*	la modestie	*modesty*
l'entêtement (m)	*stubbornness*	la paresse	*laziness*
la fierté	*pride*	le sens de l'humour	*sense of humour*
la générosité	*generosity*	la sincérité	*sincerity*
		le talent	*talent*
		doué(e)	*gifted/talented*

Ce qu'on mange et ce qu'on boit — Talking about food and drink
en (of it/of them)

1 Écoutez Nicolas et Amélie. Que mangent-ils et que boivent-ils d'habitude?
Copiez et remplissez la grille. (1–2)

un biscuit	du jambon	du pain grillé	un steak haché
des céréales	du jus d'orange	des pâtes	une tarte aux
du chocolat chaud	du lait	de la pizza	pommes
de l'eau	des légumes	du poisson	une tartine
des frites	une mousse au	une pomme	un yaourt
du fromage	chocolat	du poulet	du yaourt liquide
un fruit	du Nutella	de la soupe	
un gâteau	du pain	de la salade	

	petit déjeuner	à midi	goûter	dîner
Nicolas				
Amélie				

2 Une journée scolaire. Choisissez ✔ ou ✗.
Qu'est-ce qu'il mange et qu'est-ce qu'il ne mange pas?

a b c  d  e  f

g h i j k l

Le matin, je n'ai pas le temps de bien manger. Je suis toujours trop pressée. Je prends vite un bol de céréales et du jus d'orange et je quitte la maison, une tartine à la main. À midi, je mange à la cantine. Alors, ça dépend de ce qu'il y a: la viande est bonne en générale, mais d'habitude, le poisson n'est pas bon et je n'en mange pas. D'habitude, je prends les pâtes, s'il y en a ou des frites et un steak haché ou du poulet. Avec ça, je mange une salade verte (parce que les légumes sont dégueulasses) et du pain. Comme dessert, je préfère le fromage, mais quelquefois, il y a de la tarte au citron et c'est délicieux. Pour le goûter, ma mère fait souvent des petits gâteaux, mais je n'en mange pas. Je préfère un fruit parce que je ne veux pas prendre de kilo! D'habitude pour le dîner, je mange des pâtes, de la salade mixte et un yaourt.

Expo-langue →→→→ *Grammaire* 1.13

en means *(of) it/(of) them.* It is used to replace a quantity with **de, du, de la, de l'** or **des.**

Manges-tu du fromage? Oui, j'**en** mange.
  Do you eat cheese? Yes, I do eat *it*.
Manges-tu des frites? Non, je n'**en** mange pas.
  Do you eat chips? No, I don't eat *them*.

Remember: you use **si** to say *yes* when you answer a negative question.
Tu ne manges pas de poisson? – Don't you eat fish?
Si, j'en mange. – Yes, I do eat fish.

parler 3 À deux. Posez des questions et répondez-y.

- ■ Manges-tu ... pour le petit déj/à midi/pour le dîner?
- ● Oui, j'en mange ...
- ■ Non, je n'en mange pas ...
- ● Ça dépend ...
- ■ Bois-tu ... pour le petit déj/à midi/pour le dîner?
- ● D'habitude, j'en bois ...
- ■ J'en bois (de temps en temps).
- ● Si je ne suis pas trop pressé(e), ...

écrire 4 Que mangez-vous et buvez-vous d'habitude pendant une journée scolaire? Écrivez. Trouvez des mots et des expressions dans les exercices ci-dessus pour vous aider.

Pour le petit déj, ...
À la récré, ...
À midi, ...
Pour le goûter, ...
Pour le dîner, ...

D'habitude, ...
Quelquefois, ...
Ça dépend ...
Je préfère ...
S'il y a ... , j'en mange/je n'en mange pas.

lire 5 Lisez et puis faites correspondre les phrases.

Le dimanche, on fait la grasse matinée. Quand je me lève, je vais à la boulangerie chercher du pain frais. Je mange un croissant et un pain au chocolat et je bois du chocolat chaud. D'habitude à midi, on a de la salade, puis de la viande (mon plat préféré, c'est le poulet rôti avec des pommes de terre et des légumes comme des haricots, des carottes ou du chou-fleur), puis le plateau de fromages et finalement, le dessert, de la tarte aux pommes (que j'adore) ou un pudding.

Le soir, on ne mange pas grand-chose parce qu'on a trop mangé à midi. D'habitude, je mange du pain avec du jambon, de la confiture ou du Nutella et pour m'aider à dormir, je bois du lait chaud.

1 Le dimanche,	a il boit du lait chaud.
2 Il va à la boulangerie	b il ne mange pas beaucoup.
3 Pour le déjeuner, il préfère	c le poulet rôti.
4 Son dessert préféré est	d pour acheter du pain.
5 Pour le dîner,	e il reste au lit.
6 Avant de se coucher,	f la tarte aux pommes.

parler 6 Vidéoconférence. Préparez une présentation sur ce que vous mangez et buvez d'habitude pendant une journée scolaire.

Déjà vu 2

1 À deux. Trouvez les parties du corps correspondantes.

Quelle est la partie du corps qu'on utilise pour … ?

1	marcher	**a**	le nez
2	toucher	**b**	les oreilles
3	regarder	**c**	l'estomac
4	sentir une odeur	**d**	les yeux
5	digérer	**e**	les doigts
6	écouter	**f**	la langue
7	goûter	**g**	les jambes
8	manger	**h**	la bouche

Expo-langue →→→→ *Grammaire 4.7*

avoir (*to have*) is used in a wide range of expressions which are translated using the verb *to be* in English.

il **a** froid = he *is* cold
nous **avons** chaud = we *are* hot
elle **a** faim = she *is* hungry
vous **avez** soif = you *are* thirsty

2 Écoutez et vérifiez vos réponses.

3 Faites correspondre les phrases et les images.

1 J'ai mal aux dents.
2 J'ai mal au bras.
3 J'ai mal au dos.
4 J'ai mal à la tête.
5 J'ai mal à la gorge.
6 J'ai mal au ventre.
7 J'ai de la fièvre. J'ai une grippe.
8 Je suis enrhumé(e).
9 Je me suis cassé la jambe.
10 J'ai été piqué(e) par une guêpe.
11 Je tousse.

Expo-langue →→→→ *Grammaire 4.1*

Remember   **à + le = au**
             à + la = à la
             à + les = aux

J'ai mal **au** ventre. = I have stomachache.
Tu as mal **à la** jambe. = You have a sore leg.
Il a mal **aux** oreilles. = He has earache.

Déjà vu 2

a

b

c

d

e

f

g

h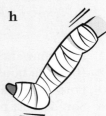

i

j

k

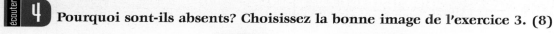
écouter **4** Pourquoi sont-ils absents? Choisissez la bonne image de l'exercice 3. (8)

Arthur   Louise   Amélie   Jérôme

Hugo   Valentin   Charline   Boris

parler **5** À deux. Vérifiez vos réponses de l'exercice 4.

■ (Arthur) a mal …
● Oui, c'est vrai./Non, il/elle a …
   Charline s'est cassé le bras.

lire **6** Copiez les articles sur la liste et trouvez les bonnes images.

Contenu de la trousse:
● de l'aspirine
● des pastilles antiseptiques
● de la crème antiseptique
● une paire de ciseaux
● des pansements adhésifs
● une solution antiseptique

une trousse de premiers soins

a   b   c   d   e   f

écrire **7** Imaginez: vous n'avez pas de chance! Écrivez un paragraphe …

Je n'ai jamais
de chance, moi!
La semaine
dernière, …   aujourd'hui   la semaine prochaine

1 Les excuses. Lisez et trouvez l'image qui correspond à chaque texto.

a    b   c    d   e

1

> Je ne peux pas venir à ta fête cet après-midi parce que ce matin, je suis tombé et je me suis tordu la cheville. Le médecin a dit qu'il vaut mieux aller à l'hôpital pour faire une radio pour vérifier que je n'aie rien de cassé.
> `Julien`

2

> Je regrette, je ne peux pas venir car je suis enrhumée. J'ai mal à la gorge, je tousse et j'ai le nez qui coule. Je dois rester à la maison. Je ne veux pas que tu l'attrapes!
> `Laurie`

3

> J'ai mal aux dents depuis deux jours et ma mère m'a pris un rendez-vous chez le dentiste cet après-midi.
> `Sophie`

4

> J'ai de la fièvre depuis deux jours. Le médecin a dit que c'est une grippe et il m'a fait une ordonnance. Je dois prendre des antibiotiques. Je dois rester au lit et boire beaucoup d'eau et me reposer.
> `Raoul`

5

> Ce matin, j'ai été piqué par une guêpe et comme je suis allergique aux piqûres d'insectes, il a fallu aller chez le médecin. Il a mis un pansement adhésif sur la piqûre et il m'a donné un médicament qu'il faut prendre toutes les deux heures.
> `Romain`

se tordre la cheville – to twist an ankle
faire une radio – to have an x-ray
couler – to run/flow
attraper – to catch
une ordonnance – prescription
une piqûre – sting
il vaut mieux … – it would be better ..

2 Julien et ses copains parlent au téléphone. Écoutez, et relisez les textos dans l'exercice 1. Qui parle? Quand est-ce qu'ils peuvent retourner au collège? (1–5)

Expo-langue →→→→ *Grammaire 4.6*

The impersonal verb **falloir** (to be necessary) is used only in the **il** form.
It is followed by an infinitive.

Il faut aller chez le médecin. = I have (etc.) to go to the doctor.
Il a fallu aller chez le dentiste. = I had (etc.) to go to the dentist.

Il vaut mieux (it would be better) is also impersonal and is also followed by an infinitive:
Il vaut mieux prendre un rendez-vous. = It would be better to make an appointment.

parler **3** À deux. Discutez et complétez les instructions.

Si vous avez …
- *mal à la tête*
- *mal à la gorge*
- *de la fièvre*
- *une grippe*
- *soif*
- *faim*

Si vous toussez et vous êtes enrhumé(e)
Si vous vous êtes cassé la jambe

il faut …
- *prendre de l'aspirine/un médicament*
- *sucer une pastille antiseptique*
- *boire de l'eau*
- *rester au lit/assis(e)*
- *mettre de la crème antiseptique/un pansement adhésif*

il vaut mieux …
- *prendre un rendez-vous chez …*
- *aller à l'hôpital faire un examen/une radio*
- *se reposer*

écrire **4** Qu'est-ce qu'il faut faire? Suggérez un remède pour chaque personne.

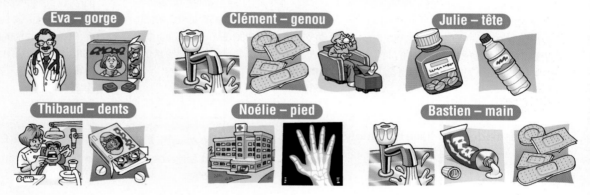

Eva – gorge   Clément – genou   Julie – tête

Thibaud – dents   Noélie – pied   Bastien – main

écouter **5** Rendez-vous chez le médecin. Notez pour chaque personne le problème et le jour et l'heure du rendez-vous. (1–3)

	problème	jour du rendez-vous	heure du rendez-vous
1	de la fièvre, …		

parler **6** À deux. Chez le médecin. Faites des dialogues.

■ Bonjour, (Corinne).
● Bonjour, monsieur/madame.
■ Qu'est-ce qui ne va pas?
● J'ai mal

■ Est-ce que tu  ?

● Oui, je … /Non, je ne … pas.
■ (As-tu bien dormi?) (As-tu vomi?)
● Oui, j'ai …/Non, je n'ai pas …
■ Vous êtes … (Vous avez …)
Je te fais une ordonnance. Allez à la pharmacie.
(Sucez). Prenez

toutes les (quatre heures).
Et (repose-toi bien)!
● Merci. Au revoir, monsieur/madame.

Lisez et trouvez qui parle.

D'habitude le matin, j'ai juste le temps de prendre une tartine. Par conséquent, à midi, j'ai tellement faim que je mange des frites ou des pâtes plutôt que de la salade ou des légumes. À la récré, je mange n'importe quoi, un Twix parce que c'est ce qui me fait le plus envie. Le soir, généralement, je n'ai pas le temps pour faire de l'exercice. Le mercredi, je vais à la piscine avec mes copains et après, on mange au McDo. Quand j'étais petite, je mangeais ce que je voulais et je ne faisais pas d'exercice. Maintenant, je commence à prendre des kilos et je dois faire plus de sport, mais j'en ai marre des régimes.
Flavie

Je mange sainement. Le matin, je prends des céréales et un yaourt, à la récré un fruit et à midi, de la salade ou des légumes et un fruit ou un yaourt. Pour le goûter, je mange une banane et le soir, je mange de la soupe aux légumes, une omelette et du pain. J'essaie de ne pas manger trop de sucreries, mais j'ai un faible pour le coca. Je ne mange pas de beurre ou de fromage et je ne mange plus de viande depuis deux ans. Je joue régulièrement au foot et je fais du vélo ou du roller avec mes copains le soir avant de commencer mes devoirs. Je pourrais faire plus d'exercice, mais je ne veux pas parce que je suis paresseux.
Antoine

Je fais de la natation depuis six ans et je m'entraîne régulièrement, une heure et demie quatre fois par semaine. Je fais également attention à ce que je mange. Je dois manger des protéines parce que c'est nécessaire pour le corps, des céréales pour me donner de l'énergie et beaucoup de fruits et de légumes parce qu'ils sont bons pour la santé. Je ne bois pas de boissons gazeuses parce que je sais que ce n'est pas bon. Je bois seulement de l'eau. Mon plat préféré, c'est une pizza.
Anaïs

j'en ai marre de … – I have had enough of …
le régime – diet

Qui …
1 ne mange pas de bonbons?
2 mange trop de bonbons?
3 est végétarien(ne)?
4 fait le plus d'exercice?
5 mange le plus de fruits et de légumes?
6 est le/la moins sportif/ve?
7 mange le plus sainement, selon vous?
8 mange le moins sainement?

Expo-langue →→→→

To form most adverbs, add **–ment** to the feminine form of the adjective.

Adverbs usually come directly after the verb, but sometimes they are used at the start of the sentence.

finalement – finally	régulièrement – regularly
généralement – generally	sainement – healthily
heureusement – fortunately	seulement – only
lentement – slowly	uniquement – solely
rapidement – quickly	

A few adverbs are not formed in this way:
bien – well	mieux – better
mal – badly	toujours – always

 Écoutez Valentin et notez les bonnes réponses, a, b ou c.

Selon lui, …
1 (a) il est sportif   (b) il n'est pas sportif   (c) il est assez sportif
2 (a) il mange toujours sainement   (b) il ne mange pas sainement
   (c) il essaie de manger sainement
3 (a) il mange trois fruits et deux légumes par jour   (b) il n'en mange pas assez
   (c) il adore les légumes

Quand il était petit, …
4 (a) il mangeait sainement   (b) il ne mangeait pas sainement
   (c) il mangeait seulement de la salade
5 (a) il faisait beaucoup d'exercice   (b) il ne faisait pas assez d'exercice
   (c) il n'aimait pas regarder la télé

3 À deux. Posez et répondez aux questions.

Aujourd'hui
- ■ Est-ce que tu es en pleine forme?
- ■ Que fais-tu pour garder la forme?
- ■ Manges-tu sainement?
- ■ D'habitude, que manges-tu au déjeuner, par exemple?
- ■ Fais-tu de l'exercice régulièrement?

Quand tu étais petit(e)
- ■ Que faisais-tu pour garder la forme?
- ■ Mangeais-tu sainement?
- ■ Faisais-tu du sport?

Plus tard
- ■ Que pourrais-tu mieux faire pour garder la forme?

 4 Mettez les images dans l'ordre mentionné dans le texte.

Selon ma mère, quand j'étais petit, je ne mangeais pas de salade ou de légumes. Je me nourrissais presque uniquement de pâtes ou de frites avec du ketchup et je buvais des boissons gazeuses. Elle a essayé de réduire la quantité de bonbons et d'autres sucreries que je consommais, mais avec peu de succès. Elle continuait à trouver des papiers dans ma chambre jusqu'au jour où j'ai fait un concours de judo et je n'ai pas gagné.

Gagner a toujours été important pour moi, mais cette fois-ci, mon adversaire était nettement plus en forme que moi. Après quelques instants, j'étais par terre et à bout de souffle. Mon entraîneur m'a dit que c'était de ma faute: si je voulais vraiment être champion, il fallait faire attention à ma forme. C'était un défi. J'ai cherché dans des livres et sur Internet des informations sur ce sujet et maintenant, je mange sainement: du steak, des légumes, du riz, du pain aux céréales, des fruits et je ne bois que de l'eau. Je fais du jogging chaque jour et plus de télé: je fais mes devoirs et je me couche de bonne heure ... Depuis, c'est moi qui suis champion régional!

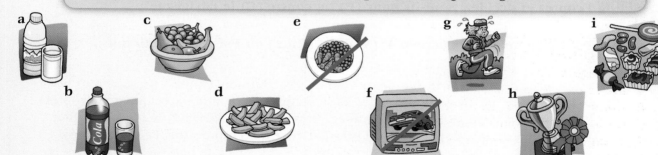

5 Que faisait-il et qu'est-ce qu'il fait maintenant? Lisez et complétez les phrases.

Quand il était jeune, ...	Aujourd'hui, ...
1 il mangeait ...	5 il mange ...
2 il buvait ...	6 il boit ...
3 il faisait ...	7 il fait ...
4 il était ...	8 il est ...

6 Que faisiez-vous et que faites-vous maintenant?

(Avant), je mangeais/buvais/faisais ...
Aujourd'hui, je mange/bois/fais ...
Je pourrais manger/boire/faire ...

lire 1 Qui est pour (P) et qui est contre (C) le tabagisme?

a
Mon grand-père fume beaucoup et tous ses vêtements sentent la fumée. C'est dégoûtant!

b
C'est du gaspillage. Les cigarettes coûtent cher. On pourrait s'acheter quelque chose de vraiment meilleur avec l'argent qu'on dépense pour en acheter.

c
C'est bien de fumer une cigarette dans un bar avec ses copains. C'est déstressant!

d
Je déteste l'odeur des cigarettes dans un bar ou restaurant. Il ne faut pas fumer où d'autres mangent.

e
Mes parents fument. Je ne vois pas pourquoi ils ne veulent pas que je fume. Ils nous donnent un mauvais exemple, et quand mes parents renonceront à fumer, je renoncerai aussi.

f
Fumer, c'est cool. Ça donne l'impression d'être adulte.

g
Ma tante a fumé et elle est morte d'un cancer des poumons. C'était affreux à la fin. Elle ne pouvait plus respirer.

h
Ça me dégoûte. Le saviez-vous? Les restes d'une cigarette jetée par terre résiste trois mois et le filtre resiste de un à deux ans.

écouter 2 Écoutez et décidez. Sont-ils pour (P) ou contre (C) le tabagisme?

lire 3 Pour chaque phrase, écrivez V (Vrai), F (Faux) ou PM (Pas mentionné).

Je fume depuis quatre ans. Je ne voulais pas commencer, mais presque tous les garçons de ma classe fumaient et ils se moquaient de moi parce que je ne voulais pas fumer. Mon père était au chômage et nous n'avions pas d'argent à gaspiller. Finalement, mes copains m'ont presque forcé à en fumer une. La première fois, je me suis senti malade et j'ai vomi, mais je m'y suis vite habitué et je suis même devenu dépendant. Quand je fume, j'ai l'impression d'appartenir à un groupe et ça me donne plus confiance en moi. Je me dis toujours que je peux arrêter quand je veux, mais ce n'est pas vrai, c'est très difficile. J'ai essayé plusieurs fois et j'ai arrêté pendant six mois, mais j'ai toujours recommencé. Maintenant, je joue au foot et il faut absolument que j'arrête, mais je ne sais pas si je vais réussir.
Didier

1 Il a commencé à fumer quand il avait quatre ans.
2 Il a été influencé par ses copains.
3 Son père fumait parce qu'il était au chomage.
4 Il se moquait de ses copains.
5 Fumer le rend malade et il vomit toujours.
6 Il s'est vite habitué à fumer.
7 Maintenant, il est dépendant.
8 Il peut s'arrêter quand il veut parce que ce n'est pas difficile.

4 À deux. Discutez. Qu'est-ce que vous pourriez dire à quelqu'un pour le convaincre de …

1 renoncer à fumer?
- Vos vêtements sentent …
- Vous risquez de …
- Vous gaspillez …

2 ne pas commencer à fumer?
- Vous risquez de …
- C'est difficile de …
- Il ne faut pas …

5 Quels sont les plus graves problèmes des jeunes? Lisez et identifiez le problème et la raison pour chaque personne.

Sébastien

Selon moi, c'est l'alcool. Beaucoup de jeunes dans ma classe boivent trop. Ils achètent des canettes et des bouteilles à l'hypermarché (ou un ami plus âgé en achète), et puis, ils trouvent un coin où personne ne les voit et là ils boivent et fument. Ils ne remarquent pas quand ils ont trop bu, ils deviennent agressifs et ils ne savent plus ce qu'ils font et disent.

Patrick

Le problème le plus grave de nos jours, c'est le sida. Il faut toujours faire attention parce qu'on ne sait jamais qui en est atteint. C'est facile à attraper par les relations sexuelles sans protection, le sang contaminé ou le partage de séringues. Il y a des millions d'enfants qui meurent en Afrique parce que leurs parents ont le sida.

Charlotte

À mon avis, c'est la drogue. Ma copine a commencé à prendre de l'ecstasy quand elle sortait avec son copain. Elle était rigolote et sociable, mais maintenant, elle est toujours de mauvaise humeur. Quand elle en prend, elle se dit très gaie et contente, mais après, c'est la déprime. Elle ne peut pas se concentrer en cours et ça va abîmer sa santé et compromettre son avenir.

Syanna

Pour les filles, il y a le grave danger de l'anorexie et de la boulimie. Il y a trop de pression sur les filles qui sont tentées de ressembler à des stars de télé. Beaucoup de jeunes filles ont une mauvaise image d'elles-mêmes. Il y a même des stars qui en souffrent. Quand on commence, c'est presque impossible de s'arrêter.

6 Traduisez un des textes de l'exercice 5 en anglais.

7 Discutez. Selon vous, quels sont les problèmes les plus graves des jeunes? Pourquoi?

- À mon avis, …
- Selon moi, …
- Je pense que …
- Je trouve que …
- Je suis pour/contre … parce que …

8 Faites un exposé: *Les problèmes des jeunes.*

9 Vidéoconférence. À deux. Choisissez un problème (le tabagisme/la drogue, etc.) et préparez une présentation.

- *Décrivez le problème.*
- *Expliquez ce qu'on propose de faire.*
- *Préparez des questions à poser.*

Chez nous au collège, … est un problème.
On va essayer de …
Avez-vous un problème?
Qu'est-ce qu'on propose de faire?

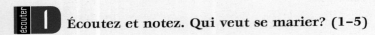

écouter 1 Écoutez et notez. Qui veut se marier? (1–5)

lire 2 Lisez et répondez aux questions.

> Je veux trouver un petit copain riche. Je suis romantique. Je veux tomber amoureuse. Je veux que mon fiancé m'achète une bague et s'occupe de moi. Je veux porter une robe blanche, me faire belle et être la princesse d'une journée, et puis avoir des enfants et vivre heureuse.
>
> **Zoé**

> Je ne veux pas me marier parce que je ne veux pas avoir d'enfant. Si on veut en avoir, il faut se marier. Moi, je veux devenir médecin et voyager. Je veux aller en Afrique et travailler pour Médecins Sans Frontières. Je veux une petite copine mais pas une femme.
>
> **François**

> Ma petite copine et moi, nous voulons louer un petit appartement et vivre ensemble, mais nous ne voulons pas de grand mariage parce que ça coûte trop cher. Plus tard, on veut avoir des enfants et se marier, mais d'abord il faut gagner de l'argent! Les enfants coûtent cher et puis, il faut s'occuper d'eux tout le temps. On ne peut plus sortir quand on veut quand on a un bébé!
>
> **Nathan**

1 Qui veut un grand mariage? Pourquoi?
2 Qui ne veut pas se marier? Pourquoi?
3 Qui ne veut pas de grand mariage? Pourquoi?

parler 3 Qu'en pensez-vous? Discutez.

- Es-tu romantique?
- Veux-tu te marier?
- Veux-tu un grand mariage?
- Veux-tu avoir des enfants?

- …
- Je veux … parce que …
- Je ne veux pas … parce que …
- Ça dépend … si …

lire 4 Lisez et trouvez les phrases dans les textes.

> Mes parents sont divorcés. Ils se disputaient tout le temps. C'est mieux maintenant. J'habite chez ma mère, mais je passe mes vacances chez mon père.

> Mes parents se disputent tout le temps, mais je pense que c'est mieux qu'ils restent ensemble. C'est normal qu'on se dispute. Mon frère et moi, nous nous disputons tout le temps, mais ce n'est pas grave.

> Mes parents se sont séparés. J'habite chez ma mère. Nous avons un tout petit appartement et ma mère pleure tout le temps. Mon père a une grande maison et une petite amie qui a vingt ans. Ce n'est pas juste.

> Les parents de mon copain se sont séparés et il pense que c'est à cause de lui. C'est triste. Il se tient responsable des disputes. Son père habite près du collège et il passe devant l'immeuble après le collège parce qu'il veut voir son fils, mais sa mère ne veut pas qu'il lui rende visite.

> J'habite chez ma mère et son nouveau petit copain. Ils sont toujours amoureux, ils s'embrassent et se disent des bêtises comme «mon petit chouchou», «mon trésor». C'est la honte, surtout quand ils le font devant mes amis.

1 it's normal
2 it's better
3 it's not fair
4 it's not serious
5 it's sad
6 it's embarrassing

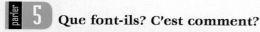

parler 5 — Que font-ils? C'est comment?

Ils s'aiment/se marient/se disputent/se séparent/divorcent …
C'est …

lire 6 — Lisez la lettre de Karima. Pour chaque phrase, écrivez V (Vrai), F (Faux) ou PM (Pas Mentionné).

Chère Loulou

J'en ai marre de mon père. Il est souvent absent et quand il est là, il se dispute avec ma mère et il ne nous parle plus. La semaine dernière, ma mère m'a dit qu'ils allaient divorcer. La femme qui travaille dans le bureau de mon père va avoir un bébé de lui et il veut habiter avec elle. Mes parents vont vendre la maison et acheter un petit appartement pour nous et ma mère. L'appartement n'aura pas de jardin. Je ne veux pas quitter ma maison et je ne veux pas que mon père nous laisse, mais je crois qu'il ne nous aime plus. Je n'aime pas sa petite amie et je ne veux pas de demi-frère ou demi-sœur. Ma mère pleure tout le temps et je crois que mon petit frère va faire des bêtises – ça me fait peur. Il a déjà rayé la voiture de mon père. Qu'est-ce que je peux faire? J'ai quinze ans.

Karima

rayer – to scratch

1 Ses parents ne vivent plus ensemble mais ils s'entendent bien.
2 Sa mère a un nouveau petit ami qui veut habiter avec elle.
3 Sa mère va avoir un bébé.
4 La petite copine ne travaille pas parce qu'elle va avoir un bébé.
5 Ils vont déménager.
6 Sa mère est triste.

écrire 7 — Écrivez une réponse à Karima.

C'est triste/normal/mieux … – It's sad/normal/better …
Il faut … – You have to …
Il ne faut pas … – You mustn't …

La forme

Comme je sais que j'ai quelques kilos en trop et que c'est important pour la santé de ne pas prendre trop de poids, je fais des efforts pour garder la forme. Je ne fais pas de régime particulier, mais le matin, je mange des céréales et je bois du jus d'orange. D'habitude, je ne mange rien entre les repas, je bois beaucoup d'eau et à midi, je déjeune à la cantine.

La nourriture qu'on nous donne est équilibrée, et pour la plupart, les repas sont bons sauf les légumes qui sont toujours trop cuits. Je préfère manger des pâtes car c'est un plat qu'ils ne peuvent pas rater, c'est tellement simple à cuisiner! Malheureusement, les frites du self sont les meilleures frites du monde! Le soir, pour le dîner, je mange une soupe, du pain, de la salade, du jambon, du fromage et un fruit comme dessert et je me couche tôt: c'est-à-dire je vais au lit et je regarde une vidéo ou je lis un livre. Comme mon père fume et que je déteste l'odeur, je n'ai jamais été tenté. Voilà, un vice de moins!

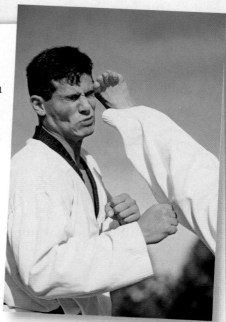

Quand j'étais petit, je mangeais quatre tartines avec du Nutella que je trempais dans un bol de thé le matin. Délicieux! Pour le goûter, je mangeais des cookies que ma mère me préparait et je buvais une canette de boisson gazeuse. Aujourd'hui, c'est défendu d'apporter un goûter à l'école primaire, les pauvres! En rentrant, j'avais toujours très faim et je mangeais plusieurs cookies et buvais encore du lait.

Puisque pour garder la forme, il faut aussi faire de l'exercice, j'ai décidé de faire ou un jogging ou une balade en vélo chaque jour, mais quand il pleut, je trouve toujours une excuse. Alors, j'ai une nouvelle résolution: à l'avenir, je vais faire deux parties de squash par semaine avec mon copain et je vais m'inscrire à un cours de karaté, mais je ne peux commencer qu'après les examens, les vacances de Noël, les vacances de Pâques … !

Yves

1 Qu'est-ce que Yves a fait pour rendre son texte plus intéressant? a, b ou tous les deux?

1 Has Yves used
(a) the first person? (b) the third person?
2 Does he list
(a) everything he eats and drinks for all meals?
(b) just a sample?
3 He tries to involve the reader by mentioning opinions you are (a) likely to share. (b) unlikely to share.
4 He uses
(a) short sentences. (b) long sentences.
5 He
(a) takes himself seriously. (b) shows a sense of humour.
6 He often begins sentences with
(a) an adverb. (b) a time expression.
7 He talks about
(a) what he used to do. (b) what he does now.

2 Trouvez ces mots utiles dans le texte. Essayez de les utiliser dans votre français.

1	as	6	So …
2	since	7	unfortunately
3	between	8	usually
4	for	9	which
5	so (easy)	10	with

3 Copiez les phrases en bleu dans le texte et trouvez l'équivalent en anglais. Lesquelles pouvez-vous utiliser quand vous écrivez un texte?

4 Écrivez un texte sur votre forme.

Boîte à outils

1 Decide on the content
- Try to use or adapt some of the phrases from exercise 1 or from elsewhere in this module.
- Refer to past, present and future events.
- If you have to look up new words in a dictionary, make sure you choose the correct French word. Look carefully at any example sentences given and think about the context, e.g. *trempé(e)* means 'wet/soaked'; *tremper* here means 'to dunk'.

2 Structure your text carefully
- Useful phrases:
  Pour garder la forme, il faut …
  manger équilibré/se coucher
  tôt/ne pas fumer

Introduction

Outline what you ought to do to be healthy.

Main section

Talk about your present eating habits.
Talk about your present exercise habits.
Talk about what you used to do.

- Use the **present tense** to talk about what you do now.
- Try to include some of the words from Exercise 2.
- Useful phrases:
  Je mange beaucoup de (fruits et légumes) parce que (j'aime ça/je sais qu'ils sont bons pour la santé).
  Je ne mange pas assez de (légumes) parce que je déteste ça.
  Je mange trop de graisses/sucreries …
  Je fais beaucoup de sport.
  Je fais de la natation/de l'équitation …
  Je joue au football …

Conclusion

Say what your plans are for the future.
Say what you intend to do to improve the situation (if you need to).

- Use the **immediate future tense** to talk about your plans for the future.

- Use the **imperfect tense** to talk about what you used to do regularly in the past.
- Use the **perfect tense** if you refer to a single event in the past.
- Useful phrases:
  Je mangeais …
  Je buvais …
  Je faisais …
  Je passais des heures devant la télé …

3 Check what you have written carefully. Check:
- spelling and accents
- gender and agreement (e.g. adjectives, past participles of *être* verbs)
- verb endings for the different persons: *je/on/nous*, etc.
- tense formation (e.g. *on ne fait pas, il continuera, on avait visité*)

Bon appétit!

Mon repas préféré, c'est le poulet.	My favourite meal is chicken.
Je mange ...	I eat ...
des céréales (f)	cereals
du pain grillé	toast
une tartine (beurrée)	a slice of bread and butter
du yaourt liquide	drinking yoghurt
de la viande	meat
un steak haché	a burger

Enjoy your meal!

du chou-fleur	cauliflower
des légumes (m)	vegetables
des oignons (m)	onions
un biscuit	a biscuit
une mousse au chocolat	chocolate mousse
des petits gâteaux (m)	small cakes
un fruit	a (piece of) fruit
une orange	an orange
Je bois du thé.	I drink tea.

Le corps — The body

le bras	arm	la tête	head
le cou	neck	l'estomac (m)	stomach
le dos	back	les dents (f)	teeth
le nez	nose	les doigts (m)	fingers
le ventre	stomach	les jambes (f)	legs
la bouche	mouth	les oreilles (f)	ears
la gorge	throat	les pieds (m)	feet
la langue	tongue	les yeux (m)	eyes
la main	hand		

Je suis malade — I'm ill

J'ai mal au bras/à la jambe/à l'oreille.	I've got a sore arm/ leg/ear.	J'ai été piqué(e) par une guêpe.	I've been stung by a wasp.
J'ai mal aux dents.	I've got toothache.	J'ai ...	I've got ...
Je suis enrhumé(e).	I've got a cold.	une grippe	flu
Je me suis cassé la jambe.	I've broken my leg.	de la fièvre	a fever
		Je tousse.	I'm coughing.

Qu'est-ce qui ne va pas? What's wrong?

Si vous avez (mal à la tête), ...	If you have (a headache), ...	Je dois ...	I must ...
Il faut ...	You need ...	rester à la maison/au lit	stay at home/in bed
prendre de l'aspirine/ des comprimés	to take some aspirin/ pills	boire beaucoup d'eau	drink lots of water
sucer un pastille antiseptique	to suck a throat sweet	me reposer	rest
mettre de la crème antiseptique	to put on some antiseptic cream	Il m'a fait une ordonnance.	He gave me a prescription.
		Il faut prendre le médicament toutes les deux heures.	I have to take the medicine every two hours.
un pansement	bandage	Il faut/Il a fallu aller à l'hôpital pour faire une radio/un examen	I have to/had to go to the hospital for an x-ray/examination
des pansements adhésifs	plasters	Il vaut mieux prendre ...	It would be better to get ...
une paire de ciseaux	a pair of scissors		
une solution antiseptique	disinfectant (for cuts, etc.)	un rendez-vous chez le dentiste	a dentist's appointment
		un rendez-vous chez le médecin	a doctor's appointment

Garder la forme

To keep fit

Je suis en forme.	*I'm fit.*
Pour garder la forme, ...	*To keep fit ...*
je mange sainement	*I eat healthily*
je ne bois que d'eau	*I only drink water*
je ne mange pas de sucreries	*I don't eat sweet things*
je ne mange pas beaucoup de graisses	*I don't eat much fat*
je fais beaucoup d'exercice	*I do lots of exercise*

je fais de l'exercice regulièrement	*I exercise regularly*
Je mangeais/buvais/ faisais ...	*I used to eat/drink/ do ...*
Je pourrais manger/ boire/faire ...	*I could eat/drink/ do ...*
Je pourrais faire un régime.	*I could go on a diet.*

Quand et comment?

When and how?

d'habitude	*usually*
finalement	*finally*
généralement	*generally*
lentement	*slowly*
heureusement	*fortunately*
malheureusement	*unfortunately*
personnellement	*personally*
rapidement	*quickly*

régulièrement	*regularly*
sainement	*healthily*
seulement	*only*
tellement	*so*
uniquement	*solely*
bien	*well*
mal	*badly*
mieux	*better*
toujours	*always*

La dépendance

Addiction

Il/Elle est dépendant(e).	*He/She is addicted.*
Il voudrait renoncer à fumer.	*He would like to give up smoking.*
Elle ne peut pas s'arrêter.	*She can't stop.*
le fumeur	*a smoker*
Les cigarettes coûtent cher.	*Cigarettes are expensive.*
Ses vêtements sentent la fumée.	*His clothes smell of smoke.*
C'est dégoûtant.	*It's disgusting.*
C'est déstressant.	*It's relaxing.*
Je déteste l'odeur.	*I hate the smell.*
Vous risquez de mourir.	*You risk dying.*
Vous gaspillez l'argent.	*You waste money.*
Le problème le plus grave, c'est ...	*The most serious problem is ...*
le tabagisme	*smoking*
l'alcool (m)	*alcohol*
le sida	*Aids*

la drogue	*drugs*
l'anorexie et la boulimie	*anorexia and bulimia*
Ils ne remarquent pas quand ils ont trop bu.	*They don't notice when they've had too much to drink.*
Ça va ...	*It's going to ...*
abîmer sa santé.	*damage his/her health*
compromettre son avenir	*compromise his/her future*
Il y a trop de pression sur ...	*There's too much presure on ...*
C'est presque impossible de ...	*It's almost impossible to ...*
à mon avis	*in my opinion*
selon moi	*in my opinion*
je pense que ...	*I think that ...*
je trouve que ...	*I find that ...*
je suis pour/contre ... parce que ...	*I'm for/against ... because ...*

Plus tard

In the future

Je (ne) veux (pas) me marier.	*I (don't) want to get married.*
On veut avoir des enfants.	*We want to have children.*
Je ne veux pas avoir d'enfant.	*I don't want to have children.*
Nous voulons vivre ensemble.	*We want to live together.*
Les enfants coûtent cher.	*Children are expensive.*
Il faut s'occuper d'eux tout le temps.	*You have to look after them all the time.*

Je veux ...	*I want ...*
devenir médecin	*to become a doctor*
tomber amoureux/euse	*to fall in love*
un grand mariage	*a big wedding*
un petit copain riche	*a rich boyfriend*
Ils se disputent.	*They argue.*
divorcé(e)	*divorced*
séparé(e)	*separated*

On devrait faire ça! Discussing world issues
The conditional of modal verbs

Déjà vu

1 Quel est le plus grand problème du monde, selon ces personnes?
Trouvez la bonne photo pour chaque personne.

1 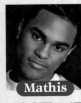 Mathis

2  Éléa

3  Tariq

4 Blanche

5 Vincent

6  Jade

a le sida

b  la pauvreté

c  la guerre

d la faim

e  le terrorisme

f le réchauffement de la planète

2 Trouvez la seconde partie de chaque phrase.
Copiez la phrase complète et traduisez-la en anglais.

1 Il y a assez à manger dans le monde, …
2 Pour combattre le sida, nous devrions …
3 Qu'est-ce que tu voudrais …
4 Le gouvernement devrait donner …
5 Pour aider les gens pauvres, …
6 Un jour, je voudrais voir …
7 Les pays riches du monde …
8 Nous pourrions organiser …

a … plus d'argent à l'Afrique et à l'Inde.
b … des activités pour collecter de l'argent.
c … devraient arrêter le réchauffement de la planè
d … un monde sans pauvreté.
e … donner des médicaments aux pays en voie de développement.
f … faire pour sauver la planète?
g … vous pourriez donner de l'argent aux bonnes causes.
h … donc on pourrait arrêter la faim.

Déjà vu

3 Écrivez une réponse aux questions. Utilisez ou adaptez les phrases de l'exercice 2.

À votre avis, qu'est-ce qu'on devrait ou pourrait faire …
1 pour combattre la faim?
2 pour aider les pays en voie de développement?
3 pour arrêter la pauvreté?
4 pour combattre le sida?

Expo-langue →→→→ 3.10

You use the conditional of modal verbs to say what could and should be done, or what you would like. Add the endings below to the stem of each verb.

devoir → **devr-**	je	**–ais**	nous	**–ions**
pouvoir → **pourr-**	tu	**–ais**	vous	**–iez**
vouloir → **voudr-**	il/elle/on	**–ait**	ils/elles	**–aient**

On **devrait** faire quelque chose. = We *should* do something.
Les gens **pourraient** vivre en paix. = People *could* live in peace.
Je **voudrais** voir un monde sans guerre. = I'*d like* to see a world without war.

parler **4** À deux. Discutez avec votre partenaire. Changez les détails en bleu et complétez le dialogue ci-dessous.

- ■ À ton avis, quel est le plus grand problème du monde?
- ● Pour moi, c'est le sida.
- ■ Qu'est-ce qu'on pourrait faire pour combattre le sida?
- ● On devrait donner des médicaments aux pays en voie de développement. Quel est le problème le plus grave, selon toi?
- ■ À mon avis, c'est …
- ● Qu'est-ce qu'on pourrait faire pour combattre …?
- ■ On …

lire **5** Qu'est-ce qu'il faut faire pour aider les gens des pays en voie de développement? Lisez les textes et les questions en dessous. Écrivez le bon prénom pour chaque question.

Il faut absolument combattre le sida et d'autres maladies graves, mais il faut vendre moins cher les médicaments aux pays en voie de développement. **Sébastien**	Si tout le monde achetait des produits issus du commerce équitable, comme le café ou les fruits, il y aurait moins de gens pauvres au monde. **Yasmina**
On devrait organiser plus de grands événements télévisés, comme Band Aid et Live 8. Les gens sont plus prêts à écouter les chanteurs que les gouvernements. **Omar**	L'aide arrive souvent trop tard. On devrait réagir plus rapidement quand il y a de la famine pour empêcher les gens de mourir de faim. **Frédéric**
Tout le monde pourrait faire quelque chose. À mon lycée, on va faire une course à vélo. On demandera aux gens de faire un don pour chaque kilomètre parcouru. **Laure**	À mon avis, il faut persuader les hommes et les femmes politiques de faire quelque chose, en leur envoyant des lettres ou des e-mails. **Élodie**
La priorité, c'est les petits. Une très bonne chose qu'on peut faire, c'est de parrainer un enfant, par exemple, en Afrique ou en Inde. **Nicolas**	On pourrait faire un don aux organisations qui travaillent avec les gens dans des pays en voie de développement, par exemple à Médecins Sans Frontières. **Nadal**

Qui pense … ?

1 qu'on pourrait faire des activités pour collecter de l'argent?
2 qu'on devrait donner de l'argent aux bonnes causes?
3 que la musique pop est plus puissante que les gouvernements?
4 qu'il faut penser aux choses qu'on achète?
5 que c'est les enfants qu'on devrait aider d'abord?
6 qu'il faut réduire le prix des médicaments?
7 qu'on devrait écrire au gouvernement pour lui demander de faire quelque chose?
8 qu'il faut envoyer de l'aide alimentaire très vite aux gens qui n'ont rien à manger?

écouter 1 Quels sont les problèmes à Nulleville? Écoutez et mettez les phrases dans le bon ordre.

a

Il n'y a qu'un bus par jour pour aller au centre-ville.

b

Le club des jeunes est fermé et il n'y a plus de cinéma.

c

On ne peut pas respirer à cause de la pollution.

d

Les jeunes n'ont rien à faire.

e

Le dimanche, on ne voit personne.

f

Il y a souvent des vols, mais la police ne vient jamais.

g

Il n'y a aucun travail, donc beaucoup de gens sont au chômage.

h

Il n'y a ni poubelles ni centres de recyclage, donc on jette les déchets par terre.

lire 2 Trouvez les phrases qui vont avec celles de l'exercice 1, puis copiez les paires de phrases.

1 Mais parfois, c'est trop tranquille. Par exemple, ...
2 Le pire, c'est la criminalité. La nuit, ...
3 Les transports en commun sont nuls: ...
4 Ils s'ennuient ici parce que ...
5 Il y a trop de circulation et certains jours, ...
6 Avant, il y avait des distractions. Mais maintenant, ...
7 La ville est sale aussi puisqu' ...
8 Les habitants sont pauvres car ...

Expo-langue →→→→

Grammaire 3.13

Negative expressions are usually in two parts and go around the verb:

On **ne** peut **pas** respirer. = You can't breathe.
La police **ne** vient **jamais.** = The police never come.
On **ne** voit **personne.** = You don't see anyone.
Les jeunes **n'**ont **rien** à faire.
= Young people have nothing to do.

With **il y a**, the negative goes around **y a**:

Il **n'**y a **plus** de cinéma.
= There's no longer a cinema.
Il **n'**y a **qu'**un bus par jour.
= There's only one bus a day.
Il **n'**y a **aucun** travail et **aucune** distraction.
= There's no work and no entertainment.
Il **n'**y a **ni** poubelles **ni** centres de recyclage.
= There are neither rubbish bins nor recycling points.

écrire 3 Écrivez des phrases positives en adaptant les phrases des exercices 1 et 2.

La ville n'est pas sale puisqu'il y a beaucoup de poubelles et de centres de recyclage. ...

4 Écoutez. Quel est le problème? Pour chaque personne, écrivez la bonne lettre. (1–6)

a la circulation
b le recyclage
c les transports en commun
d les distractions
e la pollution
f la criminalité

5 À deux. Parlez de votre ville, de votre quartier ou de votre village.
Adaptez les phrases en bleu et complétez le dialogue.

■ Ce qui est bien dans le quartier où j'habite, c'est les transports en commun.
Il y a beaucoup d'autobus pour aller au centre-ville. Ce qui est nul, c'est le recyclage. Il n'y a aucun centre de recyclage. Et toi, quelle est ton opinion?
● Ce qui est nul aussi/dans le village où j'habite, c'est … Par contre, ce qui est bien, c'est …

6 Lisez l'article. Pour chaque phrase en dessous, écrivez
P (Positive), N (Négative) ou P/N (Positive/Négative).

Là où j'habite: le pour et le contre

Dans mon quartier, la plupart des gens habitent, comme moi, dans de grands bâtiments qu'on appelle des HLM (habitations à loyer modéré). Heureusement qu'ils sont modernes, confortables et pas chers. On a créé aussi des espaces verts où les enfants peuvent jouer en sécurité. Mais il y a peu d'autobus et tout le monde va au travail en voiture, ce qui veut dire que, pendant les heures d'affluence, il y a toujours des embouteillages et c'est très bruyant.
Farid

Ma famille a déménagé il y a un an. Avant, on habitait dans un appartement en ville, mais maintenant, on habite une vieille maison individuelle en pleine campagne. Elle est parfaite et ce qui est bien ici, c'est que l'air n'est pas pollué, donc je ne souffre plus d'asthme. Bien sûr, dans un petit village, on ne trouve ni cinéma ni boîte et le samedi soir, je m'ennuie un peu. Cependant, il y a beaucoup de choses à faire pendant la journée. Par exemple, on peut aller à la pêche, faire du VTT et faire des randonnées.
Célia

Moi, j'habite une maison jumelle dans la banlieue. Il y a trois ans, on a créé une zone piétonne dans le centre-ville, donc il n'y a plus de voitures ou de gros camions et on peut faire ses courses tranquillement, ce que je trouve idéal. De chez moi, on peut prendre le bus, le train ou le métro. Les transports en commun passent souvent, mais ça coûte un peu cher, surtout si on a une grande famille. Le seul problème dans ma ville, c'est qu'on jette les bouteilles, les journaux, les boîtes, etc., à la poubelle au lieu de les recycler, ce qui est mauvais pour l'environnement.
Pascal

1 Farid: (a) le logement (b) les transports en commun (c) la circulation
2 Célia: (a) le logement (b) la pollution (c) les distractions
3 Pascal: (a) la circulation (b) les transports en commun (c) le recyclage

7 Écrivez un paragraphe sur les avantages et les inconvénients de votre ville, de votre quartier ou de votre village.

1 On a un problème de voiture! Mettez la deuxième partie du dialogue dans le bon ordre.

- Allô, Dépanneurs Duclerc. Je peux vous aider? ● ...
- Comment vous appelez-vous, s'il vous plaît? ● ...
- Et quel est le problème, Monsieur Bourget? ● ...
- Où êtes-vous exactement, monsieur? ● ...
- Et c'est quelle marque de voiture? ● ...
- Bon, on va envoyer un mécanicien. On sera là dans vingt minutes à peu près. ● ...

a C'est une Peugeot bleu foncé.
b Je ne sais pas exactement. La voiture s'est arrêtée tout à coup et elle ne démarre plus.
c Bonjour. Ma voiture est tombée en panne et j'ai besoin d'un mécanicien, s'il vous plaît.
d D'accord. Merci beaucoup. Au revoir.
e Jean-Luc Bourget. B-O-U-R-G-E-T.
f Sur l'A13, entre Rouen et Le Havre, direction Le Havre, à dix kilomètres environ de Rouen.

2 Écoutez et vérifiez.

3 Écoutez. Copiez et complétez la grille. (1–4)

	nom	problème	où?	voiture
1	Mme Prévost		N175 direction Caen, juste après la sortie Pont-L'Évêque	

A13 = Autoroute 13
N175 = (Route) Nationale 175

Les phares ne marchent pas.

J'ai un pneu crevé et je ne peux pas l'enlever.

Les freins ne marchent pas.

Je crois que la batterie est à plat.

4 À deux. Adaptez le dialogue de l'exercice 1. Utilisez les détails ci-dessous.

M./Mme Drouet
batterie
A13 Rouen / Paris
→ Rouen 10 km

M. / Mme Levallois
freins
A48 Lyon / Grenoble
→ Grenoble 8 km

M. / Mme Monceau
pneu crevé
A6 Paris / Lyon
→ Lyon 12 km

5 Écoutez et lisez les histoires d'accidents de la route. Devinez le sens des mots en bleu. Puis vérifiez dans la section vocabulaire.

1

La semaine dernière, j'ai vu un accident horrible au grand rond-point en ville. Il y avait beaucoup de circulation et il pleuvait, donc la route était glissante. Tout à coup, un chat a couru sur la route devant un camion qui roulait assez lentement. Le camionneur a freiné, mais il a dérapé et son camion est entré en collision avec une voiture. La chauffeuse de la voiture s'est fait mal à la tête et au bras. De plus, elle était coincée et ne pouvait pas sortir de sa voiture. Heureusement que j'avais mon portable et j'ai téléphoné tout de suite aux sapeurs-pompiers et à une ambulance, qui sont venus immédiatement.

2

Hier soir, il y a eu un accident devant une boîte de nuit au centre-ville. Un groupe de jeunes gens attendaient au passage clouté pour traverser la rue. Soudain, une moto a tourné au coin de la rue. Le motocycliste roulait beaucoup trop vite, sa moto est montée sur le trottoir, et il a heurté plusieurs piétons et une voiture. Le chauffeur de la voiture portait sa ceinture de sécurité et il n'a pas été blessé, mais le motorcycliste et trois jeunes ont été transportés à l'hôpital. Heureusement que personne n'a été tué. Il paraît que le motocycliste avait bu et qu'il n'avait pas de permis de conduire. Quel idiot!

When reading complex texts:
- Look for words you know from other contexts (e.g. **ceinture** de sécurité)
- Use logic: e.g. *il pleuvait, donc la route était **glissante**.* – What was the weather like? So what is the state of the road likely to be? What then, might **glissante** mean?

 6 Choisissez un des textes de l'exercice 5, et écrivez un résumé en anglais.

 7 Écrivez une description de l'accident à droite. Adaptez les textes de l'exercice 5.

Hier matin, il y a eu un accident horrible devant la gare. Il y avait beaucoup de circulation et un chien a couru sur la route ...

1 Écoutez et lisez. Trouvez les deux bonnes images pour chaque personne qui parle. (1–4)

Pourquoi l'environnement va-t-il mal?

1

2

3

4

On gaspille l'énergie et l'eau. Par exemple, on n'éteint pas la lumière quand on quitte une pièce, on ouvre les fenêtres sans baisser le chauffage central et on laisse le robinet ouvert quand on se brosse les dents. Tout ça est mauvais pour l'environnement.

Nous jetons nos déchets dans de gros trous dans la terre et nous utilisons trop d'emballages. Par exemple, quand tu achètes des bonbons, ils sont emballés dans du plastique. Si tu achètes un frigo ou une télé, c'est encore pire: des masses d'emballage en plastique que tu ne peux pas recycler.

Les gens utilisent trop leurs voitures. Les voitures produisent des gaz qui causent de la pollution et qui contribuent au réchauffement de la terre. Cette pollution détruit aussi la couche d'ozone qui nous protège contre les rayons du soleil.

Si vous achetez des produits non-bio ou pas verts au supermarché, vous ne pensez pas à l'environnement. Les fruits et les légumes bio sont cultivés sans utiliser des produits chimiques qui empoisonnent la terre. Il y a aussi des produits verts, comme la lessive ou le liquide vaisselle, qui sont mieux pour l'environnement.

a

b

c

d

e

f

g

h

Expo-langue

Some verbs are irregular in the present tense.
éteindre (to switch off)
→ j'éteins, on éteint, ils éteignent
ouvrir (to open)
→ j'ouvre, on ouvre, ils ouvrent
produire (to produce)
→ je produis, on produit, ils produisent

2 Copiez et complétez le vocabulaire en utilisant les textes de l'exercice 1.

1 gaspiller ▬▬▬▬ – to waste energy
2 éteindre la ▬▬▬▬ – to turn off the light
3 ▬▬▬▬ le chauffage central – to turn down the ▬▬▬▬
4 laisser le ▬▬▬▬ ouvert – to ▬▬▬▬ the tap running
5 utiliser trop ▬▬▬▬ – to ▬▬▬▬ too much packaging
6 détruire la ▬▬▬▬ – to ▬▬▬▬ the ozone layer
7 empoisonner ▬▬▬▬ – to poison the earth
8 des produits ▬▬▬▬ – organic products
9 des ▬▬▬▬ verts – environmentally-friendly products

écrire **3** Écrivez six règles pour la protection de l'environnement.
Utilisez *il faut* ou *il ne faut pas*.

Il ne faut pas gaspiller l'énergie.
...

écouter **4** On parle de ce qu'on fait pour protéger l'environnement.
Pour chaque phrase, écrivez Marie, Luc, Zoé ou Thierry.

1
*J'économise
l'eau et
l'énergie.*

2
*J'achète des
produits verts ou
recyclés.*

3
*Je n'utilise
jamais la
voiture.*

4
*Je recycle le
verre, le carton et
le papier.*

lire **5** C'est au présent ou au futur? Pour chaque phrase, écrivez P ou F.

1
**J'achèterai
plus de
produits bio.**

2
**Je recyclerai
du verre et
des boîtes.**

3
**J'éteins
la lumière
quand je quitte
la pièce.**

4
**Je fermerai le
robinet quand je me
brosserai les dents.**

5
**J'utilise les
transports en
commun.**

6
**Je baisserai le
chauffage et je
mettrai un pull.**

7
**J'irai au
collège à
vélo.**

8
**J'essaie
d'utiliser des
produits verts.**

Expo-langue →→→→

Grammaire
3.9

Some verbs are irregular in the future tense, e.g. **aller** → **j'irai**.

In a sentence with **quand** and a future tense, <u>all</u> the verbs have to be in the future.

Quand je **quitterai** la pièce, j'**éteindrai** la lumière. = *When I [will] leave the room,
I will turn off the light.*

écrire **6** Copiez les phrases de l'exercice 5 en les changeant
du présent au futur ou du futur au présent.

parler **7** À deux. Qu'est-ce que vous faites pour l'environnement? Qu'est-ce
que vous ferez plus tard?

■ Qu'est-ce que tu fais pour l'environnement?
● Je recycle du verre et des boîtes. Et je vais toujours au collège à pied.
  Mais je veux faire plus pour l'environnement.
■ Qu'est-ce que tu feras plus tard, alors?
● Quand je me brosserai les dents, je fermerai le robinet. Et ...

lire **1** **Mettez l'histoire d'Écofille dans le bon ordre.**

a

Puis, après avoir pris mon petit déjeuner, je me suis brossé les dents. J'ai fait ça sans laisser le robinet ouvert pour économiser de l'eau.

b

Après avoir fait les courses, je suis allée au magasin Oxfam parce que j'avais reçu un nouveau portable comme cadeau d'anniversaire de mes parents.

c

Mais je l'ai partagée avec trois autres. C'est mieux pour l'environnement s'il y a plusieurs personnes dans une voiture.

d

Au supermarché, je n'ai pas pris de sacs en plastique, mais j'ai utilisé des sacs en toile. J'ai fait ça parce que les sacs en plastique qu'on jette à la poubelle ne sont pas biodégradables.

e

Tout de suite après les cours, j'ai dû faire les courses pour ma mère. Bien sûr, je n'ai acheté que des produits bio ou verts.

f

Malheureusement, là où j'habite, les transports en commun sont nuls, donc je suis allée au collège en voiture.

g

Tout d'abord, je me suis douchée au lieu de me baigner parce qu'avec une douche, on consomme moins d'eau qu'avec un bain.

h

Au lieu de jeter mon vieux portable à la poubelle, je l'ai recyclé en le donnant à Oxfam et il sera utilisé dans un pays en voie de développement.

au lieu de – instead of

écouter **2** **Écoutez et vérifiez.**

Expo-langue →→→→

Grammaire 1.7

In the perfect tense, direct object pronouns go in front of the auxiliary **avoir**. The past participle must agree with the pronoun.

Le portable? – Je **l'**ai recyclé.	The mobile? – I recycled *it*.
La voiture? – Je **l'**ai partagé**e**.	The car? – I shared *it*.
Les sacs? – Je **les** ai utilisé**s**.	The bags? – I used *them*.
Les courses? – Je **les** ai fait**es**.	The shopping? – I did *it*. (= *them* in French)

écrire **3** **Écrivez les six choses qu'Écofille a fait pour l'environnement.**

1 Elle s'est douchée au lieu de se baigner.
...

parler **4** **À deux. Qui a fait plus pour l'environnement la semaine dernière? Il faut exagérer!**

■ La semaine dernière, j'ai recyclé du verre et des journaux.

● Moi, j'ai recyclé du verre, des journaux et des boîtes. Et je suis allé(e) au collège à pied tous les jours.

■ Oui, mais moi, j'ai/je suis/je me suis ...

5 Quel était le problème environnemental avant? Qu'est-ce qu'on a fait pour changer la situation? Copiez et complétez la grille en français. (1–5)

	problème	action
1	circulation	zone piétonne

> The letter **e** with no accent sounds a bit like 'uh' (on j**e**tait).
> **è** (with a grave accent) sounds a bit like the 'e' in *egg* (apr**è**s).
> **é** (with an acute accent) sounds a bit like 'ay' (on a jet**é**).
>
> The two acute accents in *cr**éé*** are both pronounced – 'crayay'.

6 Qu'est-ce qu'on a fait pour l'environnement dans votre ville/votre village/votre quartier? Interviewez votre partenaire. Utilisez les idées ci-dessous ou vos propres idées.

- ■ Avant, dans mon quartier, on jetait tous les déchets à la poubelle.
- ● Qu'est-ce qu'on a fait pour changer la situation?
- ■ Il y a deux ans, on a installé des containers pour le verre, le plastique et le papier.
  Qu'est-ce qu'on a fait pour l'environnement dans ta ville/ton village/ton quartier?

a
Ma ville

L'année dernière,

b
Mon village

Il y a un an,

c
Mon quartier

Il y a un mois,

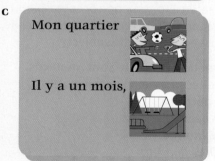

d
Dans ma famille

Hier,

> construire – to build
> (past participle – construit)
> installer – to install, put in
> (past participle – installé)

7 Écrivez une lettre en français à votre copine Sophie. Répondez à ces questions:

- ● Quels sont les problèmes environnementaux dans votre ville ou village?
- ● Qu'est-ce qu'on a déjà fait pour l'environnement là où vous habitez?
- ● Qu'est-ce que vous faites pour l'environnement dans votre famille?
- ● Qu'est-ce que vous ferez plus tard?

> In exam-style tasks like this, always look carefully at the tense of each question and answer in the correct tense.

1 Lisez les extraits et trouvez le gros titre correspondant à chacun.

1

Suite à une marée haute extraordinaire, le village de Boscastle a été inondé par la mer. Plusieurs habitants ont dû quitter leurs maisons et l'eau a fait des dégâts sérieux.

2

Des centaines d'hectares du paysage portugais ont été détruits par le feu.

3

Un manque de pluie depuis dix mois a rendu le paysage complètement sec et les agriculteurs n'ont rien pu cultiver cette année.

4

Des vents d'une puissance incroyable ont détruit non seulement des maisons, mais aussi des routes, des ponts et des bâtiments publics.

5

Plusieurs kilomètres de la côte normande sont menacés par une fuite de pétrole qui a déjà tué des centaines d'oiseaux marins et de poissons.

a

La Nouvelle-Orléans est dévastée par l'ouragan Katrina

b

Désastre pétrolier tue la vie marine

c

Inondations graves en Cornouailles

d

Sécheresse totale

e

Incendies de forêt au Portugal

- Look for words from the same 'family' which link the news stories and headlines (e.g. **sec/sécheresse**).
- Use context and logic (e.g. In **3**, what do you think **un manque de pluie** might mean?).
- Beware of false friends (e.g. **pétrole** does not mean *petrol*. What does it mean?).

 2 Trouvez l'équivalent en français.

1 serious floods
2 forest fires
3 drought
4 hurricane
5 an oil spillage
6 high tide
7 serious damage
8 hundreds of
9 of incredible strength
10 destroyed by fire
11 has already killed
12 flooded by the sea

Expo-langue →→→→ *Grammaire* **3.12**

The passive is used to describe things that **are done** (or have been done, will be done, etc.) to someone or something. It consists of the relevant tense of **être**, plus a past participle. The past participle must agree with the subject.

Present Plusieurs kilomètres de la côte **sont menacés.**
Several kilometres of coastline *are threatened.*

Perfect La forêt **a été détruite.**
The forest *has been destroyed.*

Future Le village **sera inondé.**
The village *will be flooded.*

The passive can often be avoided by changing a sentence around:
La forêt a été détruite par le feu. → Le feu a détruit la forêt.

3 Réécrivez ces phrases sans le passif.

1 La côte est menacée par une fuite de pétrole.
2 Le paysage est détruit par le manque de pluie.
3 Le village a été inondé par la mer.
4 Des dégâts ont été faits par l'eau.
5 La ville sera dévastée par l'ouragan. (infinitif: dévaster)

écouter

4 Écoutez. On parle de quel désastre?

a **inondation**   b **incendie**   c **fuite de pétrole**   d **ouragan**

parler

5 Imaginez que vous êtes un présentateur ou une présentatrice du journal télévisé. Inventez un reportage sur un désastre dans votre région. Si possible, enregistrez-le en audio ou en vidéo.

■ Aujourd'hui, à Blackpool, la mer a inondé une partie de la ville. Plusieurs habitants ont dû quitter leurs maisons et ...

écrire

6 Écrivez votre reportage, avec un gros titre aussi.

lire

7 Copiez le texte et remplissez les blancs avec les mots en dessous.

La conservation: Il faut sauver ces animaux!

Partout dans le monde, des (1) _____ et des oiseaux sont (2) _____ d'extinction. En Amazonie, des milliers d'arbres (3) _____ été coupés pour l'agriculture et pour créer des produits en bois, comme des (4) _____ et des chaises. La dévastation de cette (5) _____ énorme a (6) _____ l'habitat de beaucoup de créatures exotiques, comme le jaguar. C'est le même problème au Congo, en (7) _____ et à Bornéo où le gorille et l'orang-outan deviennent de plus en plus rares. Et dans moins de vingt (8) _____, il n'y aura peut-être (9) _____ de tigres en Inde. Si vous voulez sauver ces animaux fascinants, vous pourriez (10) _____ membre du WWF, qui travaille pour la conservation des espèces en voie d'extinction.

forêt   ont   Afrique   menacés   inondé

ans   environnement

détruit   devenir   plus   tables   animaux

Un problème environnemental

Madame/Monsieur

Il y a quelques jours, je suis allé faire un pique-nique avec ma famille au Lac des Roseaux. C'était la première fois qu'on allait au Lac des Roseaux et j'ai été choqué par ce que j'ai vu.

Tout d'abord, il y avait des déchets partout sur l'herbe: des papiers, des boîtes en aluminium, des bouteilles, des emballages de fast-food, etc. C'était dégoûtant. De plus, on a trouvé des morceaux de verre qui pourraient être dangereux pour les enfants ou les chiens. Moi, je voulais aller à la pêche, mais le lac était trop sale et j'ai vu plusieurs poissons morts. À mon avis, c'est à cause des jet-skis et des bateaux de ski nautique qui ont pollué l'eau.

C'est un désastre environnemental et il faut faire quelque chose. Demain, au collège, je vais proposer à mes copains de m'aider à nettoyer cet endroit. Le week-end prochain, on ira au lac et on ramassera tous les déchets. On recyclera les boîtes, les bouteilles, le papier, etc., et on jettera le reste. On fera tout ça parce qu'on se soucie de l'environnement. Mais que fera l'administration locale?

Premièrement, il faut arrêter les jet-skieurs et les skieurs nautiques. Si on ne fait pas ça, la pollution de l'eau continuera et il n'y aura plus de poissons.

Deuxièmement, il est important pour la conservation de protéger d'autres espèces aussi, comme les grenouilles et les oiseaux aquatiques. Pour faire ça, on pourrait installer un panneau qui dirait «ne pas déranger les animaux et les oiseaux».

Troisièmement, il faut installer beaucoup de poubelles autour du lac. Si on créait un centre de recyclage aussi, il serait facile pour les gens de recycler les déchets.

Finalement, il faudra nettoyer régulièrement le lac et ses environs. On devrait payer une équipe de gens pour y aller au moins une fois par mois.

Si on fait tout ça, le Lac des Roseaux deviendra un site pittoresque qui attirera beaucoup de gens.

Nicolas Godard

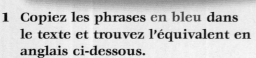

1 Copiez les phrases en bleu dans le texte et trouvez l'équivalent en anglais ci-dessous.

1 we care about the environment
2 regularly
3 a picturesque spot
4 it was disgusting
5 I'm going to suggest to my friends
6 frogs
7 to clean up this place
8 a sign which says 'Do not disturb the animals and the birds'
9 a few days ago
10 I was shocked by what I saw
11 on the grass
12 pieces of glass
13 we will collect all the rubbish
14 its surroundings

2 Pour chaque phrase, écrivez V (Vrai), F (Faux) ou PM (Pas Mentionné).

1 Nicolas est allé au lac pour faire du ski nautique.
2 Il avait déjà visité le lac une fois.
3 Les gens avaient jeté des déchets sur l'herbe.
4 La famille de Nicolas aime aller à la pêche.
5 L'eau du lac n'était pas très propre.
6 Nicolas va nettoyer le lac tout seul.
7 Selon Nicolas, on ne devrait pas faire de jet-ski sur le lac.
8 Il n'y a ni grenouilles ni oiseaux aquatiques au lac.
9 Nicolas veut avoir des poubelles autour du lac.
10 Nicolas et ses amis vont aller tous les mois au lac pour le nettoyer.

3 Écrivez une lettre à un journal sur un problème environnemental.

Boîte à outils

1 Decide on the content
 ◆ Refer to the past, the present and the future, using the correct tenses.
 ◆ Use or adapt phrases from Nicolas's letter or from the rest of module.

2 Structure your text carefully
 ◆ Use the **perfect tense** to say what happened.
 ◆ Use the **imperfect tense** to describe how you felt.
   C'était dégoûtant/affreux/horrible.
   It was disgusting/terrible/horrible.

 ◆ Use the **immediate future** to talk about what you are going to do.
   Je vais proposer à mes copains de m'aider à nettoyer le lac.
 ◆ Use the **future tense** to talk about definite plans.
   On ira au lac/on ramassera les déchets/on recyclera les boîtes.
 ◆ If you want someone to do several different things, you can structure this as Nicolas has done:
   Premièrement ... , Deuxièmement ... ,
   Troisièmement, ... Finalement, ...
 ◆ To say what *must, could* or *should* be done, use:
   il faut + infinitive – it is necessary to/we must/people must
   on *pourrait* + infinitive – we could/people could
   on devrait + infinitive – we should/people should
 ◆ You could use a *si* clause to say what will happen if people do (or do not do) as you suggest. Remember to use *si* + the **present**, followed by the **future** tense in the main clause.

plus tard	in the future
améliorer la situation	to improve the situation
(en) bref	in short, to summarise
j'espère que	I hope that
espérons que	let's hope that
résoudre le problème	to resolve the problem

Introduction

Say how the problem came to your attention. Did you witness it yourself (as Nicolas did), did you read about it or did you see something on television? Say when you first came across the problem and where. Give your reactions to what you saw, read or heard.

Main paragraphs

Say what you personally are going to do about it.
Say what you want other people to do.
Say what must, could or should be done.

Conclusion

Finish on a positive note, summarising your hopes.

3 Check what you have written carefully.
   Check:
   ◆ spelling and accents
   ◆ gender and agreement (e.g. adjectives, past participles of *être* verbs)
   ◆ verb endings for the different persons: *je/on/nous*, etc.
   ◆ tense formation (e.g. *on ne fait pas, il continuera, on allait*)

Les problèmes mondiaux — World problems

Le plus grand problème du monde, c'est …	The biggest problem in the world is …
le sida	AIDS
le terrorisme	terrorism
le réchauffement de la planète	global warming
la faim	hunger
la guerre	war
la pauvreté	poverty
l'Afrique (f)	Africa
l'Inde (f)	India
les pays (m) en voie de développement	developing countries
les produits issus du commerce (m) équitable	fair trade products
la famine	famine
la paix	peace
la sécurité	safety
les médicaments (m)	medicine
On devrait …	We should …
On pourrait …	We could …
Il faut …	We must …
collecter de l'argent	collect money
combattre le sida	fight AIDS
donner de l'argent aux bonnes causes	give money to charity
écrire au gouvernement	write to the government
faire quelque chose	do something
organiser des événements	organise events
parrainer un enfant	sponsor a child

Les problèmes locaux — Local problems

Ce qui est bien/nul, c'est …	The good/bad thing is …
On ne peut pas respirer à cause de la pollution.	You can't breathe because of the pollution.
Il n'y a qu'un bus par jour.	There's only one bus a day.
Il n'y a plus de cinéma.	Thre's no longer a cinema.
Le club des jeunes est fermé.	The youth club is closed.
Il n'y a ni poubelles ni centres de recyclage.	There are neither rubbish bins nor recycling points.
On jette des déchets par terre.	Rubbish is thrown on the ground.
Les jeunes n'ont rien à faire.	Young people have nothing to do.
On ne voit personne.	You don't see anyone.
La police ne vient jamais.	The police never come.
Il n'y a aucun travail.	There's no work.
Beaucoup de gens sont au chômage.	Lots of people are unemployed.
le camion	lorry
la criminalité	crime
la circulation	traffic
la zone piétonne	pedestrian precinct
les distractions (f)	entertainment
les embouteillages (m)	traffic jams
les heures d'affluence (f)	rush-hour
les transports en commun (m)	public transport
le quartier	district, part of town
la maison individuelle	detached house
la maison jumelle	semi-detached house
l'HLM (habitation à loyer modéré) (f)	council housing
bruyant(e)	noisy
dangereux/euse	dangerous
pollué(e)	polluted
propre	clean
rapide	fast
sale	dirty
tranquille	quiet

Tomber en panne — Breaking down

Ma voiture est tombée en panne.	My car's broken down.
Elle ne démarre plus.	It won't start.
J'ai un pneu crevé.	I've got a flat tyre.
La batterie est à plat.	The battery is flat.
Les freins/Les phares ne marchent pas.	The brakes/The headlights aren't working.
l'autoroute (f)	motorway
la route nationale	A road
direction (Paris)	going towards (Paris)
à (10) kilomètres de	(10) kilometres from
environ	approximately, about
à peu près	approximately, about

Les accidents de route — *Road accidents*

Il/Elle roulait …	*He/She was driving …*	glissant(e)	*slippery*
trop vite	*too fast*	le/la camioneur/euse	*lorry driver*
lentement	*slowly*	le/la chauffeu/euse	*driver*
tout à coup	*suddenly*	le/la motocycliste	*motorcyclist*
il/elle a couru	*he/she ran*	le/la piéton(ne)	*pedestrian*
il/elle a dérapé	*he/she skidded*	le passage clouté	*zebra crossing*
il/elle a freiné	*he/she braked*	le permis de conduire	*driving licence*
il/elle a heurté	*he/she hit*	le rond-point	*roundabout*
il/elle est entré(e) en collision avec	*he/she collided with*	le trottoir	*pavement*
		l'ambulance (f)	*ambulance*
il/elle était blessé(e)	*he/she was hurt*	la ceinture de sécurité	*seatbelt*
il/elle était coincé(e)	*he/she was stuck/ trapped*	la moto	*motorcycle*
		les sapeurs-pompiers (m)	*fire brigade*

L'environnement — *The environment*

Il faut …	*We must …*	détruire la couche d'ozone	*destroy the ozone layer*
éteindre la lumière	*switch off the light*	empoisonner la terre	*poison the earth*
baisser le chauffage central	*turn down the central heating*	utiliser trop les voitures	*use cars too much*
acheter des produits bio/verts	*buy organic/ environmentally-friendly products*	le carton	*cardboard*
		le frigo	*fridge*
		les gaz (m) d'échappement	*exhaust fumes*
recycler	*recycle*	le journal	*newspaper*
		le recyclage	*recycling*
Il ne faut pas …	*We mustn't …*	le sac en plastique/toile	*plastic/cloth bag*
gaspiller l'énergie	*waste energy*	le verre	*glass*
laisser le robinet ouvert	*leave the tap running*	la boîte	*can, tin*
utiliser trop d'emballages	*use too much packaging*		

Pour changer la situation — *To change the situation*

Je me douche au lieu de me baigner.	*I take a shower instead of a bath.*
Je partage la voiture avec trois autres.	*I share the car with three others.*
J'ai recyclé mon portable.	*I recycled my mobile.*
On a installé des containers pour le verre.	*We installed containers for glass.*
On a construit un petit parc.	*We made a little park.*
On a créé un espace vert/une zone piétonne.	*We created a green space/a pedestrian precinct.*
On recyclera/utilisera/éteindra …	*We will recycle/use/switch off …*
On ne gaspillera pas …	*We won't waste …*

À la une — *In the headlines*

le désastre	*disaster*	la vie marine	*marine life*
le feu	*fire*	un manque de pluie depuis dix mois	*a lack of rain for 10 months*
l'ouragan (m)	*hurricane*		
la fuite	*leak, spillage*	sec/sèche	*dry*
l'incendie (f)	*fire*	plusieurs	*several*
l'inondation (f)	*flood*	des centaines (f) de	*hundreds of*
la sécheresse	*drought*	les dégâts (m)	*damage*
la conservation	*conservation*	les espèces (f) en voie d'extinction	*endangered species*
l'arbre (m)	*tree*		
la forêt	*forest*	détruit(e) par	*destroyed by*
le paysage	*countryside*	dévasté(e) par	*devastated by*
la côte	*coast*	inondé(e) par	*flooded by*
la mer	*sea*	menacé(e) de	*threatened by*
la pétrole	*crude oil*	tué(e) par	*killed by*

1 *Roleplay 2.* You are talking to a French friend about your hobbies. Your partner will play the part of the friend and will begin the conversation.

A
- Qu'est-ce que tu aimes faire?
- Tu fais ça quand?
- Pourquoi est-ce que tu aimes ce passe-temps?
- Qu'est-ce que tu as fait hier soir?

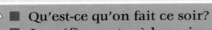

B
- Say what your favourite hobby is.
- Say when you do it.
- Answer the question.
- Say what you did last night.

2 *Roleplay 2.* You are discussing what you might do this evening with your French friend. Your partner will play the part of the friend and will begin the conversation.

A
- Qu'est-ce qu'on fait ce soir?
- Je préfère rester à la maison.
- Qu'est-ce que tu voudrais faire demain?
- Qu'est-ce que tu fais en général le soir?

B
- Suggest going to the cinema.
- Suggest playing computer games.
- Answer the question.
- Say that you usually watch TV or DVDs.

3 Prepare a one-minute presentation called *Je me présente*.

> Make yourself a cue card to help you remember what to say. Keep it as simple as possible. When you have practised the presentation, see if you can reduce the number of words you need on the cue card.
>
> It's not easy to bring other tenses into this topic, but try to work out ways of including examples of tenses in the past, present and future. Try also to include a variety of opinions and to justify them.

> nom … 14 … habite … depuis …
> Je suis grand(e) / bavard(e) …
> Famille …
> parents – métiers
> Je m'entends bien avec …
> Je me dispute avec …
> animaux
> aime
> n'aime pas …

4 *Mes loisirs*: possible conversation questions
1. Que fais-tu dans ton temps libre?
2. Quand est-ce que tu fais ça?
3. Où est-ce que tu fais ça?
4. Quand as-tu commencé? Pourquoi?
5. Qu'est-ce que tu as fait hier soir/le week-end dernier?
6. Qu'est-ce que tu vas faire ce soir/le week-end prochain?

1 *Roleplay 3.* Last year you were in France on your birthday. Use the notes below to describe what you did.

LE MATIN

se lever à quelle heure?

prendre le petit déjeuner – quoi?

ouvrir les cartes et les cadeaux

PLUS TARD

aller au centre de loisirs quand? comment?

faire du sport – quoi?

C'était comment?

À MIDI

rencontrer des amis en ville

déjeuner – où?

magasins – achats?

LE SOIR

surprise-partie les invités?

activités – quoi?

impressions? pourquoi?

2 Prepare a one-minute presentation called *Mon émission de télé préférée*.

Nom de l'émission
Genre
Jour(s)/Heure(s)
Personnages principaux/préférés
Description physique et caractère
Histoire/Dernier épisode
Recommander? Pourquoi?

As when describing a film, try to find the simplest possible way of explaining complex things like the plot. How many phrases can you use or adapt from Unit 5, or the *Contrôle continu*?

Remember to include a wide variety of opinions and justifications to gain maximum marks.

3 *Qu'est-ce qu'on fait/a fait/va faire?*: possible conversation questions
1 Qu'est-ce que tu aimes lire?
2 Combien de fois par mois vas-tu au cinéma?
3 Quel genre de films préfères-tu? Pourquoi?
4 Parle-moi d'un film que tu as vu récemment.
5 Comment as-tu fêté ton dernier anniversaire? C'était comment?
6 Qu'est-ce que tu vas faire le week-end prochain?

1 *Roleplay 2.* **Your penfriend is coming to see you and is ringing up to find out about the house you live in. Your partner will play the part of your friend and will speak first.**

A
- Où habites-tu?
- Ça se trouve où?
- Comment est-ce qu'on va au collège?
- Où est-ce que je vais dormir?

B
- Say what type of house you live in.
- Say that you live in a little village.
- Answer the question.

- Say that he/she will share your room.

2 *Roleplay 2.* **Your penfriend wants to know something about the town you live in (or the nearest large town). Your partner will play the part of your friend and will speak first.**

A
- Tu habites une grande ville?
- Tu y habites depuis combien de temps?
- C'est quelle sorte de ville?
- Est-ce que tu aimes y habiter?

B
- Say where you live.
- Say how long you've lived there.
- Answer the question.
- Say why you like living there.

3 **Prepare a one-minute presentation called *Ma maison*.**

maison
situation
aller en ville   10 mins
aller à l'école   5 mins
quartier
avantages
inconvénients

4 **Prepare a one-minute presentation called *Ma ville*.**

situation   ÉDIMBOURG
depuis   10 ans
histoire
sites touristiques
J'aime parce que ...
Ce que je n'aime pas

Make yourself a cue card to help you remember what to say. Use pictures and/or key words on your cue card (see the examples).

5 *Chez moi:* **possible conversation questions**
  1 As-tu ta propre chambre?
  2 Qu'est-ce que tu fais dans ta chambre?
  3 Qu'est-ce que tu penses de ta chambre?
  4 Qu'est-ce que tu aimerais avoir/changer dans ta chambre?
  5 Qu'est-ce que tu aimes/n'aimes pas dans ta ville?
  6 Où aimerais-tu habiter plus tard? Pourquoi?
  7 Qu'est-ce que tu préfères, la ville ou la campagne? Pourquoi?

À l'oral Module 4

1 *Roleplay 2.* **You are on holiday in France and want to hire bikes for you and your family. Your partner will play the part of the shop assistant and will speak first.**

A
- Je peux vous aider, monsieur/mademoiselle?
- C'est pour combien de personnes?
- C'est pour combien de temps?
- C'est 7€ par heure.
- Oui, il faut payer une caution de 20€.

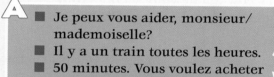

B
- Say you want to hire some bikes.
- Say for 2 adults and 3 children.
- Answer the question.
- Ask if you have to pay a deposit.

2 *Roleplay 2.* **You are at a railway station in France and want to find out about trains to Paris. Your partner will play the part of the railway employee and will speak first.**

A
- Je peux vous aider, monsieur/mademoiselle?
- Il y a un train toutes les heures.
- 50 minutes. Vous voulez acheter un billet maintenant?
- Quand voulez-vous voyager?
- Pas de problème, monsieur/mademoiselle.

B
- Say you want to go to Paris.
- Ask how long it takes.
- Ask for a return ticket, second class.
- Answer the question.

3 *Roleplay 2.* **You are in a department store and need to return a jumper. Your partner will play the part of the shop assistant and will speak first.**

A
- Je peux vous aider, monsieur/mademoiselle?
- Qu'est-ce qu'il y a?
- Quand l'avez-vous acheté?
- Que désirez-vous faire?
- Pas de problème, monsieur/mademoiselle.

B
- Say you have a problem with your jumper.
- Say there is a stain on the sleeve.
- Answer the question.
- Say you would like a new jumper.

4 *Les courses:* **possible conversation questions**
1 Où vas-tu pour faire les courses?
2 Quand as-tu fait les courses pour la dernière fois?
3 Qu'est-ce que tu as acheté?
4 Quelles sortes de magasins y a-t-il près de chez toi?
5 Quelles sortes de magasins préfères-tu? Pourquoi?
6 Qu'est-ce que tu vas acheter le week-end prochain?

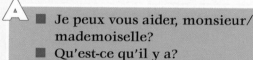

1 *Roleplay 2.* **You are reporting the loss of your bag at the lost property office. Your partner will play the part of the person at the office and will speak first.**

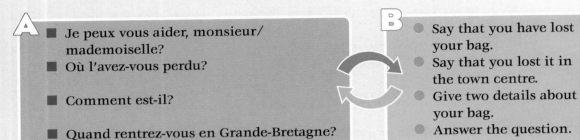

A
- Je peux vous aider, monsieur/ mademoiselle?
- Où l'avez-vous perdu?

- Comment est-il?

- Quand rentrez-vous en Grande-Bretagne?
- Bon, je vais prendre quelques détails.

B
- Say that you have lost your bag.
- Say that you lost it in the town centre.
- Give two details about your bag.
- Answer the question.

2 *Roleplay 2.* **Your penfriend wants to know about your school. Your partner will play the part of your penfriend and will speak first.**

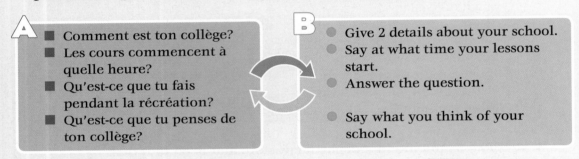

A
- Comment est ton collège?
- Les cours commencent à quelle heure?
- Qu'est-ce que tu fais pendant la récréation?
- Qu'est-ce que tu penses de ton collège?

B
- Give 2 details about your school.
- Say at what time your lessons start.
- Answer the question.

- Say what you think of your school.

3 **Prepare a one-minute presentation called** *Mon collège.*

- description du collège
- horaires de la journée scolaire – opinions/ changements?
- les matières – opinions et justifications
- le règlement scolaire – pour ou contre?
- projets d'avenir

Don't forget to include plenty of opinions and justifications to gain maximum marks. You could adapt the following sentences to introduce and justify your opinions:

Je trouve que la journée scolaire est trop longue.
Je pense que la technologie est importante car c'est une matière pratique.
Ce que j'aime au collège, c'est que les bâtiments sont modernes.
Par contre, ce que je déteste, c'est que le règlement est trop strict.
Plus tard, j'ai l'intention d'aller en fac pour étudier la psychologie qui est une matière que j'adore.

4 *Au collège*: **possible conversation questions**
1. Quelle est ta matière préférée? Pourquoi?
2. Quelle(s) matière(s) n'aimes-tu pas? Pourquoi?
3. Qu'est-ce que tu penses de l'uniforme scolaire?
4. Décris le règlement à ton collège.
5. Quels aspects du règlement aimerais-tu changer? Pourquoi?
6. Qu'est-ce que tu penses de ton collège?
7. Que feras-tu l'année prochaine si tu réussis/rates tes examens?

In your general conversation, listen carefully for the tense the examiner uses in each question, so you know whether he/she is asking about the present, past or future.

1 *Roleplay 3.* Use the notes and pictures below to describe a day during your work experience on a campsite in France.

LE MATIN

se lever
à quelle heure?

prendre le petit
déjeuner – quoi?

partir au travail
comment?

AU TRAVAIL

nettoyer les sanitaires

travailler dans le café

aider à la réception

L'HEURE DU DÉJEUNER

finir à quelle heure?

déjeuner – où?

opinions? pourquoi?

L'APRÈS-MIDI

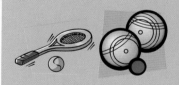

organiser des jeux

surveiller la piscine

préparer les goûters

LE SOIR

rentrer – se reposer
un peu?

aller en ville – pourquoi?

impressions? pourquoi?

2 *Ma vie*: possible conversation questions

1 Qui fait quoi, chez toi, pour aider à la maison?
2 Qu'est-ce que tu as fait pour aider hier soir?
3 Tu as déjà eu un petit job? C'était comment?
4 Quel métier voudrais-tu faire plus tard? Pourquoi?
5 Mets-tu de l'argent de côté? Pourquoi?
6 As-tu fait un stage en entreprise? Où?
7 Qu'est-ce que tu devais faire comme travail? C'était comment?

1 *Roleplay* 3. **Use the notes and pictures below to describe a family holiday to Belgium last year.**

LE MATIN

 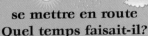

se lever
à quelle heure?

charger la voiture
qui?

se mettre en route
Quel temps faisait-il?

EN ROUTE

le voyage
combien de temps?

arriver à Douvres
monter dans le bateau

la traversée
C'était comment?

À BRUGES

arriver à Bruges
trouver un parking

acheter des provisions
pour un pique-nique

impressions?
pourquoi?

PLUS TARD

faire un pique-nique
où?

visite de la ville
les vieilles maisons

acheter des souvenirs
– quoi?

LE SOIR

aller au restaurant
– quoi?

aller à l'hôtel
description

impressions?
pourquoi?

2 **Prepare a one-minute presentation called *Mes vacances*.**

 This topic is a good one to show how many different tenses you can use. Remember to make them sound natural, not just a list!

Don't forget to use a variety of opinions and justifications to gain maximum marks.

- ce que tu aimes faire pendant les vacances (vacances actives ou reposantes? pourquoi?)
- tes pires/tes meilleures vacances – pourquoi?
- tes vacances idéales (où? avec qui?)
- Pourquoi est-ce que ce serait des vacances idéales?

3 *Les vacances*: **possible conversation questions**

1 Qu'est-ce que tu aimes faire pendant les vacances? Pourquoi?
2 Quels sont les avantages et les inconvénients des vacances avec les parents?
3 Est-ce que tu préfères rester en Grande-Bretagne ou aller à l'étranger? Pourquoi?
4 Qu'est-ce que tu as fait pour les vacances l'été dernier?
5 Qu'est-ce que tu as pensé de tes vacances?
6 Quel pays étranger aimerais-tu visiter? Pourquoi?
7 Qu'est-ce que tu feras pour les grandes vacances cette année?
8 Es-tu déjà allé(e) en France? Quelles différences as-tu remarquées?
9 Pour toi, qu'est-ce qui est important pendant les vacances?

1 *Roleplay 2.* **You are talking to your French friend about sport. Your partner will play the part of your French friend and will speak first.**

A
- Qu'est-ce que tu fais comme sport?
- Combien de fois par semaine en fais-tu?
- Un cours coûte combien?
- Est-ce qu'il y a un sport que tu voudrais essayer?

B
- Say that you practise judo.
- Say that you do it three times a week.
- Answer the question.
- Say that you would like to try wind-surfing.

2 **Prepare a one-minute presentation called** *Le sport et moi.*

- *ton sport préféré – pourquoi?*
- *un sport que tu n'aimes pas*
- *le sport à la télé: ce que tu en penses; ce que tu regardes*
- *un sport que tu voudrais essayer*

3 *Le sport*: **possible conversation questions**
1 Es-tu sportif/sportive? Quels sports préfères-tu?
2 Quels sports aimes-tu regarder à la télé?
3 Vas-tu souvent à des matchs de foot ou de rugby?
4 Quel est le dernier événement sportif que tu as vu ou regardé? C'était comment?
5 Qu'est-ce que tu feras comme sport la semaine prochaine?
6 Voudrais-tu faire un stage sportif plus tard? Lequel et pourquoi?
7 Parle-moi d'une personne célèbre que tu admires.
8 Pourquoi admires-tu cette personne?
9 Quelles sont les qualités d'un copain ou d'une copine idéal(e)?
10 Ton meilleur copain/Ta meilleure copine, il/elle est comment?

Your examiner will ask questions which give you a chance to show that you can use the present, past and future tenses, so listen out for clues in the question. Listen for:

- the verb forms
  Which tense should you use to answer when you hear the following?

  aimes-tu   tu as vu ou regardé   c'était   tu feras   voudrais-tu   tu admires

- Other words can also give you clues as to whether the examiner is referring to the present, past or future. What clues do these words from the questions above give you?

  souvent   dernier   la semaine prochaine   plus tard

1 *Roleplay 2.* **While on holiday in France you don't feel well and have to see a doctor. Your partner will play the part of the doctor and will speak first.**

A
- Alors, ça ne va pas?
- Qu'est-ce qui ne va pas exactement?

- Vous êtes malade depuis combien de temps?
- Bon, je vais vous donner une ordonnance.

- Il y a une pharmacie à 50 mètres, à gauche.

B
- Say that you feel ill.
- Say what's wrong with you. (2 details)
- Answer the question.
- Ask where the nearest chemist's is.

2 *Roleplay 2.* **You are in a pharmacy in France. Your partner will play the part of the pharmacist and will speak first.**

A
- Je peux vous aider, monsieur/mademoiselle?
- Qu'est-ce qui vous est arrivé?

- Vous avez fait ça quand?
- Bon, je vais vous donner de la crème antiseptique.

- Trois fois par jour, monsieur/mademoiselle.

B
- Say that you have hurt your leg.
- Say that you fell off your bike.
- Answer the question.
- Ask how many times a day you should use it.

3 **Prepare a one-minute presentation called** *Moi et la forme.*

- ce que je mange et ce que je bois
- ce que je devrais faire pour améliorer mon alimentation
- moi et le sport
- mauvaises habitudes?
- ce que je devrais faire pour améliorer ma forme

4 *Moi et la forme:* **possible conversation questions**
1. Selon toi, es-tu en forme? Pourquoi?
2. Que pourrais-tu faire pour manger plus sainement?
3. À ton avis, fais-tu assez d'exercice?
4. Que pourrais-tu mieux faire pour garder la forme?
5. Que faisais-tu quand tu étais plus jeune?
6. Que pourrais-tu faire plus tard?
7. Fumes-tu?
8. Connais-tu quelqu'un qui fume?
9. Quel conseil veux-tu donner à quelqu'un qui fume?
10. Que dis-tu à quelqu'un qui t'offre une cigarette?
11. Veux-tu te marier plus tard?
12. Selon toi, le mariage est important ou pas? Pourquoi?

1 *Roleplay 2.* Your car has broken down in France and you telephone a garage, to ask for help. Your partner will play the part of the garage receptionist and will speak first.

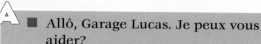

A
- Allô, Garage Lucas. Je peux vous aider?
- Où êtes-vous exactement?

- Quelle sorte de voiture avez-vous?
- Et qu'est-ce qui ne va pas?
- D'accord, j'arrive tout de suite.

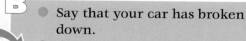

B
- Say that your car has broken down.
- Say that you are 2 km south of Calais.
- Answer the question.
- Say what is wrong with your car.

2 Prepare a one-minute presentation called *L'environnement et moi.*

- mon quartier – habitations, divertissements
- problèmes – pas d'espaces verts, déchets, circulation
- mon opinion – sale, dangereux, air pollué
- voudrais un parc, plus de poubelles, zone piétonne
- ce que je fais – recycle bouteilles, boîtes, papier
- l'année prochaine – aller au collège à vélo/à pied
- moins de voitures → moins de pollution

3 *L'environnement:* **possible conversation questions**
1 Parle-moi un peu de ta ville/ta région/ton village/ton quartier.*
2 Quels sont les problèmes dans ta ville/ta région/ton village/ton quartier?
3 Qu'est-ce qu'on pourrait faire pour améliorer la situation?
4 Qu'est-ce que tu voudrais avoir dans ta ville pour protéger l'environnement?
5 Qu'est-ce qu'on fait pour l'environnement dans ta famille?
6 Qu'est-ce que tu as fait récemment pour l'environnement?
7 Qu'est-ce que tu feras pour l'environnement plus tard?

* In a very general question like this, don't just give a boring list of what there is using **il y a.** Try to refer to things like **les divertissements** (entertainment), **l'habitation** (housing) and **les transports en commun** (public transport) and give your opinion of each.

In order to emphasise your opinion in a discussion or argument, you can tag the following on to the end of what you say:

quoi?	right?
hein?	eh?
n'est-ce pas?	isn't it/doesn't it?
tu sais/vous savez?	you know?

Dans ma ville, il y a trop de circulation, quoi.
C'est dangereux, hein?
De plus, ça cause pas mal de la pollution, n'est-ce pas?
Mais les transports en commun sont nuls, tu sais?

lire 1 Qui est … ? Trouvez le métier de chaque personne.

architecte
coiffeuse
comptable
hôtesse de l'air
journaliste

médecin
photographe
secrétaire
serveuse
standardiste

Look at the list of job titles and see which you know already or can guess before you read the texts.

1 Géraldine, la mère de Patrice, travaille dans un cabinet médical. Elle reçoit et examine les malades. Elle leur prescrit un traitement, si besoin.

2 M. Bouleau, le père de Nicolas, passe son temps à écrire et à voyager. Il travaille pour un journal.

3 Marie-Claude, la grande sœur d'Alice, travaille chez Air France. Elle s'occupe de la sécurité et du bien-être des voyageurs durant le vol.

4 Richard, le père de Marc, travaille avec plusieurs types d'appareils. Il utilise aussi bien des films et des négatifs que des clés USB et une imprimante.

5 Corinne, la mère de Hugo, travaille dans un salon. Elle coupe les cheveux, elle fait des couleurs, des mèches et des mises en plis.

6 Mathieu, le père de Damien, travaille sur un ordinateur. Il crée les plans des bâtiments à construire.

7 Mme Hiver, la mère de Valentin, travaille dans une grande entreprise. Elle répond au téléphone et passe les appels aux personnes demandées.

lire 2 Trouvez les mots/les phrases dans les textes.

1  2  3   4

écrire 3 Décrivez la famille de Théo.

Exemple: Le grand-père de Théo est suisse.
Il est agriculteur.

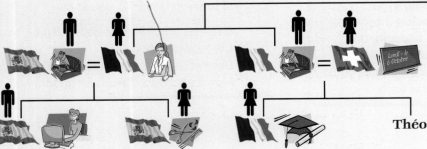

Théo

lire 4 **Lisez le texte et mettez les images dans le bon ordre.**

Lundi soir, je suis allé à l'entraînement de karaté après l'école. Mardi soir, j'ai fait une balade à vélo dans les bois avec mes copains. Mercredi matin, je suis allé en ville avec ma copine pour faire du lèche-vitrines et retrouver des amis. L'après-midi, nous sommes allés à la piscine et le soir, nous sommes allés au cinéma. Jeudi était jour de congé. Il a plu toute la journée, donc je suis resté à la maison. J'ai joué du piano, j'ai lu des magazines et j'ai regardé une série à la télé. C'était débile. Puis j'ai envoyé un texto à ma copine pour lui demander de venir chez moi. Vendredi, on a fait le pont, c'est-à-dire: comme jeudi était jour de congé, on nous a donné vendredi comme jour de congé aussi! Super … un jour en plus! Le matin, je suis allé retrouver les autres en ville. Nous avons mangé dans un fast-food et puis, nous sommes allés dans le parc où j'ai fait du skate. Après ça, nous sommes rentrés et nous avons regardé un DVD. Samedi, comme il n'y avait pas d'école, j'ai fait la grasse matinée. L'après-midi, j'ai joué au basket et le soir, j'ai surfé sur Internet. Et dimanche? J'ai dû faire les devoirs que je n'avais pas fait dans la semaine et j'ai dû bosser pour préparer un devoir sur table en maths! **Sébastien**

a  b  c   d  e  f

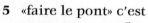

lire 5 **Trouvez la bonne définition.**

1 «faire du lèche-vitrines» signifie
   a acheter beaucoup de choses
   b sucer une sucette
   c regarder les étalages et les magasins

2 «le lendemain» veut dire
   a le jour qui précède le jour mentionné
   b le jour qui suit le jour mentionné
   c le même jour dans une semaine

3 «c'était débile» signifie
   a c'était intéressant
   b c'était génial
   c c'était stupide

4 «faire la grasse matinée» veut dire
   a rester au lit jusqu'à midi
   b manger beaucoup de graisse (huile, beurre, crème, etc.)
   c manger le matin et jeûner le reste de la journée

5 «faire le pont» c'est
   a traverser un fleuve ou une rivière
   b prendre un jour de congé supplémentaire
   c faire un pique-nique

6 «un e-mail»
   a un message laissé sur un répondeur
   b un SMS envoyé par un portable
   c un message envoyé par voie électronique

7 «bosser» veut dire
   a passer un examen
   b travailler dur
   c être chef

écrire 6 **Qu'est-ce que tu as fait la semaine dernière?**

Lundi soir, je suis allé(e) … et j'ai …

Module 2 *On sort?* À toi

Lisez les annonces et trouvez les abréviations.

A

PALAIS DES CONGRÈS
(1813 places) Place de la porte Maillot (17e). Mᵒ Porte Maillot. 01.40.68.00.05.
À 20h30 Mar, Mer, Jeu, Ven. À 21h Sam. À 15h Dim. Spectacle en anglais, surtitré en français. Pl.: 34€ à 78€. Du 21 juin au 3 juillet.
Mamma mia!
Comédie musicale de Benny Andersson et Björn Ulvaeus. Une mère. Une fille. Trois hommes … Qui est le père? Une comédie irrésistible d'après les chansons d'Abba.

B

Cirque Diana Moreno Bormann
112 rue de la Haie Coq (19e).
01.48.39.04.47 et 06.10.71.83.50 (résa).
Pl: 10€ à 30€. Ven: 20€. Gratuit jusqu'à 4 ans (sf gpes). Tarif gpes sur demande.
Bus 65 (direction Porte d'Aubervilliers) arrêt Place Skanderbeg ou PC 3 arrêt Porte d'Aubervilliers. Mer, Sam, Dim 15h, Ven 20h45. **Ça, c'est du cirque:** spectacle de cirque traditionnel avec tigres, éléphants, autruches, zèbres, chameaux, chiens dressés, mais aussi acrobates, trapézistes, funambules, clowns et numéro de colombes.

C

SON ET LUMIÈRES
Spectacle historique de Montfort
Cavaliers, chanteurs, danseurs, figurants … font revivre en 10 tableaux l'histoire de cette ville. Les 17, 18, 24, 25 juin, 1er, 2 et 3 juillet à la tombée de la nuit (vers 22h30). Entrée: 15€ – de 12 ans: 6€. Repas champêtre au château: 17€ – de 12 ans: 10,50€. **Château des Cèdres**, 4 rue de l'Église 93-Montfort. Rens. et résa: 01.41.70.70.80.

D

Pop-rock
Café de la danse
5 passage Louis Philippe (11e).
Mᵒ Bastille. 01.47.00.57.59.
Camille, chanson. Du Mar 14 au Jeu 16, 20h (**complet**).
Fisherspooner, électro: Ven 17, 20h. Pl: 26, 40€. **13 and God + Demotic**, électro: Sam 18, 19h30. Pl: 20€.

1 vendredi *Ven*
2 dimanche
3 places
4 groupes
5 réservations
6 premier
7 moins de douze ans
8 métro

> You will not be allowed to use a dictionary in the exam, so use all your reading strategies to help you understand new words:
> - Look for (near-)cognates (e.g. *cirque*).
> - Use context to work out meanings (e.g *d'après les* **chansons** *d'Abba*)
> - Use logic (e.g. *Du Mar 14 au Jeu 16, 20h* (**complet**). Why are no prices given for these dates, as they are for the next day? What word in English does *complet* remind you of? What might it mean here?)

Relisez les annonces et répondez aux questions en anglais.

1 At what time on a Wednesday is the performance of *Mamma mia!*?
2 On which day of the week is there no performance of this show?
3 This show is based on the songs of which pop group?
4 The circus is free for children up to what age?
5 Name four types of animal you could see at this circus.
6 How much is the entrance fee to the Sound and Light show for children under twelve?
7 In which building does the meal at this show take place?
8 The Sound and Light show starts at nightfall. When is this, according to the advert?
9 What is the name of the nearest métro (underground) station to the Café de la danse?
10 Why is there no point in trying to see Camille at the Café de la danse?

Écrivez une annonce en utilisant les détails suivants. Utilisez des abréviation appropriées.

Club Paradis, 64 rue de l'Étoile
Nearest métro station Saint-Michel   Ticket reservations: 01.35.66.00.23
Coldplay: Wednesday 21 to Saturday 24 8.30 p.m. (full)
Robbie Williams: Monday 27 to Thursday 30 9.00 p.m.
Tickets 25€

4 Lisez les phrases. Notez la lettre de la bonne annonce de l'exercice 1.

1 Ce genre de musique n'est pas mon truc, mais l'entrée n'était pas trop chère, seulement vingt euros – et on a beaucoup dansé quand même.

2 Je trouve ça un peu cruel de voir des animaux qui ne sont pas en liberté, mais les trapézistes étaient impressionnants.

3 J'ai beaucoup aimé les chansons et l'actrice qui jouait le rôle de la mère était très douée.

4 Malheureusement, il n'y avait pas de places le jeudi. C'était complet.

5 Je ne m'intéresse pas beaucoup à l'histoire, mais c'était sympa de manger dans l'ambiance du château.

6 C'était gratuit pour ma petite sœur parce qu'elle a seulement trois ans et demi.

7 Il s'agit d'une fille qui veut découvrir qui est son père.

8 Il a commencé assez tard – vers dix heures et demie du soir – et il y avait des chanteurs, des danseurs et beaucoup d'autres choses.

5 Trouvez la seconde partie de chaque phrase.

1 Samedi dernier, je suis allé ...
2 On a vu une comédie ...
3 L'entrée était ...
4 Le spectacle a commencé à 20 heures et ...
5 Il s'agit d'une fille qui s'appelle Sandy, qui tombe ...
6 L'acteur qui jouait ...
7 D'habitude, je n'aime pas les ...

a le rôle principal était très drôle.
b au théâtre avec ma famille.
c comédies musicales, mais je me suis bien amusé.
d assez chère – 35€ par personne.
e amoureuse d'un garçon qui s'appelle Danny.
f musicale, qui s'appelle *Grease*.
g il a fini vers 22 heures 15.

6 Écrivez une description d'une visite à un des divertissements de l'exercice 1, page 188. Utilisez des phrases des exercices 4 et 5 ci-dessus, si vous voulez.

Mentionnez:
- où vous êtes allé(e), quand et avec qui
- le prix des billets
- l'heure
- de quoi il s'agit ou ce que vous y avez fait
- si vous vous êtes amusé(s): pourquoi?

1 **Trouvez les mots dans le texte.**

Maison à vendre

Propriété pleine de charme située dans un cadre très calme et naturel avec superbe vue panoramique, sur un terrain de 20 000m² à proximité du centre du village et des commerces.

En rez-de-chaussée: cuisine aménagée, grand salon avec cheminée, WC indépendants, garage, buanderie

À l'étage: une chambre avec salle d'eau attenante (bain+ WC), deux chambres, salle de douche, WC indépendants

Grand jardin

1 surroundings
2 view
3 property
4 near
5 shops
6 ground floor

7 fitted kitchen
8 fireplace
9 laundry/utility room
10 en-suite bathroom
11 shower room
12 separate toilet

2 **Écrivez une annonce:** *Maison à vendre ...*

3 **Faites une annonce pour votre maison.**

4   **Lisez le texte. Écrivez V (Vrai), F (Faux) ou PM (Pas Mentionné).**

La Normandie

Le nom de la région signifie «hommes du nord» et vient de l'anglais «North men» ou Vikings parce que la région a été colonisée par les Vikings. Guillaume le Conquérant était duc de Normandie.

C'est une région humide et tempérée, où il ne fait ni très chaud ni très froid. À cause du climat, la région est très fertile et le paysage est vert et pittoresque. Les fermes traditionnelles sont à colombages, avec un toit en chaume. Les activités principales sont l'élevage de vaches et la production de lait pour la fabrication de beurre et de fromages, comme le camembert, ainsi que la culture des pommes pour la fabrication d'eaux-de-vie comme le calvados. L'agriculture reste une activité importante de la région. L'un des desserts régionaux typiques est la tarte aux pommes.

On y trouve aussi un centre nucléaire important et plusieurs sites pétroliers.

Le port du Havre est la capitale administrative de la région, mais la ville de Rouen est probablement plus connue. La place du Vieux Marché en centre-ville marque l'endroit où on a brûlé Jeanne d'Arc. La ville, qui est traversée par la Seine, était autrefois un port très important. Aujourd'hui, le port est moins important, mais la ville est très fréquentée par les touristes anglais, qui viennent admirer la cathédrale, visiter les musées, dîner dans les restaurants et se promener dans le vieux quartier.

à colombages – half-timbered
le chaume – thatch
l'élevage de vaches– cattle rearing
ainsi que – as well as
le centre nucléaire – nuclear power station

1   La région a été nommée d'après les Vikings.
2   La capitale est Rouen.
3   Il fait froid en hiver et chaud en été.
4   Un grand fleuve traverse la région.
5   Rouen est un port important.
6   La région est connue pour son agriculture, son fromage et ses pommiers.
7   Jeanne d'Arc a été brûlée au Havre.
8   Le Havre est le port le plus important du nord de la France.

5   **Écrivez un texte sur une région que vous connaissez.**

(La Région des lacs) est situé(e) ...
La région a été (fondée/colonisée par les Romains). C'est une région (agricole) ...
Le paysage est (pittoresque) ...
Les maisons traditionnelles sont (petites) ...
La ville la plus importante s'appelle ... C'est une ville .....

6   **Lisez le texte et répondez aux questions.**

J'aime la Normandie. J'y suis allé en vacances en famille. L'année dernière, nous avons loué un gîte dans une ancienne ferme de campagne pour deux semaines. D'abord, nous sommes allés à Bayeux pour voir la Tapisserie et puis aux Plages du Débarquement de 1944. Quand il faisait beau, nous avons passé des journées entières sur la plage et nous avons fait des pique-niques et des balades en vélo. Un jour, il a fait moins beau, alors nous avons fait un tour de la région en voiture. Nous sommes allés à Rouen pour voir la Grosse Horloge et la cathédrale et puis à Giverny pour admirer les jardins et les peintures de Claude Monet.

1   Où est-il allé en vacances, avec qui, quand et pour combien de temps?
2   Qu'est-ce qu'ils ont vu?
3   Qu'est-ce qu'ils ont fait quand il faisait beau et le jour où il a plu?
4   Comment a-t-il trouvé les vacances, à votre avis?

lire 1 Reliez les phrases et les panneaux à la gare SNCF. Utilisez un dictionnaire si nécessaire.

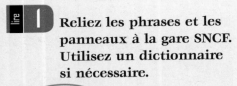

1 J'ai faim et j'ai soif!

2 Moi, je vais acheter les billets!

3 Où est-ce qu'on peut laisser les bagages?

4 Je vais trouver un coin tranquille pour lire mon roman!

5 On arrive à Paris à quelle heure?

6 J'ai perdu mon parapluie!

7 Attention! Il y a un incendie! Il faut sortir tout de suite!

8 Le train part à quelle heure?

a **Renseignements**
b Consigne
c **Guichet**
d *Sortie de secours* ➡
e **Objets trouvés**
f *Buffet*
g **Départs**
h *Salle d'attente*

lire 2 Lisez la publicité du magasin, puis trouvez l'équivalent en français des phrases anglaises.

1 summer sale
2 rock-bottom prices
3 15% reduction
4 open
5 except Sunday
6 opening times
7 closed
8 annual holiday

Soldes d'été chez Monachat Aimé
Prix de plancher au mois de juillet!

Rabais de 15% sur:
Tee-shirts (homme/femme) 6€
Shorts pour homme 10,90€
Maillots de bain – pour hommes 5€
– pour femmes 6,50€

Ouvert tous les jours sauf dimanche
Heures d'ouverture: 9h–18h
(fermé du 2 au 15 août

écrire 3 Imaginez que vous voulez aller chez Monachat Aimé pour acheter des vêtements pour vos vacances en Espagne. Écrivez un e-mail à un copain/une copine français(e). Mentionnez:

● ce que vous voulez faire
● quand vous voulez y aller et pourquoi
● ce que vous allez acheter
● combien ça va coûter

Invitez votre copain/copine à vous accompagner.

You could use:
● **je veux** + infinitive to say what you want to do *or*
● **je voudrais** + infinitive to say what you would like to do, *plus*
● **aller** + infinitive to say what you are going to do

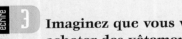

lire 4 Regardez l'horaire des trains. Pour chaque phrase ci-dessous, écrivez V (Vrai), F (Faux) ou PM (Pas Mentionné).

numéro de train		3139	50437	3141
notes à consulter		*12*	*9*	*13*
		♀ ♿ 🚲	🚲	♀ ♿
Paris-St-Lazare	Dép.	12.40	–	13.45
Rouen-Rive-Droite	Arr.	13.46	–	14.55
Rouen-Rive-Droite	Dép.	13.48	14.18	14.57
Le Havre	Arr.	14.38	15.13	15.46

♀ Bar ou vente ambulante

🚲 Train acceptant les vélos

♿ Place(s) handicapés

Jours de circulation et services disponibles
9 tous les jours sauf les sam, dim et fêtes
12 tous les jours sauf les dim et sauf les 15 août et 1er nov.
13 les sam et les 14 juil., 15 août et 11 nov.

1 Il y a un train de Paris à Rouen qui part à 12h40.
2 Ce train arrive à Rouen à 13h48.
3 On peut acheter quelque chose à boire dans ce train.
4 Il y a aussi un restaurant dans le train.
5 On peut prendre son vélo dans ce train.
6 Il n'y a pas de train à 12h40 le samedi.
7 Il y a des places pour handicapés dans le train de 14h18.
8 On peut prendre le train de 13h45 le 14 juillet.

écrire 5 Imaginez que vous avez pris le train de Paris à Rouen avec un groupe d'ami(e)s. Écrivez un paragraphe sur le voyage. Mentionnez:

- à quelle heure vous êtes parti(e)s et arrivé(e)s
- pourquoi vous avez pris ce train (jours de circulation? vélo? ami(e) handicapé(e)?)
- ce que vous avez fait pendant le voyage
- comment c'était

Most verbs to do with travelling take **être** in the perfect tense:
Je **suis allé(e)**/On **est allé(e)s** …
Le train **est parti/arrivé** … /
On est **parti(e)s/arrivé(e)s** …

You could also use:
On **est monté(e)s** dans le train.
= We got on the train.
On **est descendu(e)s** du train.
= We got off the train.

lire 6 Lisez la publicité. Imaginez que vous allez faire un pique-nique avec quatre ami(e)s. Écrivez une liste de ce que vous allez acheter. Vous avez un budget de 20€!

CHARCUTERIE LIBRE-SERVICE

4,58€
JAMBON DE BAYONNE
la barquette de 8 tranches (160 g)

RAYON PÂTISSERIE
LES 2 TARTELETTES

1,75€
2 tartelettes aux fraises

TRAITEUR

5,28€
SALADE NIÇOISE AU THON STAVALEN
le kilo
Thon, tomates, haricots, poivrons rouges, artichauts, œufs

BOISSONS D'ÉTÉ

1,47€
PUR JUS D'ANANAS
la brique de 1 litre
le distributeur de 10 boîtes de 33 cl dont 1 gratuite

3,56€
BOISSON RAFRAÎCHISSANTE COCA-COLA

CRÉMERIE

3,35€
YAOURTS AUX FRUITS SUCRÉS
le pack de 16 pots de 125 g (2 kg)
avec une réduction immédiate de 0,50€
le prix indiqué tient compte de la réduction

2,13€
CHIPS CROUSTILLANTES & FINEMENT SALÉES VICO
le lot de 2 paquets de 150 g + 33% gratuit (400 g)

écrire 7 Faites une liste des nouveaux mots utiles dans la publicité ci-dessus et traduisez-les en anglais.

lire 1   **Lisez le texte et complétez les phrases.**

D'habitude, le matin, je me réveille à sept heures. Ensuite, il faut se dépêcher! Il faut vite aller sous la douche, s'habiller … Une tartine de pain grillé dans une main et un café dans l'autre, je quitte la maison en courant pour aller au lycée. En fin d'après-midi, je rentre, je fais mes devoirs, je dîne. Puis j'envoie des textos à mes copains et je me couche. Ça, c'est une journée d'école bien chargée! Pas une minute à moi … Mais le samedi … c'est autre chose!

Le samedi, c'est le luxe. Je me réveille à neuf heures et demie et je me lève vers dix heures. Avec mon frère, je prends un petit déjeuner relax devant la télé. S'il n'y a rien d'intéressant à voir, on lit des BD en mangeant.

Quand je me lève le samedi, mon frère est déjà allé à la boulangerie et il rentre avec des pains au chocolat (pour lui) et des croissants (pour moi). Moi, je fais du chocolat chaud pour nous. Mon père travaille le samedi matin et ma mère va au marché chercher des fruits et des légumes. Elle rapporte soit des pizzas soit un poulet rôti pour le déjeuner. Après le déjeuner, nous faisons du sport. Nous jouons au foot ou nous allons à la piscine. Le soir, s'il y a un bon film, on va au cinéma. S'il n'y a pas de films qui nous intéressent, alors on traîne en ville avec nos copains.
Louis

1   Lors d'une journée scolaire, Louis se …

2   Il se … et …

3   Il …

4   Il …

5   Le soir, il …

écrire 2   **Que fait-il le samedi?**

Louis se réveille … Il …

écrire 3   **Hier, il y avait cours. Qu'est-ce que Louis a fait?**

Louis s'est réveillé à …

J'étudie les arts plastiques

C'est en rentrant en seconde que j'ai choisi d'aller à Annecy pour prendre l'option arts plastiques au lycée et pouvoir ainsi faire du dessin six heures par semaine et en savoir plus sur l'histoire de l'art.

Comme j'habite loin, je suis interne. Peut-être que tu as déjà vécu cette expérience, mais je trouve qu'au début, c'est difficile de s'habituer à l'internat. Heureusement, je me suis rapidement fait des amies, à commencer par les deux filles qui partagent ma chambre.

La semaine de cours débute le lundi matin à huit heures, c'est pourquoi je me lève à sept heures. Comme je suis interne, j'ai de la chance. Je peux me réveiller bien plus tard que mes amis qui sont externes et qui habitent loin. Vers sept heures et demi, quand mes colocataires et moi-même sommes prêtes, nous descendons au self prendre le petit déjeuner et à huit heures nous filons en cours. Mon premier cours de la journée, c'est un cours d'arts plastiques, pendant quatre heures d'affilée! Heureusement, tout le monde dans la classe apprécie ce cours. Ainsi, chaque élève fait ce qu'il a à faire et tout se déroule dans la bonne humeur.

Mais déjà midi sonne. Tous les élèves se précipitent pour aller manger au self. Les menus varient chaque jour de la semaine et, en règle générale, ils ne sont pas trop mauvais. Le pire menu? Les épinards! Et le meilleur certainement les frites car bien sûr, tout le monde aime les frites! Comme les cours ne reprennent qu'à treize heures trente, nous avons donc le temps de faire du sport: badminton, danse, aviron, escalade, basket-ball, volley-ball et plein d'autres encore.

Afin d'éviter d'être en retard au cours suivant, nous rentrons au lycée au pas de course. C'est le français. Pour les élèves, c'est un défi de rester réveillé. Je caricature un petit peu, comme tous les élèves du monde le font avec leurs profs, n'est-ce pas? Car il faut avouer que le cours reste toutefois supportable! Ensuite, il faut aller en anglais où le prof nous attend pour aborder l'étude d'un extrait de roman, d'un film ou d'une chanson. La sonnerie de trois heures et demie retentit et les cours sont terminés pour la classe de première littéraire. **Alizée**

lire 4 Trouvez la bonne définition.

1	aviron	a	participe passé de vivre
2	colocataire	b	élève logé et nourri dans un établissement scolaire
3	externe	c	la peinture et la sculpture
4	internat	d	élève qui n'habite pas dans l'établissement scolaire
5	interne	e	établissement où les élèves peuvent loger
6	les arts plastiques	f	personne qui partage un logement
7	vécu	g	sport de canotage

lire 5 Relisez et répondez en anglais.

1 About how old do you think Alizée is?
2 What do you think her favourite subject is?
3 What day is she writing about?
4 Suggest two reasons why she might consider herself lucky.
5 What do you think she thinks of her lessons in general?
6 How would you describe the writing: formal? chatty? businesslike? journalistic?
   Give two examples from the letter to justify your choice.

lire 6 Relisez et trouvez les mots.

Read the text again and make a list of the opening word or phrase in each sentence. What do they mean? If you don't know, look them up.

écrire 7 Écrivez un paragraphe.

Write a short paragraph in a similar style about a day at your school.
Try to use at least four of the opening words or phrases.

lire 1   **Lisez les deux textes et répondez aux questions en anglais.**

Je travaille de 2h à 10h et de 17h à 20h, cinq jours par semaine. Quand on aime son travail, on ne compte pas. C'est qu'avec mes six employés, je dois fournir chaque jour 600 baguettes «Tradition d'antan», c'est-à-dire d'un style traditionnel. C'est notre spécialité. La qualité du pain, c'est une condition indispensable pour tous mes clients.

Je suis fille d'infirmière et j'ai finalement décidé de suivre le chemin de ma mère – c'est un virus! Je travaille actuellement à temps partiel parce que je réserve mes mercredis pour m'occuper de mon fils de quatre ans. Je gagne 1400€ mensuels pour mon travail (souvent week-ends compris). J'aime la bonne ambiance avec mes collègues et le contact avec les patients.

Pascal, boulanger-pâtissier

Cécile, infirmière

Who ...

1 works part-time?
2 works eleven hours a day?
3 often works weekends?
4 likes the good atmosphere at work?
5 works as part of a team of seven?
6 followed in their mother's footsteps, job-wise?
7 believes quality is essential to customers?
8 doesn't count the hours because of a love for his/her work?
9 has a four-year-old son?
10 doesn't work in the afternoons?

lire 2   **Répondez aux questions pour Pascal et Cécile.**

Pascal, ...

1 quels sont vos horaires de travail?
2 vous avez combien d'employés?
3 vous devez faire combien de baguettes par jour?

Cécile, ...

4 que fait votre mère comme métier?
5 pourquoi vous ne travaillez pas le mercredi?
6 quel est votre salaire?

écrire 3   **Vous lisez cette annonce dans un journal français. Écrivez une lettre en posant votre candidature, comme à la page 99. Utilisez les détails ci-dessous.**

Madame/Monsieur,

J'ai vu votre annonce dans le journal d'hier et je voudrais poser ma candidature pour une formation de cascadeur/cascadeuse ...

ACTION TRAINING
ÉCOLE DE CASCADE

POUR LE CINÉMA. T.V. ÉVÉNEMENTIEL

DEVENEZ CASCADEUR

Combats – Explosifs (Pyrotechnie – FX) – Armes à feu – Armes blanches

Percussions humaines – Défenestrations – Torches humaines

Ceci n'est pas une offre d'emploi

Intérêts: films d'action, arts martiaux membre du club dramatique au collège judo, kickboxing, musculation
Qualités personnelles: en forme, discipliné(e), courageux/courageuse

lire **4** Lisez les textes et répondez aux questions en français.

En France, on n'a pas le droit de travailler avant seize ans. Mais mon correspondant anglais, Ben, a déjà un petit boulot. Il livre des journaux dans les rues près de chez lui. Il doit se lever très tôt – vers six heures du matin – pour faire ça avant d'aller au collège. D'abord, il lui faut aller chercher les journaux à la papeterie, puis il fait ses livraisons à vélo. Ça lui prend une heure et il fait ça sept jours sur sept. Il dit que c'est souvent très fatigant. Cependant, il est assez bien payé; il gagne trente livres par semaine et à Noël, il reçoit un pourboire de certains de ses clients. Malgré cela, je ne voudrais pas faire un tel travail, surtout en hiver ou quand il pleut. De plus, je n'aimerais pas me lever de si bonne heure. Je préférerais rester au lit!
Abdul

Ma correspondante britannique, Kirsty, m'a dit qu'elle venait de commencer un nouveau petit job. Elle travaille le samedi dans un supermarché qui se trouve pas loin de chez elle. Elle doit ranger les produits et remplir les rayons. Elle dit que c'est un peu ennuyeux, bien qu'elle trouve les gens avec qui elle travaille assez sympa. Le pire pour elle est de devoir travailler dans les rayons de viande parce qu'elle est végétarienne et ça lui donne mal au cœur! Je voudrais bien avoir un petit travail comme ça parce que je m'ennuie toujours le samedi et j'aimerais bien gagner un peu d'argent pour partir en vacances.
Laure

1 Pourquoi Ben doit-il se lever à six heures du matin?
2 Qu'est-ce qu'il doit faire avant de livrer les journaux?
3 Comment trouve-t-il son petit boulot?
4 Combien d'argent Ben gagne-t-il?
5 Pourquoi Abdul ne voudrait-il pas faire cela?

6 Quel petit job fait Kirsty?
7 Nommez **deux** choses qu'elle doit faire au travail.
8 Que pense-t-elle des gens avec qui elle travaille?
9 Quels sont les **deux** inconvénients de son travail?
10 Pourquoi Laure aimerait-elle avoir un tel travail?

When you are answering questions in French, you can often use part of the question in your answer, but remember to change the word order where necessary.
Pourquoi Ben **doit-il se lever** à six heures du matin?
Il doit se lever à six heures du matin parce que …

écrire **5** Imaginez. Votre copain ou copine a un des petits boulots ci-dessous. Écrivez un paragraphe sur son job. Adaptez les textes de l'exercice 4, si vous voulez.

vendeur/vendeuse de poissons au marché

promeneur/promeneuse de chiens

plongeur/plongeuse dans un restaurant

lire 1 Trouvez les mots ou les phrases dans le texte.

> **Veuillez trouver ci-après les conditions pour réserver un chalet ou une caravane.**
>
> Chalets No 1, 2, 3, 4, 5 tout confort   550€
> Chalets No 6–10 sans sanitaires   350€
>
> L'accès à la piscine, aux douches chaudes gratuites, terrain de pétanque, volley-ball
>
> **Fournis dans l'hébergement:** gaz, électricité, vaisselle, réchaud, frigo, meubles de jardin
>
> **Non-fourni:**   Couchage: draps, duvets, oreillers, serviettes
> **Sanitaires:**   Les chalets sans sanitaires sont situés à proximité des sanitaires collectifs tout confort avec mitigeur individuel dans chaque douche.
> **Arrhes:**   La location se monte à 150€ par semaine pour les chalets.
> **Désistement:**   En cas de désistement moins de 30 jours avant l'arrivée prévue, les arrhes resteront entièrement acquis au camping.
> **Personne supplémentaire:**   Le tarif se monte à 50€ par personne et par semaine.
> **Dépôt de garantie:**   Une caution de 100€ vous sera demandée à l'arrivée, puis restituée au départ, sous réserve de l'état de logement et d'éventuelles dégradations.
> **Animaux:**   Les chiens sont interdits dans les structures locatives.

1 free hot showers
2 crockery
3 cooker
4 garden furniture
5 bedding
6 sheets
7 pillows
8 towels
9 mixer tap
10 deposit
11 cancellation
12 a breakages deposit

> 💡 Use the context to work out any French words you don't know.

lire 2 Vos parents veulent en savoir plus. Répondez en anglais aux questions qu'ils vous posent.

1 *How much does it cost for a chalet without toilet facilities?*

2 *How much more is it for one with facilities?*

3 *How much deposit do you have to pay?*

4 *Can we take the dog?*

5 *Is there a breakages deposit to pay?*

6 *Is there a swimming pool?*

7 *Is there a paddling pool?*

8 *What is provided and what do you need to take?*

lire 3 Regardez le site web du Ze Bus. Choisissez la bonne réponse, a, b ou c.

> Visitez l'ouest de la France en bus et dormez dans les auberges de jeunesse.
>
> De fin juin à mi-octobre, deux bus vont sillonner l'ouest de la France de Paris à Biarritz.
>
> Ze Bus vous dépose aux points stratégiques du tour, sites touristiques, spots de surf et auberges de jeunesse … et tout cela avec une grande fléxibilité. Vous pouvez vous arrêter où bon vous semble ou séjourner aussi longtemps que vous le souhaitez et reprendre Ze Bus trois jours après, deux semaines ou un mois plus tard avec le même titre de transport. Pour en savoir plus www.ze-bus.com

1 Ze Bus is a bus which goes along the (a) east (b) west (c) north of France.
2 It stops (a) at tourist places (b) at all the big towns (c) in Paris.
3 You can sleep (a) on the bus (b) in hotels (c) in youth hostels.
4 The Ze Bus route is particluarly good for people interested in (a) shopping (b) water sports (c) winter sports.
5 You can visit a place (a) while the bus waits for you (b) only for a week (c) as long as you want to.
6 The Ze Bus fleet consists of (a) one bus (b) two buses (c) lots of buses.
7 A «titre de transport» is (a) a map (b) a voucher (c) a ticket.

lire 4 Faites correspondre les verbes.

1 déposer   a to criss-cross (lit. plough across)
2 dormir   b to pick up again
3 reprendre   c to set down
4 séjourner   d to sleep
5 silloner   e to stay
6 souhaiter   f to wish

lire 5 Faites correspondre pour compléter les phrases.

Mon copain et moi, nous avons pris Ze Bus pour connaître un peu mieux la France. Nous sommes partis de la Rochelle à 7h30 du matin avec notre adhésion au FUAJ dans une poche et notre titre de voyage du Ze Bus dans l'autre. Nous avons voulu faire l'étape jusqu'à Biarritz, mais l'après-midi, un poids lourds a brûlé le feu rouge et s'est heurté contre le bus. Heureusement, personne n'est blessé, mais le bus a dû y rester quelques temps en attendant l'arrivée de la police. On était près de la Teste et proches de la dune du Pilat (la plus grande dune de sable en Europe) et comme nous nous sommes fait des amis et qu'il faisait beau, nous avons voulu voir la dune de plus près … On y est restés trois jours!
Jacques

1 Jacques est parti de …
2 Jacques et son copain ont pris …
3 Ils ont logé dans des …
4 Ils sont descendus …
5 Le bus est tombé …
6 Ils se sont fait ….

a en vacances
b avec son copain
c à Biarritz
d auberges de jeunesse
e Ze Bus
f à la Teste
g en panne
h des amis
i la Rochelle à 7h30

écrire 6 Imaginez que vous êtes parti(e)s en Ze Bus.
■ Où êtes-vous allés? ■ Qu'est-ce que vous avez fait?
■ Avec qui? ■ C'était comment?
■ Quand?

lire 1 Lisez le texte, puis copiez et complétez les phrases en dessous.

L'autre Zidane

Le tennis est vraiment une de mes grandes passions. J'adore ce jeu individuel que je pratique notamment en vacances. Je regarde aussi des matchs de tennis à la télévision quand il s'agit de grandes compétitions comme Roland Garros. Je crois que lorsque j'arrêterai le football, le tennis sera le sport qui me permettra de rester en forme. Je joue pour le plaisir, mais peut-être qu'un jour, si je deviens bon, je ferai quelques compétitions. Je ne suis pas classé et je n'ai pas le niveau pour l'être, mais c'est un réel plaisir et les gestes au tennis sont très techniques, un peu comme au football.

les gestes – moves

1 À part le foot, Zinédine Zidane se passionne pour …
2 Pendant les vacances, il aime jouer …
3 Quand il y a de grandes compétitions, il les regarde …
4 Quand il arrêtera le football, il jouera …..
5 Un jour, s'il devient bon, il dit qu'il fera peut-être …
6 Les gestes au tennis sont aussi techniques que les gestes au …

lire 2 Lisez le texte et choisissez les bonnes réponses, a, b ou c.

Trente-six gants de cuir

Le mercredi après-midi, neuf filles et neuf garçons se rassemblent à la salle d'entraînement située au premier étage du gymnase du lycée Pissarro de Pontoise. Mariem et Christophe, tous deux en première, comptent parmi les dix-huit élèves de la section sport de l'établissement. Tous viennent là au moins deux fois 1h30 par semaine, en plus des cours. «Mais c'est un plaisir avant tout», sourit Mariem, qui a fait la plus belle progression de l'année, selon son prof de boxe, Patrick Timbert. «Le but de chacun est différent», explique Patrick. «Certains ont l'ambition de faire de la compétition, d'autres veulent enseigner le sport plus tard dans la vie. Mais c'est beaucoup de discipline et de volonté», ajoute-t-il.

1 Le mercredi après-midi, Mariem et Christophe (a) quittent le lycée
   (b) font de la gymnastique (c) font de la boxe.
2 On fait de la boxe (a) deux fois par semaine seulement
   (b) deux fois par semaine au minimum (c) une heure et demie par semaine.
3 Patrick Timbert dit que Mariem (a) a fait beaucoup de progrès cette année
   (b) veut faire de la compétition (c) veut enseigner la boxe plus tard.
4 Il y a des élèves qui (a) n'ont pas d'ambition (b) ne sont pas disciplinés
   (c) veulent devenir prof de sport.
5 L'article s'appelle «Trente-six gants de cuir» (a) parce qu'il y a trente-six élèves
   (b) parce qu'il y a dix-huit élèves (c) parce que chaque fille a deux paires de gants.

3 **Regardez ces articles de journaux. Pour chaque article, trouvez le bon gros titre.**

1
Dans certains établissements, les lycéens doivent trouver le temps non seulement pour le travail scolaire, mais aussi pour l'entraînement sportif.

2
Déjà héros sportif en France, le champion de saut en longueur et de 100 mètres, Leslie Djhone, annoncera prochainement sa participation aux Jeux de 2012.

3
Ce week-end, les Rouges et Noirs de Toulouse ont gagné leur 4e match depuis le début de la saison, grâce aux essais de Michalak et de Clerc.

4
À Roland-Garros, défaite en trois sets (6–4, 3–6, 6–4) pour Amélie Mauresmo face à la talentueuse Serbe Ana Ivanovic.

5
C'est la joie pour l'Espagnol Fernando Alonso qui est en tête au championnat du monde des pilotes, mettant son équipe à 19 points devant Toyota.

a
Notre jeune espoir olympique sera-t-il à Londres?

b
Équipe Renault en pole position avec 46 points

c
Sports et études: les lycées aux sections sportives

d
Elle est déçue, mais il y aura Wimbledon!

e
Encore une victoire toulousaine

4 **Complétez ces phrases en choisissant les bons mots dans la case.**

1. Amélie Mauresmo a _____ le match _____ Ana Ivanovic.
2. Le pilote _____ a gagné 36 points pour _____ Renault.
3. Michalak et Clerc ont _____ des essais et Toulouse a _____ le match.
4. Dans les _____ aux sections sportives, on doit _____ très dur.
5. _____ français Leslie Djhone _____ participer aux Jeux Olympiques de 2012.

gagné	travailler	l'équipe	contre
espère	buts	marqué	joueuse
l'athlète	perdu	lycées	espagnol

5 **Regardez la publicité ci-dessous. Vous êtes allé(e) à ce festival. Écrivez un paragraphe.**

Mentionnez:
- où vous êtes allé(e), quand et pourquoi
- ce que vous avez fait au festival (trois détails)
- votre opinion (avec raisons)
- si vous voudriez y retourner et pourquoi (pas)

du 6 au 11 juillet

Festival des sports extrêmes – NOKIA FISE

Cette année, le plus grand festival international des sports extrêmes se tiendra en été ... Au programme de cette 8e édition, des compétitions de niveau international en skate, rollers et BMX et pour le plaisir de tous, des concerts animés par plus de 15 groupes de musique.

Lisez le texte et répondez aux questions.

Pendant les vacances de Noël, j'ai trop mangé et trop bu et j'ai pris cinq kilos de plus. J'ai passé trop de temps collé devant mon ordi et maintenant, j'ai besoin de faire un régime pour perdre les kilos en trop.

Je sais qu'il faut manger équilibré au repas pour garder la forme, qu'il faut manger beaucoup de fruits et de légumes, mais je n'aime pas les légumes et s'il y a le choix entre un fruit et un gâteau, je prends toujours la chose sucrée. Je sais qu'il faut boire de l'eau au lieu d'une boisson gazeuse, mais j'adore le coca. Je sais que les confiseries et les chips sont des aliments très caloriques qui apportent de l'énergie, mais en même temps, ils apportent aussi des graisses ou du sucre qui n'est pas bon pour la santé, mais j'en grignote entre les repas.

Je sais qu'il faut faire plus d'exercice et avoir une activité physique régulière et que cela aide à garder la ligne. Mais quelle activité? Je n'aime pas jouer au tennis ou badminton. Je déteste les sports d'équipe et je n'aime pas tellement l'eau froide non plus. Qu'est-ce que je peux faire?
Cyril

1 Pourquoi a-t-il grossi?
2 Qu'est-ce qu'il mange entre les repas?
3 Qu'est-ce qu'il boit?
4 Qu'est-ce qu'il devrait manger?
5 Qu'est-ce qu'il n'aime pas faire?

Ça veut dire quoi ?

1 régime   (**a**) regime (**b**) regiment (**c**) diet
2 collé   (**a**) necklace (**b**) glued (**c**) collar
3 équilibré   (**a**) balanced (**b**) equilibrium (**c**) horseriding
4 les confiseries (**a**) jams (**b**) confirmations (**c**) sweets
5 les graisses   (**a**) grace (**b**) graciousness (**c**) fat
6 grignoter   (**a**) to ignore (**b**) to nibble (**c**) to gorge
7 ligne   (**a**) lean (**b**) ruler (**c**) figure

Écrivez un conseil à Cyril.

Si vous voulez vraiment perdre des kilos, il faut …

4 Lisez le texte et trouvez les mots français.

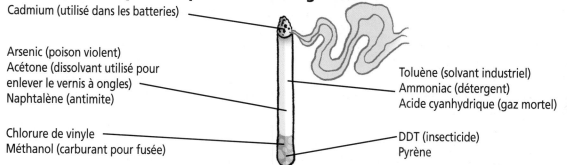

Danger!

Un fumeur absorbe jusqu'à 4 000 substances chimiques et toxiques chaque fois qu'il fume une cigarette

Cadmium (utilisé dans les batteries)

Arsenic (poison violent)
Acétone (dissolvant utilisé pour enlever le vernis à ongles)
Naphtalène (antimite)

Chlorure de vinyle
Méthanol (carburant pour fusée)

Toluène (solvant industriel)
Ammoniac (détergent)
Acide cyanhydrique (gaz mortel)

DDT (insecticide)
Pyrène

La moitié des ados ont commencé à fumer à 14 ans. Malheureusement, 85% des fumeurs touchent à leur première cigarette avant 16 ans.

Les raisons évoquées pour ne pas arrêter de fumer sont:
- je vais grossir
- je vais devenir plus nerveux
- je peux arrêter quand je veux
- mon grand-père a fumé toute sa vie et il est mort à 80 ans

Les statistiques révèlent que c'est la pression sociale et l'acceptation des autres qui arrivent en tête dans les habitudes du jeune fumeur et non la dépendance à la nicotine.

Le cancer du poumon est le tueur numéro un des fumeurs. Le tabagisme tue plus de gens que l'alcool, le sida, les accidents de voiture et les suicides réunis.

Si ton meilleur ami fume, tu as 13 fois plus de risques de fumer.

Le tabac irrite la gorge, encrasse les poumons, fatigue le cœur, durcit les artères et réduit l'acuité visuelle.

Si tu fumes 20 cigarettes par jour pendant 7 ans, cela fait en tout 50 000 cigarettes.

Parmi les enfants qui fument, la moitié mourra des suites du tabagisme.

Le cancer du poumon est difficile à traiter étant donné que les symptômes apparaissent une fois que la maladie est avancée.

Which toxic substances are used …
1 for removing nail varnish?
2 as a rocket fuel?
3 for cleaning?
4 for gassing animals?
5 as an industrial solvent?

Remember, to work out unknown words:
- use the context to help you
- look out for words which are similar to English words
- use what you know to eliminate wrong options

5 Pour chaque phrase, écrivez V (Vrai), F (Faux) ou PM (Pas Mentionné).

1 La moitié des jeunes fumeurs vont mourir d'une maladie due au tabagisme.
2 La plupart des jeunes commence avant l'âge de 16 ans.
3 La plupart pourrait s'arrêter en se mettant un patch Nicorette.
4 Plus de jeunes meurent du sida que du tabagisme.
5 On risque de grossir si on renonce à fumer.

6 Écrivez une réponse au cri du cœur de Florence.

S'il vous plaît, aidez-moi. Mon copain ne veut pas fumer, mais quand il est avec ses copains, ils se moquent de lui s'il ne fume pas. Qu'est-ce que je peux dire pour l'aider?

1 Lisez le texte. Puis mettez les phrases en anglais dans l'ordre du texte.

Cinq gestes simples pour aider l'environnement

Vous voulez faire plus pour l'environnement? Voici cinq choses que tout le monde peut faire et qui demandent peu d'effort:

1 Vous voulez de l'eau chaude pour faire du thé ou du café? Ne chauffez que la quantité d'eau dont vous avez besoin. Par exemple, si vous allez boire une tasse de thé, chauffez une tasse d'eau!

2 Éteignez votre ordinateur quand vous arrêtez de travailler pour manger ou pour faire autre chose. Éteignez l'écran et l'imprimante aussi quand vous ne les utilisez pas. Vous économiserez 120 watts d'énergie à chaque fois!

3 Évitez d'acheter des vêtements qu'il faut nettoyer à sec. Le nettoyage à sec utilise des produits chimiques toxiques qui sont mauvais pour l'environnement.

4 Quand vous achetez des magazines emballés dans du plastique, ne jetez pas l'emballage. Ouvrez-le soigneusement et utilisez-le comme sac pour sandwichs.

5 On utilise environ 750 milliards de sacs en plastique chaque année! Au lieu de prendre des sacs en plastique au supermarché, achetez des sacs que vous pouvez réutiliser, par exemple des sacs en toile.

Nettoyer à sec

a open it carefully and use it as a sandwich bag
b only heat the amount of water you need
c avoid buying clothes which you have to dry-clean
d instead of taking plastic bags
e dry-cleaning uses toxic chemicals
f if you are going to drink one cup of tea
g switch off your computer
h buy reuseable bags, such as cloth bags
i switch off the monitor and printer too
j don't throw away the packaging

2 Écrivez une phrase pour chaque conseil de l'exercice 1 en utilisant *il faut*, *on devrait* ou *on pourrait*.

On devrait chauffer la quantité d'eau dont on a besoin.

3 Créez un poster pour protéger l'environnement. Donnez au moins cinq conseils (avec des images) qui ne sont pas dans le texte de l'exercice 1.

Posters and advice leaflets often use the **vous**-form imperative to tell people what to do or not to do. Try using the imperative in Exercise 3. For a reminder of how to form the imperative, see page 61.

Évitez d'utiliser la voiture.

Utilisez les transports en commun.

lire 4 **Copiez le texte dans le bon ordre.**

Je m'appelle Claire. Dans ma ville, il y avait une rivière qui …

la rivière est propre et on peut aller à la pêche. Un jour, j'ai même vu

vieux vélo (que mon frère a réparé et qu'il a vendu!). On a planté

a trouvé dans l'eau plein de bouteilles et de boîtes qu'on a

copains et moi, nous y sommes allés pour la nettoyer. On

des arbres aussi pour combattre la pollution. Maintenant,

ce que nous avons fait pour notre ville et pour l'environnement.

recyclées, un chariot de supermarché (qu'on a rendu au magasin) – et un

la pollution et c'était trop sale pour les oiseaux. Donc, mes

une petite grenouille plonger dans l'eau. Je suis fière de

était pleine de déchets. Il n'y avait plus de poissons à cause de

lire 5 **Imaginez que vous êtes Claire. Répondez aux questions en français.**

1 Quel était le problème avec la rivière?
2 Pourquoi n'y avait-il pas de poissons?
3 Qu'est-ce que vous avez fait?
4 Qu'est-ce que vous avez recyclé?
5 Qu'est-ce que vous avez fait du vieux vélo?
6 Pourquoi avez-vous planté des arbres?
7 Comment savez-vous que l'eau est propre maintenant?
8 Pourquoi êtes-vous fière?

écrire 6 **Regardez les images et écrivez un paragraphe sur ce que vous avez fait pour l'environnement. Adaptez le texte de l'exercice 4.**

1

2

3

4

5

Grammaire

SECTION 1 Nouns and pronouns
1.1 Gender
1.2 Singular/plural
1.3 The definite article
1.4 The indefinite article
1.5 The partitive article
1.6 Subject pronouns
1.7 Direct object pronouns
1.8 Indirect object pronouns
1.9 Relative pronouns: **qui**, **que** and **dont**
1.10 **lequel** and **celui**
1.11 Emphatic pronouns
1.12 **y**
1.13 **en**

SECTION 2 Adjectives and adverbs
2.1 Position of adjectives
2.2 Agreement of adjectives
2.3 Possessive adjectives
2.4 Comparatives and superlatives
2.5 Demonstrative adjectives: **ce/cette/ces**
2.6 Adverbs

SECTION 3 Verbs
3.1 The infinitive
3.2 The present tense
3.3 The perfect tense
3.4 The imperfect tense
3.5 Mixing past tenses
3.6 The perfect infinitive
3.7 The pluperfect tense

3.8 The near future tense
3.9 The future tense
3.10 The conditional
3.11 The imperative
3.12 The passive
3.13 Negatives
3.14 Question forms
3.15 Reflexive verbs
3.16 Verbs with the infinitive
3.17 **si** clauses

SECTION 4 Structural features
4.1 Prepositions
4.2 Question words
4.3 Intensifiers
4.4 Connectives
4.5 **depuis**
4.6 Impersonal verbs
4.7 Expressions with **avoir**
4.8 Time expressions

SECTION 5 Extras
5.1 Numbers
5.2 Days
5.3 Dates
5.4 Times

VERB TABLES
Regular verbs (**-er**, **-ir** and **-re**)
Reflexive verbs
Key irregular verbs (**aller**, **avoir**, **être** and **faire**)
Other irregular verbs

Glossary of grammatical terms

adjective	a describing word (*rouge, petite, intéressants*) The words for 'my', 'your', etc., are **possessive adjectives**.
adverb	a word used to describe an action (*vite, souvent*)
article	the word 'a', 'some' or 'the' before a noun (*un/une/des, le/la/les*)
connective	a word used to join phrases or sentences (*mais, parce que*)
gender	tells you whether a noun is masculine or feminine (*un crayon* is masculine, *une gomme* is feminine)
imperative	the verb form you use when you are telling someone to do something (*copie et complète, levez-vous*)
infinitive	the original, unchanged form of the verb, which you find in the dictionary (*parler* to speak, *avoir* to have)
intensifier	a word or phrase placed before an adjective to make it stronger or weaker (*très, un peu*)
irregular verb	a verb which does not follow the set rules of the main verb types but has its own pattern (*faire, être*)

noun	a word which names a thing or a person (*stylo, mère*)
plural	referring to more than one person or item (*les chats, nous, trois pommes*)
preposition	a word used to show where someone or something is (*sur, à, de*)
pronoun	a word which stands in place of a noun (*elle, tu*)
reflexive verb	a verb which includes a pronoun before the verb (*se coucher*)
regular verb	a verb which follows the rules/pattern of the main verb types (*-er* verbs, *-ir* verbs, *-re* verbs)
singular	referring to only one person or item (*un oiseau, tu*)
tense	relating to verbs, showing when the action takes place (the present tense, the perfect tense)
verb	a word used to say what is being done or what is happening (*acheter, être*)

SECTION 1 Nouns and pronouns

1.1 Gender → *page 12*

A noun is a word which names a thing or a person.

In French, all nouns are masculine or feminine.

Masculine	Feminine
un sandwich	une pizza

For most nouns, you have to learn the gender when you learn the new word. In the dictionary, you will see (m) or (f) after the noun.

As in English, some job nouns change to show the gender of the person doing them.

Il est serv**eur**. *He is a **waiter**.*
Elle est serv**euse**. *She is a **waitress**.*

	Masculine	Feminine
+ –e	étudiant	étudiante
–eur to –euse	vendeur	vendeuse
–teur to –trice	moniteur	monitrice
–en to –enne	électricien	électricienne
–er to –ère	infirmier	infirmière

Some don't change, e.g. agent de police (policeman/policewoman), fonctionnaire (civil servant). A few are always feminine, e.g. nourrice (childminder).

1.2 Singular/plural

Most nouns form their plural by adding **-s**.
la montagne – singular → les montagne**s** – plural.

Words ending in **-eau** add **-x**.
un château → des château**x**

Words ending in **-al** change to end in **-aux**.
un animal → des anim**aux**

1.3 The definite article

The definite article is *the*.

Masculine	Feminine	Plural
le sandwich	**la** pizza	**les** pizzas

le and **la** become **l'** before a vowel or *h*.
l'omelette

You use the definite article before nouns when talking about likes and dislikes.
J'aime **les** carottes. *I like carrots.*

1.4 The indefinite article

The indefinite article is *a* (or *some* in the plural).

Masculine	Feminine	Plural
un village	**une** ville	**des** villages

When you are talking about jobs people do, you do not use the indefinite article.
Elle est infirmière. *She is **a** nurse.*

1.5 The partitive article → *pages 58, 93*

The partitive article is used when talking about a quantity of something: it means *some*.

Usage:
du before masculine nouns
du coca *some Coke*

de la before feminine nouns
de la limonade   *some lemonade*
des before plural nouns
des chips   *some crisps*
de l' before nouns which begin with a vowel or *h*
de l'Orangina   *some orangina*

You use the partitive article when talking about shopping, even though the word *some* is not always used in English.
J'achète **du** maquillage et **des** magazines.
I buy (some) make-up and (some) magazines.

After a negative, **du, de la, de l'** and **des** become **de**.
Je n'ai pas **de** fromage.
I haven't got any cheese.

de is also used after expressions of quantity.
un kilo **de** pommes   *a kilo of apples*
beaucoup **de** devoirs   *lots of homework*

1.6 Subject pronouns

A pronoun stands in place of a noun in a sentence.
je/j'   *I*
tu   *you* (child, young person, someone you know well)
il   *he, it* (masculine noun)
elle   *she, it* (feminine noun)
on   *we, one, you, 'people'*
nous   *we*
vous   *you* (more than one person, someone you don't know well, a stranger)
ils   *they* (males/ mixed group/ masculine nouns)
elles   *they* (females/feminine nouns)

1.7 Direct object pronouns
→ *pages 25, 82, 168*

The direct object of a sentence is the person or thing to whom the action is 'done'.
Je préfère **la veste rouge**.
I prefer the red jacket.

You can replace the object of a sentence with a direct object pronoun.
Je **la** préfère.   *I prefer it.*

me	*me*
te	*you*
le	*him/it*
la	*her/it*
nous	*us*
vous	*you*
les	*them*

me, te, le and **la** →
m', t', l' and **l'** before a vowel or silent *h*.
Je **t'**aime.   *I love you.*

Direct object pronouns go in front of the verb. Note: although **le, la** and **les** look like the definite article, they have a different meaning here.
Je **la** préfère.   *I prefer it.*

In the perfect tense, the direct object pronoun goes in front of the auxiliary. When the auxiliary is **avoir**, the past participle must agree with the direct object pronoun.
Tu as regardé la série? Oui, je **l'**ai regardée.
Did you watch the series? Yes, I watched it.
Vous avez mangé les bananes? Oui, je **les** ai mangées.
Have you eaten the bananas? Yes, I've eaten them.

In a negative sentence, the direct object pronoun goes between **ne** and the verb.
Je ne **les** aime pas.   *I don't like them.*
Je ne **les** ai pas vus.   *I haven't seen them.*

1.8 Indirect object pronouns → *page 92*

If you can put *to* in front of a pronoun in a sentence, it is an indirect object pronoun.
He gave me the book. = He gave the book to me.
– so **me** in this sentence is an indirect object pronoun.

me	*to me*
te	*to you*
lui	*to him/her/it*
nous	*to us*
vous	*to you*
leur	*to them*

As with direct object pronouns, indirect object pronouns go before the verb.
Je **lui** donne un bonbon.
I give a sweet to him/her/it.

1.9 Relative pronouns: *qui*, *que* and *dont* → page 100

qui means *who*, *which* or *that*: it refers back to the **subject** of the verb which follows it.
J'ai un frère **qui** s'appelle Marc.
*I have a brother **who** is called Marc.*

que means *who(m)*, *which* or *that*: it refers back to the **object** of the verb which follows it.
Le garçon **que** je préfère s'appelle Ben.
*The boy (**whom**) I prefer is called Ben.*

In English, you can sometimes miss out the word *who/whom/which/that*, but in French you must always include it.

dont means *whose* or *of which*.
La fille **dont** le frère est mécanicien.
*The girl **whose** brother is a mechanic.*

dont is also used to replace **de** + the definite or indefinite article after an expression which takes **de**.
J'ai besoin **d'un** livre. Le livre **dont** j'ai besoin est rouge.
I need a book. The book (which) I need is red.

1.10 *lequel* and *celui* → page 66

You use **lequel** and **celui** when you want to explain which person or thing you mean. They must agree with the noun they replace.
Tu aimes la chemise? **Laquelle? Celle-ci.**
Do you like the shirt? Which one? This one.
Je vais acheter les gants. **Lesquels? Ceux-là.**
I'm going to buy the gloves. Which ones? Those ones.

The words **-ci** or **-là** are added to **celui, celle,** etc., to make it clear whether you mean *this* or *that* (*these* or *those* in the plural.)

Singular	
Masculine	**Feminine**
lequel? *which one?*	laquelle? *which one?*
celui-ci/-là *this/that one*	celle-ci/-là *this/that one*

Plural	
Masculine	**Feminine**
lesquels? *which ones?*	lesquelles? *which ones?*
ceux-ci/-là *these/those ones*	celles-ci/-là *these/those ones*

1.11 Emphatic pronouns → page 27

Emphatic pronouns are used to emphasise a pronoun.
Moi, j'aime l'histoire.   *I like history.*
Lui, il est vraiment sympa.   *He's really nice.*

With **on**, the pronoun **nous** is used.
Nous, on adore Manchester City.
We love Manchester City.

subject pronoun	emphatic pronoun
je	moi
tu	toi
il	lui
elle	elle
on	nous
nous	nous
vous	vous
ils	eux
elles	elles

These pronouns are also used after prepositions and when you want to say *me* or *him*, etc., on its own.
Tu viens avec **moi**?
Are you coming with me?
Voici un cadeau pour **toi**.
Here is a present for you.
On se retrouve chez **elle**.
We're meeting at her house.
Qui a mangé tout le fromage? **Lui**.
Who ate all the cheese? Him.

1.12 *y* → page 25

The pronoun y means *there*, referring to a place which has already been mentioned. It goes in front of the verb.
Je vais à **Paris** demain.
*I'm going to **Paris** tomorrow.*
J'**y** vais demain.   *I'm going **there** tomorrow.*
On **y** est allés hier.   *We went **there** yesterday.*

1.13 *en* → *pages 65, 144*

The pronoun **en** means *of it* or *of them*, referring to something which has already been mentioned. It goes in front of the verb.
Tu manges du chocolat? J'**en** mange beaucoup.
Do you eat chocolate? I eat a lot (of it).

In English, you can often omit *of it/them*, but **en** cannot be missed out in French.

SECTION 2
Adjectives and adverbs

2.1 Position of adjectives
→ *pages 40, 44*

Most adjectives come **after** the noun they are describing.

une veste **rouge**   *a red jacket*

Some short common adjectives come before the noun.

petit	joli	haut
grand	gros	long
nouveau	beau	
bon	vieux	

un **grand** livre **rouge**   *a big red book*

2.2 Agreement of adjectives
→ *pages 7, 14, 44, 59, 77*

Adjectives change according to whether the noun being described is masculine or feminine, singular or plural. This is called agreement.
For feminine, **add -e***
une veste verte
For masculine plural, **add -s**
des tee-shirts noirs
For feminine plural, **add -es**
des chaussures bleues

* If the adjective already ends in **-e**, there is no change in the feminine singular:
il/elle est égoïste.

Some adjectives are **irregular**: they follow their own pattern. Other adjectives with the same ending work in the same way.

Singular		Meaning
Masculine	**Feminine**	
beau	belle	*beautiful*
blanc	blanche	*white*
italien	italienne	*Italian*
mignon	mignonne	*sweet, cute*
nul	nulle	*awful, rubbish*
ennuyeux	ennuyeuse	*boring*
nouveau	nouvelle	*new*
gros	grosse	*fat*
sportif	sportive	*sporty*
vieux	vieille	*old*
Plural		**Meaning**
Masculine	**Feminine**	
beaux	belles	*beautiful*
blancs	blanches	*white*
italiens	italiennes	*Italian*
mignons	mignonnes	*sweet, cute*
nuls	nulles	*awful, rubbish*
ennuyeux	ennuyeuses	*boring*
nouveaux	nouvelles	*new*
gros	grosses	*fat*
sportifs	sportives	*sporty*
vieux	vieilles	*old*

Some adjectives are **invariable**: they never change.
marron, cool, super, sympa
une veste cool/des baskets cool

Adjectives of colour which are made up of two parts do not change, e.g. **bleu clair** (*light blue*), **bleu foncé** (*dark blue*), **bleu marine** (*navy blue*)
une jupe **bleu foncé**   *a dark blue skirt*

beau (*beautiful, good-looking*), **nouveau** (*new*) and **vieux** (*old*) have a special form which is used in front of a masculine noun beginning with a vowel or silent h: un **bel** homme (*a good-looking man*) un **nouvel** appartement (*a new flat*) un **vieil** ami (*an old friend*).

2.3 Possessive adjectives → *page 7*

The words for *my*, *your*, etc., change according to whether the noun owned or possessed is masculine, feminine or plural:

	Masculine nouns	Feminine nouns	Plural nouns
my	**mon** professeur	**ma** classe	**mes** copains
your (tu)	**ton** professeur	**ta** classe	**tes** copains
his or her	**son** professeur	**sa** classe	**ses** copains
our	**notre** professeur/classe		**nos** copains
your (vous)	**votre** professeur/classe		**vos** copains
their	**leur** professeur/classe		**leurs** copains

For singular nouns beginning with a vowel or *h*, you use **mon**, **ton** or **son**.
Mon amie s'appelle Sophie.
My friend is called Sophie.

There is no *'s* in French. You show possession by using the pronoun **de**.
les chaussures **de** Pete   *Pete's shoes*

2.4 Comparatives and superlatives
→ *pages 34, 42, 49, 128*
Adjectives can be used to compare nouns (Scotland is *smaller* than England).

To compare two nouns, use:
plus ... que   *more ... than*
moins ... que   *less ... than*
aussi ... que   *as ... as*

Les films sont **plus** intéressants **que** les émissions de sport.
Films are more interesting than sports programmes.
Cette jupe est **moins** chère **que** la jupe bleue.
This skirt is less expensive than (cheaper than) the blue skirt.
Le rugby est **aussi** passionnant **que** le foot.
Rugby is as exciting as football.

The superlative is used to say something is 'the most'. It means *the biggest, the most interesting*, etc.

It comes before or after the noun depending on where the adjective would come. If it follows the noun, the definite article is repeated.
C'est **le plus grand** pays d'Europe.
It's the biggest country in Europe.
C'est **la** matière **la plus intéressante**.
It's the most interesting subject.

bon and **mauvais** are irregular:
Bill est **bon**, Marc est **meilleur**, Mike est **le meilleur**.
Sarah est **mauvaise**, Anne est **pire**, Julie est **la pire**.

2.5 Demonstrative adjectives: *ce/cette/ces* → *page 66*
There are different words for *this/these/that/those*, and they must agree with the noun they refer to:
ce before masculine nouns
ce village   *this village*
cette before feminine nouns
cette ville   *this town*
ces before plural nouns
ces montagnes   *these mountains*

Before masculine singular nouns beginning with a vowel or *h*, use **cet**.
cet appartement   *this flat*

You use **-ci** and **-là** to make it clear whether you mean *this/these* or *that/those*.
cette maison-**ci** *this house*
cette maison-**là** *that house*

2.6 Adverbs → *page 150*
Adverbs are used to describe <u>how</u> an action is done (e.g. *well, quickly, regularly*).

Most adverbs are formed by adding **–ment** to the feminine form of the adjective.
lente   *slow* → lente**ment**   *slowly*
régulière *regular* → régulière**ment** *regularly*

bien (*well*) and **mal** (*badly*) are irregular.

mieux and **le mieux** are the comparative and superlative forms of **bien**.

Elle joue **mieux** que les autres joueuses.
En fait, elle joue **le mieux**. *She plays **better** than the other players. In fact, she plays **the best**.*

SECTION 3 Verbs

3.1 The infinitive → *pages 7, 78*

When you look up a verb in the dictionary, you find its original, unchanged form, which is called the **infinitive**, e.g. **habiter** (*to live*), **avoir** (*to have*), etc.

Most infinitives end in **-er, -ir** or **-re**.

3.2 The present tense

The present tense is used:

- to describe what is happening **now**
  I *am reading* this book.
- to describe what **usually** happens
  I *read* a book every day.

There is only one present tense in French:
je mange   *I eat* or *I am eating*

To use a verb in the present tense, you must change the infinitive according to a set of rules. You need to learn these rules by heart.

There are three types of **regular verbs**: **-er** verbs, **-ir** verbs and **-re** verbs. **-er** verbs are the most common type.

trouver (*to find*)	finir (*to finish*)	attendre (*to wait*)
je trouve	**je** finis	**j'**attends
tu trouves	**tu** finis	**tu** attends
il/elle/on trouve	**il/elle/on** finit	**il/elle/on** attend
nous trouvons	**nous** finissons	**nous** attendons
vous trouvez	**vous** finissez	**vous** attendez
ils/elles trouvent	**ils/elles** finissent	**ils/elles** attendent

Some verbs follow their own pattern. They are called **irregular verbs**.

You need to learn these by heart. Look at the verb tables on pp. 219–221. You will spot similarities between some verbs that will help you remember them.

3.3 The perfect tense → *pages 17, 30, 65*

The perfect tense (*le passé composé*) is used to talk about a single event in the past.
j'ai joué   *I played* or *I have played*

The perfect tense has two parts:
1 an auxiliary – part of the verb **avoir** (or **être**)
2 the past participle

To form the past participle of **regular verbs**:
for **-er** verbs, take off **-er** and add **-é**
j'ai regardé   *I watched*
for **-ir** verbs, take off **-ir** and add **-i**
j'ai fini   *I finished*
for **-re** verbs, take off **-re** and add **-u**
j'ai attendu   *I waited*

Some key verbs are irregular in the perfect tense. See the verbs tables on pp. 219–221 for a complete list.

Some verbs are formed from other verbs and therefore follow the same pattern: com**prendre** (*to understand*) and ap**prendre** (*to learn*) follow **prendre** (past participles: com**pris**, ap**pris**, like **pris**).

The perfect tense with *être*

13 verbs – mainly verbs of movement – form their perfect tense with **être**, not **avoir**.
je suis allé   *I have gone, I went*
il est resté   *he has stayed, he stayed*

There are five pairs of opposites, and three others.

infinitive	meaning	past participle
aller	*to go*	allé(e)
venir	*to come*	venu(e)
arriver	*to arrive*	arrivé(e)
partir	*to leave*	parti(e)
entrer	*to enter*	entré(e)
sortir	*to go out*	sorti(e)
monter	*to go up*	monté(e)
descendre	*to come down*	descendu(e)
naître	*to be born*	né(e)
mourir	*to die*	mort(e)
rester	*to stay*	resté(e)
tomber	*to fall*	tombé(e)
retourner	*to return*	retourné(e)

Other verbs similar to these also take **être** (**rentrer**, re**monter**, re**venir**).
All reflexive verbs also take **être**.

With these verbs, the past participle agrees with the subject of the sentence.
add **-e** for feminine
elle est allé**e**   *she went*
add **-s/-es** for plural
ils sont allé**s**/elles sont allé**es**   *they went*

3.4 The imperfect tense
→ *pages 31, 32, 46, 134*
The imperfect tense (*l'imparfait*) is a past tense used to describe:

- what **used to** happen
  Il **jouait** au rugby, mais maintenant, il joue au foot.
  *He **used to play** rugby, but now he plays football.*

- repeated actions in the past
  Tous les jours, je me **levais** à sept heures et je **prenais** le bus.
  *Every day I **got up** at 7 o'clock and I **caught** the bus.*

- what **was** happening over a period of time
  Il **jouait** au rugby quand l'accident s'est passé.
  *He **was playing** rugby when the accident happened.*

It is formed with the imperfect stem + the appropriate endings. To get the imperfect stem, take the **nous** form of the present tense and remove the **-ons** ending.
~~nous portons~~ → **je portais** = I used to wear

je port**ais**	nous port**ions**
tu port**ais**	vous port**iez**
il/elle/on port**ait**	ils/elles port**aient**

être has an irregular stem: **ét-**
j'**étais**   *I used to be, I was*

The imperfect tense of **c'est** (*it is*) is **c'était** (*it was*).
The imperfect tense of **il y a** (*there is/there are*) is **il y avait** (*there was/there were*).

3.5 Mixing past tenses
→ *pages 68, 102, 122*
When you are writing about the past, you often need to use a mixture of perfect and imperfect tense verbs.

The perfect tense	used for describing single actions	things that happened once
The imperfect tense	used for describing the state of things	how things were over a period of time or repeated actions

Sometimes you need to use both tenses in the same sentence (perfect and imperfect).
Quand on **a quitté** la maison, il **pleuvait**.
When we left the house, it was raining.

Pendant qu'on **attendait** le bus, j'**ai vu** un accident.
While we were waiting for the bus, I saw an accident.

3.6 The perfect infinitive → *page 131*
To say 'after playing', 'after going', etc., use **après** plus the perfect infinitive. The perfect infinitive consists of **avoir** or **être** plus a past participle. The past participle of **être** verbs must agree with the subject.
Après **avoir visité** le château, on a mangé un sandwich.
After visiting (= After having visited) the castle, we ate a sandwich.

Après **être arrivée** à Paris, elle a téléphoné à sa mère.
After arriving (= After having arrived) in Paris, she called her mother

3.7 The pluperfect tense → *page 136*
The pluperfect tense (*le plus-que-parfait*) is one step further back in time than the perfect tense. You use the pluperfect to say '**had** done something'. It is formed by using the imperfect tense of **avoir** or **être** plus a past participle. The past participle of **être** verbs must agree with the subject of the sentence.
On **avait perdu** le match d'avant.
We had lost the match before.

J'étais allé(e) en vacances à Marseille.
I had gone on holiday to Marseilles.

The pluperfect is sometimes used in a sentence with the perfect tense, to explain what happened before something else took place.

Elle **était** déjà **partie** quand il **est arrivé**.
She had already left when he arrived.

3.8 The near future tense → *page 18*

The easiest way to talk about the future is by using the near future tense (*le futur proche*). It is formed using part of the verb **aller** + the infinitive.
Ce soir, je **vais regarder** la télé.
*Tonight I **am going to watch** TV.*
Demain, il **va faire** chaud.
Tomorrow it's going to be hot.

3.9 The future tense
→ *pages 86, 132, 167*

To talk about the future you use either the near future tense (see 3.8) or the future tense (**le futur**). It is formed using the future stem + the appropriate endings. For -er verbs, the stem is the infinitive.
Un jour, **je serai** riche.
*In the future I **will be** rich.*

je donnerai	nous donnerons
tu donneras	vous donnerez
il/elle/on donnera	ils/elles donneront

Some verbs have irregular stems: aller – **ir-**, avoir – **aur-**, être – **ser-**, faire – **fer-**.
For further details, see the verb tables on pp. 219–221.

When you use **quand** to refer to the future, all the verbs in the sentence have to be in the future tense.
Quand on **ira** à Paris, on **ira** au cinéma.
When we go (= will go) to Paris, we will go to the cinema.

The future tense of **c'est** (*it is*) is **ce sera** (*it will be*).
The future tense of **il y a** (*there is/there are*) is **il y aura** (*there will be*).

3.10 The conditional → *pages 67, 118*
The conditional (*le conditionnel*) is used to say *would*.

je **jouerais** au foot	*I **would play** tennis*
il **serait** content	*he **would be** happy*

To form the conditional, take the future tense stem of the verb (e.g. **jouer-** or **ser-**) and add the imperfect tense endings (**-ais** with **je**, **-ait** with **il**, etc.).

Modal verbs are often used in the conditional.

je devrais	*I ought to, I should*
je pourrais	*I could*
je voudrais	*I would like to*

3.11 The imperative → *pages 61, 114*
You use the **imperative** to tell somebody to do or not do something.

With people you address as **tu**, the imperative is the present tense **tu** form minus the word **tu**. -er verbs drop the **s** at the end of the verb.
Bois assez d'eau. *Drink enough water.*

With people you address as **vous**, the imperative is the present tense **vous** form minus the word **vous**.
Ne **fumez** pas. *Don't smoke.*

3.12 The passive → *page 170*
The passive is used to describe things that **are done** (or have been done, will be done, etc.) to someone or something. It consists of the relevant tense of **être**, plus a past participle. The past participle must agree with the subject.

Present	Plusieurs kilomètres de la côte **sont menacés.** *Several kilometres of coastline **are threatened**.*
Perfect	La forêt **a été détruite.** *The forest **has been destroyed**.*
Imperfect	La rivière **était empoisonnée.** *The river **was/used to be poisoned**.*
Future	Le village **sera inondé.** *The village **will be flooded**.*

3.13 Negatives → *pages 9, 84, 162*
To make a sentence negative, that is to say what you don't do or what isn't happening,

put **ne ... pas** around the verb. (**ne** shortens to **n'** before a vowel sound.)

Je **ne** vais **pas** à Paris.
*I am **not** going to Paris.*
Elle **n'**aime **pas** le prof.
She doesn't like the teacher.

Other negatives work in the same way, forming a sandwich around the verb.

ne ... jamais	*never*
ne ... rien	*nothing, not anything*
ne ... que	*only*
ne ... plus	*no longer, not any more*
ne ... ni ... ni	*neither ... nor*

Je **ne** fume **plus**.
*I **no longer** smoke/I **don't** smoke **any more**.*
Je **ne** mange **rien**.
*I eat **nothing**/I **don't** eat **anything**.*
Il **n'**y a **ni** cinéma **ni** théâtre.
*There's **neither** a cinema **nor** a theatre.*

ne ... aucun means *not any*. **aucun** must agree with the subject of the sentence.
Je **n'**ai **aucune** sœur et **aucun** animal.
I don't have any sisters or any pets.

In the perfect tense, the negative forms a sandwich around the auxiliary verb (**avoir** or **être**).
Je **n'**ai **pas** vu le film. *I didn't see the film.*

If there are two verbs together in a sentence, most negatives form a sandwich round the first verb.
Je **ne** veux **pas** aller à Paris.
I don't want to go to Paris.
Il **ne** va **plus** visiter le musée.
He isn't going to visit the museum any more.

3.14 Question forms → *page 8*
Questions without question words
The easiest way to ask questions is to use the sentence form with rising intonation, i.e. you make your voice go up at the end.
C'est vrai?   *Is it true?*

Est-ce que can also be used to turn a sentence into a question.
Est-ce que tu viens?   *Are you coming?*

The third way of asking questions involves **inversion**, i.e. the order of the subject and the verb is changed around.
Est-elle absente?   *Is she absent?*

An extra pronoun is added if a noun is used.
La maison est-**elle** grande?
Is the house big?

An extra **t** is added in between two vowels to help with pronunciation.
Thierry Henry joue-**t**-il pour Liverpool?
Does Thierry Henry play for Liverpool?

Questions using question words
If the question contains a question word, the question word is usually at the start of the sentence and is followed by **est-ce que**. See section 4.2 for a list of question words.
Où est-ce que tu vas? *Where are you going?*

Sometimes inversion is used.
Comment **voyages-tu**?
How are you travelling?

Asking questions in the perfect tense
The rules above also apply to questions in the perfect tense.
Tu as fini?   *Have you finished?*
Est-ce qu'il a vu le film?
Has he seen the film?

When inversion is used, the subject pronoun and the auxiliary verb (the part of **avoir** or **être**) are inverted.
As-tu fini?   *Have you finished?*
Pourquoi **a-t-elle** manqué le match?
Why did she miss the match?

quel/quelle
quel/quelle means *which* or *what*. It is used when *what* refers to a noun (compare **Qu'est-ce que** with a verb) and agrees with the noun it refers to.
Quelle est la date?   *What is the date?*

	Masculine	**Feminine**
Singular	**quel** livre?	**quelle** page?
Plural	**quels** livres?	**quelles** pages?

3.15 Reflexive verbs → *pages 10, 80, 81*
Reflexive verbs are verbs which include an extra pronoun (before the verb). The infinitive of a reflexive verb has the pronoun **se**. The reflexive pronouns **me**, **te** and **se** shorten to **m'**, **t'** and **s'** in front of a vowel sound.

se coucher (*to go to bed*)

je **me** couche	nous **nous** couchons
tu **te** couches	vous **vous** couchez
il/elle/on **se** couche	ils/elles **se** couchent

Je **me** lève à sept heures.
I get up at 7 o'clock.
Tu **te couches** à quelle heure?
What time do you go to bed?

In the perfect tense, reflexive verbs use **être**. As with all **être** verbs, the past participle agrees with the subject.
Elle **s'est** levée à sept heures.
She got up at 7 o'clock.
Nous **nous sommes** amusés.
We enjoyed ourselves.

3.16 Verbs with the infinitive
→ *pages 8, 28, 50*
If there are two different verbs in a row in a sentence (apart from verbs in the perfect tense), the second verb is an infinitive.
J'adore **apprendre** le français.
I love learning French.
Elle déteste **ranger** sa chambre.
She hates tidying her bedroom.

Modal verbs
Modal verbs are usually followed by the infinitive.
devoir   *to have to*
Il doit **rester** ici.   *He must stay here.*
pouvoir   *to be able to*
Tu peux **aller** au cinéma?
Can you go to the cinema?
vouloir   *to want to*
Je veux **être** riche.   *I want to be rich.*

In certain situations, modal verbs can be used on their own.
Tu peux aller au cinéma samedi?
Oui, **je peux**. *Can you go to the cinema on Saturday? Yes, I can.*

Verbs which take *à* or *de*
Some French verbs need to have **à** or **de** before the infinitive.
J'ai décidé **de rester** à la maison.
I decided to stay at home.
Elle commence **à être** plus raisonnable.
She is beginning to be more reasonable.

When talking about playing an instrument, you use jouer **de**. When talking about playing a sport, you use jouer **à**.
Je joue **du** piano.   *I play piano.*
On a joué **au** football. *We played football.*

3.17 *si* clauses → *page 112*
If you use **si** in a sentence consisting of two clauses, the tenses of the verbs usually follow one of these patterns:

1   Si + **present tense** + **present tense**
S'**il pleut, je lis** ou **je regarde** la télé.
If it's raining, I read or watch TV.

2   Si + **present tense** + **future tense**
Si **on prend** le train, **on arrivera** plus tôt.
If we take the train, we will arrive earlier.

3   Si + **imperfect tense** + **conditional**
Si on **prenait** le train, on **arriverait** plus tôt.
If we took the train, we would arrive earlier.

SECTION 4
Structural features

Structural features are words or sets of words which occur in sentences and texts.

4.1 Prepositions → *pages 56, 60, 146*
Prepositions are words which tell us where someone or something is.

avec	*with*
dans	*in*
devant	*in front of*
derrière	*behind*
entre	*between*
sur	*on*
sous	*under*
à	*at, to* or *in* (with name of town*)
en	*to* or *in* (with name of country*)
de	*of*

in/at/to places
To say *in* or *to* a town or country, use:
- **à** before the name of a town
  – *elle habite **à** Paris*
- **en** before the name of most countries
  – *il va **en** France*
- **au** before the name of masculine countries – *j'habite **au** Pays de Galles*
- **aux** before the name of plural countries
  – *on va **aux** États-Unis*

de

Some prepositions are followed by **de**:

à coté **de**	*next to*
au bout **de**	*at the end of*
de l'autre côté **de**	*on the other side of*
en face **de**	*opposite*
près **de**	*near*

de + **le** becomes **du**, and **de** + **les** becomes **des**.

à côté **du** cinéma	*next to the cinema*
près **des** toilettes	*near the toilets*

à (to, that)

à + **le** becomes **au**, and **à** + **les** becomes **aux**.
Je vais **au** cinéma, mais il va **aux** magasins.
I'm going to the cinema, but he's going to the shops.

jusqu'à means *as far as* or *until*.
jusqu'aux feux   *as far as the traffic lights*

4.2 Question words → *pages 8, 96*

où?	*where?*
combien de?	*how many?*
qui?	*who?*
à quelle heure?	*at what time?*
quand?	*when?*
comment?	*how?*
qu'est-ce que?	*what?*
quel(le) (+ noun)?	*what?/which?*
pourquoi?	*why?*

4.3 Intensifiers → *page 112*

Intensifiers are words placed before adjectives to make them stronger or weaker.

très	*very*	tout à fait	*completely*
assez	*quite*	trop	*too*
un peu	*a little bit*	vraiment	*really*
si	*so**		

Le français est **très** intéressant.
*French is **very** interesting.*
C'est **trop** cher.   *It's **too** dear.*

* **si** has three meanings:
- *so* Elle est *si* bavarde.
  *She is **so** talkative.*
- *if* Je ne sais pas **si** je peux venir.
  *I don't know **if** I can come.*
- *yes* (in reply to a negative question
  or statement) Tu ne viens pas. Si!
  *You aren't coming. **Yes, (I am)!***

4.4 Connectives

Connectives are used to join up phrases and sentences.

et	*and*	car	*because*	si	*if*
mais	*but*	puis	*then*	ou	*or*
quand	*when*			donc	*therefore*
parce que	*because*				

4.5 *depuis* → *page 19*

To say how long something has been happening, you use **depuis** (*since*) with the present tense.
J'**habite** ici **depuis** cinq ans.
*I **have lived** here for five years.*
Elle **est** absente **depuis** trois mois.
*She **has been** absent for three months.*

4.6 Impersonal verbs → *pages 62, 148*

Impersonal verbs are normally only used in the **il** form. The most common of these is **falloir** (*to be necessary*) → **il faut** (*it is necessary* or *I/you have to* or *he/she/it has to*).

il faut is often followed by the infinitive, but it can be followed by a noun.
Il faut **écouter** le professeur.
You must listen to the teacher.
Il faut **de la musique.**
We need music.

The perfect tense of **il faut** is **il a fallu**. The imperfect is **il fallait**.

The following verbs can also be used impersonally:
manquer (*to miss*) → **il manque** (*it's missing/lacking*)
Il me **manque** du papier.
I haven't got any paper.

rester (to stay) → **il reste** (*there is/are left*)
Il reste trois jours avant mon anniversaire.
There are three days left until my birthday.

4.7 Expressions with *avoir* → *page 146*

Some expressions with the verb *to be* in English use **avoir** in French.
J'ai froid.   *I am cold.*

avoir 14 ans	*to be 14 years old*
avoir chaud	*to be hot*
avoir froid	*to be cold*

avoir faim	to be hungry
avoir soif	to be thirsty
avoir raison	to be right
avoir tort	to be wrong
avoir peur	to be afraid

avoir besoin de (*to need*) can be followed by a noun or a verb in the infinitive.

J'ai besoin **d'un stylo**. *I need a pen.*

As-tu besoin **d'acheter** du lait?

Do you need to buy some milk?

4.8 Time expressions

Certain time expressions are usually used with certain tenses.

Past	Present	Future
l'année dernière *last year* samedi dernier *last Saturday* hier *yesterday*	normalement *normally* généralement *generally* d'habitude *usually* de temps en temps *from time to time* parfois *sometimes*	l'été prochain *next summer* l'année prochaine *next year* demain *tomorrow*

When **il y a** is used before an expression of time, it means *ago*.

il y a une semaine *a week ago*

SECTION 5 Extras

5.1 Numbers

1 un	14 quatorze
2 deux	15 quinze
3 trois	16 seize
4 quatre	17 dix-sept
5 cinq	18 dix-huit
6 six	19 dix-neuf
7 sept	20 vingt
8 huit	21 vingt et un
9 neuf	22 vingt-deux
10 dix	30 trente
11 onze	40 quarante
12 douze	50 cinquante
13 treize	60 soixante

70 soixante-dix	91 quatre-vingt-onze
71 soixante et onze	92 quatre-vingt-douze
72 soixante-douze	100 cent
80 quatre-vingts	101 cent un
81 quatre-vingt-un	200 deux cents
82 quatre-vingt-deux	300 trois cents
90 quatre-vingt-dix	1000 mille
	2000 deux mille

5.2 Days

In French the days of the week and the months do not begin with a capital letter.

lundi	*Monday*	vendredi	*Friday*
mardi	*Tuesday*	samedi	*Saturday*
mercredi	*Wednesday*	dimanche	*Sunday*
jeudi	*Thursday*		

lundi **on** *Monday*

le lundi /tous les lundis

every Monday, **on** *Mondays*

lundi matin/après-midi/soir

on *Monday morning/afternoon/evening*

5.3 Dates

janvier	*January*	juillet	*July*
février	*February*	août	*August*
mars	*March*	septembre	*September*
avril	*April*	octobre	*October*
mai	*May*	novembre	*November*
juin	*June*	décembre	*December*

le 12 février *on the 12th of February*

On va en France le 3 août.

We are going to France on the 3rd of August.

le premier mai *the 1st of May*

5.4 Times

sept heures	*seven o'clock*
sept heures dix	*ten past seven*
sept heures et quart	*quarter past seven*
sept heures et demie	*half past seven*
sept heures quarante-cinq	*seven forty-five*
huit heures moins le quart	*quarter to eight*
midi/minuit	*12 midday/midnight*

The 24-hour clock is used much more frequently in French than it is in English.

neuf heures vingt	9.20 am
quinze heures quinze	3.15 pm
vingt heures quarante-cinq	8.45 pm

Quelle heure est-il?	*What time is it?*
Il est neuf heures.	*It is nine o'clock.*
à dix heures	*at ten o'clock*

Verb tables

Regular verbs

infinitive	present tense		perfect tense	future	imperfect
-er verbs jouer (*to play*)	je joue tu joues il/elle/on joue	nous jouons vous jouez ils/elles jouent	j'ai joué	je jouerai	je jouais
-ir verbs finir (*to finish*)	je finis tu finis il/elle/on finit	nous finissons vous finissez ils/elles finissent	j'ai fini	je finirai	je finissais
-re verbs attendre (*to wait for*)	j'attends tu attends il/elle/on attend	nous attendons vous attendez ils/elles attendent	j'ai attendu	j'attendrai	j'attendais
Reflexive verbs se coucher (*to go to bed*)	je **me** couche tu **te** couches il/elle/on se couche	nous **nous** couchons vous **vous** couchez ils/elles **se** couchent	je me suis couché(e)	je me coucherai	je me couchais

Key irregular verbs

infinitive	present tense		perfect tense	future	imperfect
aller (*to go*)	je vais tu vas il/elle/on va	nous allons vous allez ils/elles vont	je suis allé(e)	j'irai	j'allais
avoir (*to have*)	j'ai tu as il/elle/on a	nous avons vous avez ils/elles ont	j'ai eu	j'aurai	j'avais
être (*to be*)	je suis tu es il/elle/on est	nous sommes vous êtes ils/elles sont	j'ai été	je serai	j'étais
faire (*to do/make*)	je fais tu fais il/elle/on fait	nous faisons vous faites ils/elles font	j'ai fait	je ferai	je faisais

Other irregular verbs

infinitive	present tense		perfect tense	future	imperfect
acheter (*to buy*)	j'achète tu achètes il/elle/on achète	nous achetons vous achetez ils/elles achètent	j'ai acheté	j'achèterai	j'achetais
s'appeler (*to be called*)	je m'appelle tu t'appelles il/elle/on s'appelle	nous nous appelons vous vous appelez ils/elles s'appellent	je me **suis** appelé(e)	je m'appellerai	je m'appelais
apprendre (*to learn*) – see **prendre**					
boire (*to drink*)	je bois tu bois il/elle/on boit	nous buvons vous buvez ils/elles boivent	j'ai bu	je boirai	je buvais

infinitive	present tense		perfect tense	future	imperfect
comprendre (*to understand*) – see **prendre**					
conduire (*to drive*)	je conduis tu conduis il/elle/on conduit	nous conduisons vous conduisez ils/elles conduisent	j'ai conduit	je conduirai	je conduisais
connaître (*to know*)	je connais tu connais il/elle/on connaît	nous connaissons vous connaissez ils/elles connaissent	j'ai connu	je connaîtrai	je connaissais
courir (*to run*)	je cours tu cours il/elle/on court	nous courons vous courez ils/elles courent	j'ai couru	je courrai	je courais
croire (*to believe*)	je crois tu crois il/elle/on croit	nous croyons vous croyez ils/elles croient	j'ai cru	je croirai	je croyais
décrire (*to describe*) – see **écrire**					
devenir (*to become*) – see **venir**					
devoir (*to have to/ ... must*)	je dois tu dois il/elle/on doit	nous devons vous devez ils/elles doivent	j'ai dû	je devrai	je devais
dire (*to say*)	je dis tu dis il/elle/on dit	nous disons vous dites ils/elles disent	j'ai dit	je dirai	je disais
dormir (*to sleep*)	je dors tu dors il/elle/on dort	nous dormons vous dormez ils/elles dorment	j'ai dormi	je dormirai	je dormais
écrire (*to write*)	j'écris tu écris il/elle/on écrit	nous écrivons vous écrivez ils/elles écrivent	j'ai écrit	j'écrirai	j'écrivais
envoyer (*to send*)	j'envoie tu envoies il/elle/on envoie	nous envoyons vous envoyez ils/elles envoient	j'ai envoyé	j'enverrai	j'envoyais
essayer (*to try*)	j'essaie tu essaies il/elle/on essaie	nous essayons vous essayez ils/elles essaient	j'ai essayé	j'essaierai	j'essayais
se lever (*to get up*)	je me lève tu te lèves il/elle/on se lève	nous nous levons vous vous levez ils/elles se lèvent	je me **suis** levé(e)	je me lèverai	je me levais
lire (*to read*)	je lis tu lis il/elle/on lit	nous lisons vous lisez ils/elles lisent	j'ai lu	je lirai	je lisais
manger (*to eat*)	je mange tu manges il/elle/on mange	nous mangeons vous mangez ils/elles mangent	j'ai mangé	je mangerai	je mangeais

infinitive	present tense		perfect tense	future	imperfect
mettre (*to put*)	je mets tu mets il/elle/on met	nous mettons vous mettez ils/elles mettent	j'ai mis	je mettrai	je mettais
ouvrir (*to open*)	j'ouvre tu ouvres il/elle/on ouvre	nous ouvrons vous ouvrez ils/elles ouvrent	j'ai ouvert	j'ouvrirai	j'ouvrais
partir (*to leave*)	je pars tu pars il/elle/on part	nous partons vous partez ils/elles partent	je **suis** parti(e)	je partirai	je partais
pouvoir (*to be able to/ … can*)	je peux tu peux il/elle/on peut	nous pouvons vous pouvez ils/elles peuvent	j'ai pu	je pourrai	je pouvais
préférer (*to prefer*)	je préfère tu préfères il/elle/on préfère	nous préférons vous préférez ils/elles préfèrent	j'ai préféré	je préférerai	je préférais
prendre (*to take*)	je prends tu prends il/elle/on prend	nous prenons vous prenez ils/elles prennent	j'ai pris	je prendrai	je prenais
recevoir (*to receive*)	je reçois tu reçois il/elle/on reçoit	nous recevons vous recevez ils/elles reçoivent	j'ai reçu	je recevrai	je recevais
rire (*to laugh*)	je ris tu ris il/elle/on rit	nous rions vous riez ils/elles rient	j'ai ri	je rirai	je riais
savoir (*to know*)	je sais tu sais il/elle/on sait	nous savons vous savez ils/elles savent	j'ai su	je saurai	je savais
sentir (*to feel*)	je sens tu sens il/elle/on sent	nous sentons vous sentez ils/elles sentent	j'ai senti	je sentirai	je sentais
servir (*to serve*)	je sers tu sers il/elle/on sert	nous servons vous servez ils/elles servent	j'ai servi	je servirai	je servais
sortir (*to go out*)	je sors tu sors il/elle/on sort	nous sortons vous sortez ils/elles sortent	je **suis** sorti(e)	je sortirai	je sortais
venir (*to come*)	je viens tu viens il/elle/on vient	nous venons vous venez ils/elles viennent	je **suis** venu(e)	je viendrai	je venais
voir (*to see*)	je vois tu vois il/elle/on voit	nous voyons vous voyez ils/elles voient	j'ai vu	je verrai	je voyais
vouloir (*to want to*)	je veux tu veux il/elle/on veut	nous voulons vous voulez ils/elles veulent	j'ai voulu	je voudrai	je voulais

Vocabulaire

A

il y en a pour tout le monde	there's something for everyone
à bientôt	see you soon
à demain	see you tomorrow
à moi/à toi	mine/yours
à peu près	about
abîmé(e)	broken/damaged/ worn out
d' abord	at first
aborder	to tackle
l' abréviation (f)	abbreviation
abriter	to shelter
absorber	to absorb
l' acceptation (f)	acceptance
l' accès (m)	access
l' accro (m/f)	addict/fan
l' accueil (m)	welcome
les achats (m)	purchases
s' acheter	to buy oneself
acquis(e) à	kept by
actuellement	at present
l' acuité visuelle	sharpness of vision
adapter	to adapt
l' adhésion (f)	membership
administratif/ve	administrative
l' administration (f) locale	local government
s' adresser à	to be aimed at
l' adversaire (m/f)	opponent
l' aérobic (m)	aerobics
les affaires (f)	things/kit
d' affilée	in a row
affreux/euse	awful
afin de	so as to
l' agence (f) d'emploi	employment agency
s' agir de	to be about
quand il s' agit de	when it's a question of
agrandir	to enlarge
agréable	pleasant
l' agriculteur/euse	farmer
ailleurs	elsewhere
ainsi	so/in this way
être à l' aise	to be comfortable/ at ease
ajouter	to add
alcoolisé(e)	alcoholic
alimentaire	food (adj.)
l' alimentation (f)	food
allergique	allergic
allumer	to turn on
ou alors	or maybe
alors que	when
l' alpage (m)	mountain pasture
l' ambiance (f)	atmosphere
améliorer	to improve
aménagé(e)	fitted
amener	to take
l' amour (m)	love
l' ananas (m)	pineapple
ancien(ne)	old/ancient/ex
une ancienne petite copine	an ex-girlfriend

l' animateur/trice (de club)	(club) leader
l' animation (f)	activity
animé(e) par	presented by
l' annonce (f)	advert
les antibiotiques (f)	antibiotics
l' antimite (m)	mothballs
apparaître	to appear
l' appareil-photo (m)	camera
appartenir (à)	to belong (to)
apporter	to bring
apprécié(e)	appreciated/ desirable
apprécier	to appreciate/enjoy
apprendre	to learn/teach
approprié(e)	appropriate
d' après	based on
d' après lui/elle	according to him/ her
l' arme (f) à feu	firearm
les arrhes (f)	charges
il arrive que	sometimes
l' artère (f)	artery
les artichauts (m)	artichokes
les arts (m) martiaux	martial arts
les arts (m) plastiques	fine arts
l' aspect (m)	appearance
s' asseoir	to sit down
assez de	enough
assis(e)	sitting down
l' assistance (f)	help
assurer	to guarantee/ ensure
l' asthme (m)	asthma
l' atelier (m)	workshop
l' atout (m)	asset
l' attaquant(e)	striker/forward
atteindre	to reach
être atteint(e) de	to be suffering from
attenant(e)	en suite
l' attente (f)	waiting
faire attention à	to look after/pay attention to
attirer	to attract
au-delà	beyond/in addition to
au-dessus	above
avoir aucune importance	to be of no importance
audio-visuel	audiovisual
auprès de	with
aussi longtemps que possible	as long as possible
l' auteur (m)	the author
autour de	around
d' autre(s)	other
autrefois	at one time/in the past
l' autruche (f)	ostrich
il n'y avait pas de place	there was no room
avancé(e)	advanced
s' avancer	to get ahead
d' avant	(from) before
avant J.C.	B.C.
l' avantage (m)	the advantage

à l' avenir (m)	in future
l' averse (f)	shower
l' aviron (m)	rowing
l' avocat(e)	lawyer
pour ne pas avoir à	so as not to have to
avouer	to admit

B

le bac (baccalauréat)	(equivalent of A levels)
les bagagistes (m)	baggage handlers
la bague	ring
la baignade	swimming
se baigner	to have a bath/ swim
le bal	dance/ball
la barquette	container/punnet
en bas	downstairs
basé(e)	based
le bassin	basin
faire du bateau à voile	to go sailing
le bâtiment	building
à la belle étoile	under the stars
avoir besoin de	to need
faire des bêtises (f)	to be silly
beurk	yuck
le bien-être	well-being
la bière	beer
la bijouterie (f)	jewellery department/shop
blessé(e)	injured
le bois	wood
la boisson	drink
la boîte	night club
en boîte (f)	at a night club
de bonne heure	early
bosser	to work (familiar)
la boucherie	butcher's
les boucles (f) d'oreille	earrings
la boulangerie	bakery
le boulot	work/job (familiar)
à bout de souffle	out of breath
au boulot!	to work!
la boxe	boxing
le branchement	connection
briller	to shine
le bruit (m)	noise
brûler	to burn
brûler le feu rouge	to go through a red light
la brume	mist
bruyant(e)	noisy
la buanderie	laundry
la bûche de Noël	Christmas log (cake)
la bulle	speech bubble
le but	goal

C

c'est-à-dire	that is to say
c'est pour ça	that's why
la cabine d'essayage	fitting room
le cabinet (médical/ vétérinaire)	(doctor's/ veterinary) surgery

le cadre	framework/setting
la caisse	the cash desk/ checkout
calorique	calorific
la camionnette	van
le canapé	sofa
le canapé-lit	sofa bed
la canette	can
le canotage	boating
le car de ramassage	school bus
le caractère	character
les Caraïbes (f)	the Caribbean
le carburant pour fusée	rocket fuel
caricaturer	to caricature/ exaggerate
le carnet d'adresses	address book
le carnet de dix tickets	book of 10 tickets
le carrefour	crossroads
carrément	really
la carrière	career
la cascade	stunt
le/la cascadeur/euse	stunt man/woman
le casque	helmet
casser	to break
catholique	Catholic
à cause de	because of
la caution	deposit
le/la cavalier/ère	horse rider
le CDI (centre de documentation et d'information)	school library
le CDI (contrat à durée indéterminée)	permanent contract
célèbre	famous
célibataire	unmarried/single
des centaines (f)	hundreds
cependant	nevertheless/ however
certains/certaines	some
le CES (collège d'éducation supérieure)	secondary school
la chaîne hi-fi	stereo
la chaleur	heat
le chameau	camel
champêtre	rural/rustic
avoir de la chance	I was lucky
la chanson	song
le chant	singing
à chaque fois	each time
la charcuterie	pork butcher's
avoir en charge	to be responsible for
chargé(e)	busy
charger la voiture	to load/pack the car
le chariot (de supermarché)	shopping trolley
le chauffage central	central heating
chauffer	to heat
la chauve-souris	bat
le/la chef	boss
la cheminée	fireplace
le chercheur scientifique	research scientist
la cheville	ankle
chevronné(e)	experienced
les chiffres (m)	numbers

chimique	chemical
chinois(e)	Chinese
le choix	choice
au chômage	unemployed
le chômage	unemployment
le/la chômeur/euse	unemployed person
choqué(e)	shocked
mon petit chou	my darling (lit. my little cabbage)
chouette	great
la chute d'eau	waterfall
ci-dessous	below
ci-dessus	above
le cidre	cider
cinématographique	film (adj.)
cinquième	fifth
la circulation	traffic
le jour de circulation	day when the service runs (e.g. trains)
classé(e)	seeded/ranked
la clé USB	USB flash drive
le climat	climate
climatisé(e)	air-conditioned
la clinique	clinic
la cloche	bell
au cœur de	at the heart of
le coin	corner
coincé(e)	jammed
collé(e)	stuck
collectif/ve	communal
la colline	hill
le/la colocataire	roommate/flatmate
la colombe	dove
la colonie de vacances	summer camp (for children)
colonisé(e)	colonised
le combat	fight
combattre	to fight
la combinaison de plongée	wet suit
combiner	to combine
la comédie musicale	musical
commander	to order
comme ça	like that/in that way
comme d'habitude	as usual
le/la commerçant(e)	market trader/shop keeper
les commerces (f)	shops
le commissariat de police	police station
commode	convenient
complet/ète	full
le comportement	behaviour
comprenant(e)	consisting of/ including
compris(e)	including
le/la comptable	accountant
le compte	account
compter	to count/to be important
compter parmi	to be among
les comptes (m)	the accounts
le/la concierge	the caretaker
conçu(e)	designed
avoir confiance (f) en soi	to be self-confident
confirmé(e)	experienced
la confiserie	sweet shop

les confiseries (f)	sweets
la confiture	jam
la confluence	confluence (point where two rivers meet)
le congé (annuel)	(annual) holiday
le/la plus connu(e)	the best known
le/la conquérant(e)	conqueror
le conseil	piece of advice
par conséquent	as a result
conserver	to conserve
la consigne	left luggage office
consister en	to consist of/ comprise
consommer	to consume/use
construire	to build
le container pour le verre	bottle bank
contaminé(e)	contaminated
le contenu	contents
le contrat	contract
contre	against
le contrôle	test
convaincre	to convince
les coordonnées (f)	personal details
la coquille	shell
correspondre	to match up
le côté	side
la côtelette d'agneau	lamb chop
le couchage	bedding
tout à coup	suddenly
le coup de fil	telephone call
la cour	playground
le cours	lesson
le cours facultatif	optional lesson
la course	race
les courses (f)	shopping
coûter	to cost
couvert(e)	covered
le/la CPE (conseiller/ère principal(e) d'éducation)	attendance and discipline counsellor in a French school
craquer	to crack/break
la crêpes	pancake
la criminalité	crime
je n'y crois pas	I don't believe it
croustillant(e)	crunchy/crusty
cuisiner	to cook
les cuisses (f) de grenouille	frogs' legs
cuit(e)	cooked
cultiver	to grow
la culture	culture

D

le débarquement	landing
débile	stupid
déborder	to overflow
débraillé(e)	scruffy
au début	in the beginning
le/la débutant(e)	beginner
les déchets (m)	rubbish
la déclaration	statement
déconcentrer	to distract
la découverte	exploration/ discovery
découvrir	to explore/discover
déçu(e)	disappointed
dedans	inside/in it

la défaite	defeat	
le défaut	fault	
se défendre	to defend oneself	
défendu(e)	forbidden	
la défenestration	crashing through windows	
le défi	challenge	
le défilé	parade	
dégoûtant(e)	disgusting	
la dégradation	damage	
dégueulasse	disgusting	
déguisé(e) en	dressed up as	
se déguiser en	to dress up as	
en dehors de	out of/off	
déjà	already	
déjeuner	to have lunch	
délinquant(e)	delinquent	
se demander	to ask oneself	
déménager	to move house	
une demi-heure	half an hour	
la demi-pension	half board	
démodé(e)	old-fashioned	
le/la dépanneur/euse	breakdown mechanic	
la dépanneuse	breakdown lorry	
le départ	departure	
le déplacement	transfer	
déposer	to drop off	
le dépôt de garantie	security deposit	
la déprime	depression	
depuis longtemps	a long time ago/ for a long time	
ça ne me dérange pas	I don't mind	
déranger	to upset/disturb	
se dérouler	to take place	
désagréable	unpleasant	
le désistement	cancellation	
désormais	from now on	
le dessin	drawing/art	
dessus	on it	
la détente	relaxation	
le détergent	detergent	
les deux	both of them	
deuxième	second	
devenir	to become	
le devoir sur table	class test	
digérer	to digest	
la dinde	turkey	
dîner	to have dinner	
se dire	to say to oneself/ each other	
directement après	straight after	
le/la directeur/trice	head teacher	
la/la directeur/trice technique	technical director	
discipliné(e)	well-behaved/ disciplined	
discipliner	to discipline	
disons	let's say	
la disponibilité	availability	
disponible	available	
la dispute	argument/quarrel	
se disputer	to argue	
le dissolvant	solvent	
distrait(e)	absent-minded/ scatty	
le distributeur de boîtes	can dispenser	
le domicile	home	
dominer	to dominate/ overlook	

c'est dommage	it's a shame	
le don	gift/aptitude/ donation	
donc	so	
donnant sur	overlooking	
se donner	to give each other	
donner à manger à	to feed	
donner l'impression de	to give the impression	
dont	whose/of which	
doré(e)	golden	
le dossier de candidature	application	
le double-vitrage	double glazing	
doué(e)	gifted/talented	
draguer	to chat up	
le drap	sheet	
dressé(e)	trained	
avoir le droit de	to be allowed to	
drôle	funny	
se dépêcher	to hurry	
du(e) à	due to	
le duc	duke	
la dune	sand dune	
durcir	to harden	
dur(e)	hard	
la durée	length/duration	
durer	to last	
dynamique	dynamic	

E

l' eau-de-vie (f)	brandy/spirit	
l' échange (m)	exchange visit	
s' échapper	to escape	
l' éclaircie (f)	sunny interval	
économiser	to save	
l' écran (m)	screen	
l' édition (f)	edition	
éducatif/ve	educational	
effectuer	to carry out	
faire des efforts (m)	to try/make an effort	
également	as well/equally	
l' égalité (f)	equality	
l' électroménager (m)	household appliances	
éliminer	to eliminate/vote off	
embêter	to annoy	
l' embouteillage (m)	traffic jam	
s' embrasser	to kiss each other	
empêcher	to prevent	
l' emplacement (m)	pitch (on campsite)	
l' emploi (m)	job	
emporter	to take away	
en ajoutant	adding	
en écoutant	while listening	
en plus	as well	
en trop	too much	
enceinte	pregnant	
encore	still/again	
encrasser	to clog up	
en dessous de	under	
l' endroit (m)	place	
énervé(e)	annoyed	
enfermé(e)	shut up/locked up	
enlever	to take off/remove	
l' ennemi (m/f)	enemy	
s' ennuyer	to get bored	
enregistrer	to record	

enrichissant(e)	enriching	
enseigner	to teach	
dans l' ensemble (m)	on the whole	
ensoleillé(e)	sunny	
ensuite	then	
entourer	to surround	
entouré(e) par	surrounded by	
s' entraîner	to train/practise	
l' entraîneur/euse	coach	
entre amis	among friends	
l' entreprise (f)	business	
à l' envers (m)	inside out/back to front	
donner envie à (quelqu'un)	to make (someone) want to	
(il) me fait envie	I want (it)	
environ	about	
l' épicerie (f)	grocer's shop	
les épinards (m)	spinach	
l' époque	period (in history)	
à cette époque	at that time	
épouvantable	awful	
l' épouvantail (m)	scarecrow	
équilibré(e)	balanced	
équipé(e) de	equipped with	
l' escalier (m)	stairs	
les escargots (m)	snails	
un espace vert	a green space	
essayer	to try	
l' essence (f)	petrol	
l' essentiel (m)	the main points/ the gist	
l' établissement (m)	establishment/ school	
l' étage (m)	floor/storey	
à l' étage	upstairs	
l' étalage (m)	window display	
étanche	waterproof	
étant donné	in view of	
l' étape (f)	stage	
l' état (m)	state	
l' état (m) civil	marital status	
s' étendre	to extend/stretch	
l' étoile (f)	star	
étonner	to amaze	
un être humain	a human being	
étroit(e)	narrow	
l' événement (m)	event	
éventuel(le)	possible	
éviter	to avoid	
un poste évolutif	job with opportunities for advancement	
évoqué(e)	mentioned	
un exercice de calcul	a sum	
un exercice de compréhension	a comprehension exercise	
expérimenter	to try out	
l' explosif (m)	explosive	
un exposé	a talk/presentation	
l' exposition (f)	exhibition	
exprimer	to express	
l' externe (m/f)	day pupil (at a boarding school)	
extérieur(e)	outside	
l' extrait (m)	extract	
extraordinaire	amazing	
extraverti(e)	outgoing/extravert	
extrême	extreme	

F

	fabriquer	to make
	face à	facing
	fâché(e)	angry
	facilement	easily
la	faculté	university
	faible	weak
le	faible	weakness
	faire de son mieux	to do one's best
se	faire des ami(e)s	to make friends
	familial(e)	family(-oriented)
se	faire	to make oneself
se	faire mal	to be hurt/injured
en	fait	in fact
	fascinant(e)	fascinating
	fatigant(e)	tiring
il	faut	you have to/we have to/I have to
il me	faut trois quarts d'heure	it takes me three quarters of an hour
le	fauteuil	armchair
le	fauteuil roulant	wheelchair
le	faux-filet	sirloin steak
	festif/ve	festive
la	fête	party/public holiday
faire la	fête	to have a party/have a good time
la	fête nationale	the national festival
	fêter	to celebrate
la	feuille	leaf
les	feux (m) d'artifice	fireworks
	fier/fière	proud
	filer	to rush
le	filet	net
la	fin	end
le	fleuve	river
la	flexibilité	flexibility
le	foie gras	foie gras (liver pâté)
des	fois	sometimes
au	fond	at the back
	fondé(e)	founded
	fondre	to melt
la	formation	training/education
la	formule	formula
	fort(e)	strong, loud
	fort(e) en	good at
	fortifié(e)	fortified
	fourni(e)	provided/supplied
	fournir	to supply/provide
	frais/fraîche	fresh
	fréquenté(e)	visited
	fréquenter	to go to
le	frigo	fridge
	frisé(e)	curly
la	frontière	border
le/la	funambule	tightrope walker
être	furieux/euse contre	to be furious with
au	futur proche	in the near future tense

G

	gallo-romain(e)	Franco-Roman
	garder	to keep
	gare à	be warned/beware
	garé(e)	parked
les	gars (m)	guys
le	gaspillage	waste
	gaspiller	to waste
	gâté(e)	spoilt
le	gazon	grass
	geler	to freeze
la	genouillère	knee pad
le	genre	kind/type
les	gens (m)	people
la	geste	gesture
le	gîte	holiday cottage
	glissant(e)	slippery
le/la	gosse	kid
le	goût	taste/liking
le	goûter	afternoon snack
	grâce à	thanks to
la	grande surface	hypermarket
	grandir	to grow (up)
faire la	grasse matinée	to have a lie in
	gratuit(e)	free (of charge)
la	grenouille	frog
la	grève	strike
	grignoter	to nibble
le	gros titre	headline
	grossir	to get fat
la	grotte	cave
la	GRS (gymnastique rythmique et sportive)	gymnastics
	guadeloupéen(ne)	Guadaloupian
	guérir	to cure/heal
le	guichet	ticket window
un	gymnase	a gym

H

	habile	skilful
	habiter	to live (in a place)
l'	habitude (f)	habit
s'	habituer à	to get used to
	haché(e)	minced
	haut(e)	high
les	hauteurs	the heights/high part
l'	haute couture (f)	high fashion
	hein	eh?
l'	hébergement (m)	accommodation
l'	herbe (f)	grass
	hériter	to inherit
à l'	heure (f)	on time
une	heure d'étude	an hour of private study
les	heures (f) de pointe	rush hour
une	heure de «trou»	a free lesson
	heureusement (que)	luckily
se	heurter contre	to crash into
l'	histoire (f) de cœur	affair of the heart
les	hockey sur gazon	field hockey
en	hommage à	as a tribute to/in honour of
c'est la	honte	it's embarrassing/a disgrace
l'	horaire (m)	the timetable
l'	horloge (f)	clock
avoir	horreur de	to hate
	hors de	outside
l'	hôte(sse)	host/hostess
l'	hôtel (m) de ville	the town hall
des	huîtres (f)	oysters
	humain(e)	human

l'	humeur (f)	mood
	humide	wet/humid

I

l'	île (f)	island
	immédiat(e)	immediate
l'	immigré(e)	immigrant
à l'	imparfait	in the imperfect tense
s'	impatienter	to get impatient
	important(e)	big/important
n'	importe comment	any old how
n'	importe quoi	any old thing
	impressionnant(e)	impressive
l'	imprimante (f)	printer
l'	incendie (m)	fire
l'	inconvénient (m)	the disadvantage
	indépendant(e)	separate/independent
	indiqué(e)	indicated
	indiscutablement	undeniably
	indiquer	to indicate/show
	indispensable	essential
l'	infirmier/ère	nurse
l'	informatique (f)	computers
l'	inondation (f)	flood
	inonder	to flood
s'	inquiéter	to worry
s'	inscrire	to join
s'	installer	to settle down
	intense	intensive
l'	interdiction (f) (de)	ban (on)
	intéressant(e)	attractive/interesting
quel est l'intérêt?		what's the point?
à l'	intérieur	inside
l'	internat (m)	boarding house (at a school)
l'	interne (m/f)	boarder (at a school)
	interprété(e) par	played by
l'	intimidation (f)	intimidation
l'	invité (m/f)	guest
	irrespirable	unbreathable/unbearable

J

le	jambon	ham
	jeté(e) par terre	thrown on the ground
le	jeu d'équipe	team game
	jeûner	to fast
la	joie	joy
le	jour de congé	holiday/bank holiday
de	jour comme la nuit	by day and night
le	journal télévisé	TV news
le/la	judoka	judoka/judo player
	jumeau/jumelle	twin
	jusqu'à	until
	juste	just/fair

L

	là	there
	là où j'habite	where I live
	là-bas	there/over there
	laisser	to let/allow/leave
	laisser traîner	to leave lying around
	large	baggy/wide
le	latin	Latin

faire du lèche-vitrines	to go window shopping
la lecture	reading
la lessive	washing powder/liquid
le lendemain	the next day
la lettre de motivation	application letter
la liberté	freedom
la librairie-papeterie	books and stationery department/shop
libre	free (vacant)
libre-service	self-service
le lieu	place
au lieu de	instead of
la ligne	figure
les lits (m) superposés	bunk beds
littoral(e)	coastal
littéraire	literary
le livraison	delivery
la livre	pound
la location	hire
les locaux (m)	the premises/building
le logement	housing/accommodation
la longueur	length
lorsque	when
le lot	batch/lot/pack
louer	to hire/rent
le loyer	rent
la luge	sledging
lutter contre	to fight against
le lycée général	general high school/sixth form school
le lycée technique	technical high school/sixth form school

M

faire les magasins (m)	to go shopping
la magie	magic
le maillot	sports shirt
à la main	in one's hand/holding
avoir mal à la tête	to have a headache
avoir mal au cœur	to feel sick
mal garé(e)	badly parked
ça s'est mal passé	it went badly
malgré	in spite of
la mangue	mango
le mannequin	model
manquant(e)	missing
le manque de	lack of
ne pas manquer de	to have plenty of
la mansarde	attic
marcher	to work
les marches (f)	steps
la marée	tide
marin(e)	marine/sea
marocain(e)	Moroccan
la marque	brand/make
marquer	to mark/score
j'en ai marre (de)	I'm fed up (with)
marron	brown
des masses (f) de	masses of
le massif	the massif (group of mountains)
un match amical	a friendly match

maternel(le)	maternal
la maternelle	nursery school
le mec	bloke/guy
le/la mécanicien(ne)	mechanic
les mèches (f)	highlights (in hair)
le médicament	medicine
la meilleure partie	the best bit
même	even
en même temps	at the same time
mensuel(le)	monthly
mentionné(e)	mentioned
la mer Méditerranée	the Mediterranean Sea
mériter	to deserve
la messe de minuit	midnight mass
mesurer	to measure
mettre deux heures	to take two hours
mettre en péril	to put in danger
mettre en prison	to put in prison
se mettre en route	to start off/set off
les meubles (m)	furniture
à mi-chemin	halfway
mince	slim
le milieu	background/environment
le milliard	billion
des milliers (m)	thousands
la mise en plis	perm (for hair)
la mise en pratique	practical training
le mitigeur	mixer tap
mixte	mixed
la mode de vie	lifestyle
modeste	modest
au moins	at least
la moitié	half
en ce moment	at the moment
beaucoup de monde	lots of people
mondial(e)	worldwide/in the world
le/la moniteur/trice	instructor
le morceau	bit/piece
monter	to climb/to carry up
se monter à	to amount to
monter dans le bateu	to board the boat
se moquer de	to make fun of
la mort	death
mort(e)	dead
mortel(le)	deadly
le moteur	engine/motor
la moto	motorbike
moyen(ne)	medium

N

naturel(le)	natural
la navette	shuttle bus
si nécessaire	if necessary
la neige	snow
nerveux/euse	nervous
nettement plus	much more
le nettoyage à sec	dry cleaning
nettoyer	to clean
ni … ni …	neither … nor …
le niveau	level
notamment	notably/especially
la note	mark/grade
se nourrir de	to feed on/eat food
la nourriture	food

nous-mêmes	ourselves
à nouveau	once again
le nuage	cloud
nuageux/euse	cloudy

O

s'occuper de	to look after/take care of
l'odeur (f)	smell
les œufs (m)	eggs
l'offre (f)	offer
l'oiseau (m)	bird
l'oiseau marin	sea bird
à l'ombre	in the shade
l'opérateur/trice	operator
l'orage (m)	(thunder)storm
l'orchestre (m)	stalls
l'ordinateur (m)	computer
l'oreiller (m)	pillow
l'origine (f)	the origin
l'orphelin(e)	orphan
où bon vous semble	where you see fit
ou … ou …	either … or …
ou bien	or maybe
ouvrir	to open

P

la paire	pair
le palais des congrès	conference hall
c'était la panique	we were panicking
en panne	broken down
le panneau	sign
les pantoufles (f)	slippers
la papeterie	stationer's/newsagent's
le paquet (m)	parcel/packet
le parapluie	umbrella
par cœur	by heart
par contre	on the other hand
par terre	on the floor/ground
paraître	to seem
le parapente	paragliding
le parcours acrobatique	obstacle course
parcouru(e)	travelled
parfois	sometimes
la parfumerie	perfume shop
parmi	among
le/la parrain(e)	godfather/godmother
à part	apart from/as well as
de la part de (quelqu'un) c'est	from (someone)
de la part de qui?	who's calling?
le partage	sharing
partager	to share
le/la partenaire	partner
participer à	to take part in
particulier/ère	particular/special
la partie	game/part
partout	everywhere
au pas de course	racing (lit. at racing pace)
pas mal	not bad
avoir pas mal de	to have quite a lot of
le passage	alley

ça c'est	
bien passé	it went well
au passé composé	in the perfect tense
passer	to spend (time)/ take (an exam)/ go past
passer devant	to walk past
passer un coup de fil	to give (someone) a call
la passerelle	walkway
le passe-temps	pastime
la patinoire	ice skating rink
le patin à glace	ice skating
la pâtisserie	cake shop
le pâtissier	pastry chef
la pause déjeuner	lunch break
le/la pauvre	the poor thing
le paysage	countryside/ landscape
pédagogique	educational/ teaching
à peine	hardly
la peinture	painting
pendant que	while
la pénicilline	penicillin
la pension complète	full board
le/la pentathlonien(ne)	pentathlete
la percussion humaine	stunt crashes
perdre	to lose
la période	period
permettre	to allow/give the opportunity
le personnage	character
persuader	to persuade
la pétanque	a kind of bowls game popular in France
le/la petit(e)	child
le petit copain	boyfriend
la petite copine	girlfriend
la petite annonce	small ad
peu	little
peuplé(e)	populated
le/la photographe	photographer
physiquement	physically
la pièce	play (at theatre)/ room (in house)
au pied de	at the foot of
pire(s)	worse
le pire	the worst thing
la pistache	pistachio
pittoresque	picturesque
le placard	cupboard
sur place	on the spot
plaire à	to please
(il) me plaît	I like (it)
le plat	dish/main course
plein(e) à craquer	full to bursting
en plein air	in the open air
pleurer	to cry
pleuvoir à verse	to pour down
la plongée	diving
le/la plongeur/euse	dish washer (in restaurant)/diver
la pluie	rain
la plupart	most
pour la plupart	mostly
de plus	as well
plus de	more/no more (depending on context)
le plus de ... possible	as much/many as possible
de plus en plus	more and more
plus tard	later
plusieurs	several
plutôt	rather/instead
le pneu	tyre
la poésie	poem
prendre	
du poids	to put on weight
les poils (m) de chat	cat hairs
les poivrons (m) (rouges)	(red) peppers
le/la politicien(ne)	politician
l'homme politique	politician
la femme politique	politician
les pompes (f)	press-ups
faire le pont	(have an extra day's holiday to join a bank holiday to the weekend)
portugais(e)	Portuguese
poser sa candidature	to apply
les poumons (m)	lungs
pour	for
le pourboire	tip
pourtant	however/yet
la poussette	pushchair
pratique	practical
pratiquer	to practise/do (a sport)
précéder	to come before
les précipitations (f)	precipitation/ rainfall
se précipiter	to rush
préciser	to specify
préférentiel(le)	favourable
les premiers soins (m)	first aid
se prendre au sérieux	to take oneself seriously
prendre des cours	to have lessons
préparatoire	preparatory
se préparer	to get ready
prescrire	to prescribe
au présent	in the present tense
le/la présentateur/euse	presenter
presque	nearly
pressé(e)	in a hurry
la pression	pressure
prestigieux/euse	prestigious
prêt(e)	ready
prêter	to lend
prévu(e)	planned
le primaire	primary education
privilégié(e)	favoured
le prix	price
prochainement	shortly/soon
le produit	product
profiter de	to take advantage of
faire des progrès	to make progress
la progression	progress
le projet	project
le/la promeneur/euse de chiens	dog walker
proposer un exposé	to give a talk/ presentation
propre	own
la propreté	the cleanliness
le/la propriétaire	owner
la propriété	property
le prospectus	prospectus
la protéine	protein
provenant(e) de	coming from
avec proximité de	near
la prune	plum
la pub	advert
le public	the audience
la publicité	advert
puisque	since
puissant(e)	powerful
pur(e)	pure
la pyrotechnie	pyrotechnics/ fireworks
Q	
Qu'est-ce qu'on s'ennuie!	How boring!
quand même	even so/all the same
quant à	as for
le quartier	area (of a town)
en quelle quantité?	how much?
quelque chose de différent	something different
quelques	some
faire la queue	to queue up
quitter	to leave
quoi?	what?
R	
le rabais	reduction/discount
raccourcir	to shorten
racketter	to bully
raconter	to tell
rafraîchissant(e)	refreshing
ramasser	to pick up
ramener	to take back
rapidement	quickly
rarement	rarely
se rassembler	to get together/ gather
rater mes examens	to fail my exams
le rayon	shelf/department (in store)/ray
réagir	to react
le/la réalisateur/trice de films	film director
réalisé(e) par	directed by
se réaliser	to come true
récemment	recently
recevoir	to receive
le réchaud	portable stove
la recherche	research
recommander	to recommend
recruter	to recruit
récupérer	to get back/retrieve
redoubler	to repeat a year
la réduction	reduction/discount
réduire	to reduce
refaire	to do again
la règle	rule/ruler
en règle générale	as a rule/generally

rejoindre	to meet/join
un bon relationnel	good interpersonal skills
relax	relaxed
religieux/euse	religious
se remarier	to remarry
remarquer	to notice
le remboursement	refund
rembourser	to reimburse/refund
en remplaçant	replacing
la rencontre	meeting
le rendez-vous	meeting/appointment
pour s'y rendre	to get there
rendre (+ adj.)	to make (+ adj.)
rendre visite	to visit
renforcer	to strengthen
renoncer à	to give up
les renseignements (m)	information
réparer	to repair
le repas	meal
le repassage	ironing
le répondeur	answering machine
le reportage	report
se reposer	to rest
reprendre	to start again
requis(e)	required
réserver	to keep/reserve/save
résister	to resist/last
respirer	to breathe
ressembler à	to look like
le reste	the rest
restituer	to repay/return
le résultat	result
retentir	to ring
retrouver	to find (again)
la réunion	meeting
réunis	together
réussir	to succeed
réutiliser	to reuse
en revanche	on the other hand
réveillé(e)	awake
le rêve	dream
le réveil	alarm (clock)
révéler	to show
faire revivre	to bring back to life
revoir	to see (again)
le rez-de-chaussée	ground floor
rien de plus simple	nothing could be easier
rigoler	to have a laugh
la rigueur	rigour/strictness
le roi	king
le rôle principal	the lead role
les Romains (m)	the Romans
le roman	novel
rôti(e)	roasted
la rue principale	the main street

S

le sable	sand
le sac à main	handbag
le salaire	salary
la salle d'attente	waiting room
la salle d'eau	bathroom
la salle d'informatique	computer room
le salon de coiffure	hairdresser's salon
le sang	blood
les sanitaires (m)	bathroom/toilets
sans	without
il va sans dire	it goes without saying
sauf	except
le saut en longueur	long jump
sauver la vie de	to save the life of
en savoir plus sur	to know more about
la scène	stage/scene
la scolarité	schooling/education
la séance d'entraînement	training session
la section	department/section
la sécurité	safety
en sécurité	safely
séduisant(e)	attractive
le séjour	stay
séjourner	to stay
le self	self-service restaurant
selon vous	in your opinion
faire semblant de	to pretend to
sénégalais(e)	Senegalese
le sens	meaning/sense
le sens de l'humour	sense of humour
sensass	fantastic
la sensation	feeling
sensible	sensitive
sentir	to smell
se sentir	to feel
se sentir bien	to feel good
la série	TV serial
sérieux/euse	serious
la seringue	syringe
ne servir à rien	to be no use
seul	only
le/la seul(e)	the only one
non seulement … mais aussi	not only… but also
si loin	so far
si près	so near
le siècle	century
signifier	to mean
sillonner	to criss-cross
sinistre	sinister
sinon	otherwise
le site pétrolier	oil refinery
le site pittoresque	beauty spot
le site touristique	tourist attraction
situé(e)	situated
la société	company
soigneusement	carefully
les soldes (m)	sales
le solvant	solvent
le sommet	summit
son et lumières	sound and light show
sonner	to ring
la sonnerie	bell
la sortie	exit
la sortie de secours	emergency exit
sortir de sa coquille	to come out of one's shell
sortir en courant	to run out
se soucier de	to care about
le souffle	breath
souffrir de	to suffer from
souhaiter	to wish
la source	source
sous réserve de	subject to
sous une tente	in a tent
sous-titré(e)	sub-titled
souterrain(e)	underground
se souvenir (de)	to remember
le spectacle	show
le sport aquatique	water sport
le sport de glisse	winter sport (involving sliding)
le/la standardiste	receptionist
stratégique	strategic
la sucette	lollipop
sucré(e)	sweet (sugary)
les sucreries (f)	sweet foods
le sud	south
suffisamment	enough
suite à	following
la suite de l'histoire	what happens next
suivi(e) par	followed by
suivre	to follow
la superficie	area
supplémentaire	additional/extra
supportable	bearable
faire du surf	to go surfing
le surnom	nickname
surnommer	to nickname
surtout	especially
le/la surveillant(e)	supervisor/warder
le symptôme	symptom
le syndicat d'initiative	tourist information office

T

le tableau	picture/scene
la taille	size/height
talentueux/euse	talented
tandis que	while/whereas
la tapisserie	tapestry
le tarif	rate/price list
la tarte au citron	lemon tart
la tarte aux abricots	apricot tart
la tartine	piece of bread and butter
un tas	pile
la techno	technology/techno music
teint(e)	dyed
dans un tel état	in such a state
la télé-réalité	reality TV
le/la téléspectateur/trice	TV viewer
télévisé(e)	televised
pas tellement	not much
tellement de	so many/such a lot of
tempéré(e)	temperate
à temps complet	full-time
à temps partiel	part-time
se tenir (responsable de)	to hold oneself (responsible for)
tenir compte de	to take into account/include
tenté(e)	tempted
tenter	to tempt
la tenue	outfit/kit
se terminer	to finish

terrifiant(e)	terrifying
en tête	leading
le TGV (train de grande vitesse)	fast train
le théâtre	drama
le thon	tuna
il ne tient qu'à vous	it's up to you
le tiroir	drawer
le tissu	material/fabric
le titre de transport	ticket
le titre de voyage	ticket
le toit	roof
tolérant(e)	tolerant
la tombée de la nuit	night fall
tomber amoureux	to fall in love
tomber en panne	to break down
tomber malade	to fall ill
la torche humaine	human torch (a kind of stunt)
tôt	early
toucher à	to touch
toujours	still/always
toulousain(e)	from Toulouse
le tournoi	tournament
tout à fait	completely
tout allait bien	everything was going well
tout ça	all that
tout finit bien	there's a happy ending
tout le long de	all along
tout près	very near
toutefois	nevertheless
toutes sortes	all sorts
toxique	toxic
traditionnel(le)	traditional
traduire	to translate
être en train de	to be in the middle of
traîner	to drag/lie around
se traîner	to traipse around/ hang out
le traitement	treatment
traiter	to treat
le transport en commun	public transport
transporter	to take/carry (in vehicle)
à travers	through
traversé(e) par	crossed by
la traversée	crossing
traverser	to cross
trébucher	to trip up
trempé(e) jusqu'aux os	soaked to the skin
tremper	to wet/dunk
une trentaine	about thirty
se tromper	to make a mistake
le trottoir	the pavement
le trou	hole
la trousse de premiers soins	first aid kit
se trouver	to be situated
(pas) mon truc	(not) my thing
tué(e)	killed
tuer	to kill
le/la tueur/euse	killer
le type	guy/bloke

U

ultérieur(e)	later on
uniquement	only
urbain(e)	urban
l' usine (f)	factory

V

la vague	wave
vaincre	to defeat
la vaisselle	crockery/washing up
la valise	suitcase
valoriser	to enhance
varié(e)	varied
varier	to vary
la vedette	star (film, etc.)
la veille de Noël	Christmas Eve
le/la vendeur/euse	the shop assistant
vendre	to sell
la vente ambulante	trolley service
vérifier	to check
la vérité	truth
le vernis à ongles	nail varnish
vers	towards
les vestiaires (m)	changing rooms/ cloakrooms
la viande	meat
la vie personnelle	personal life
la vigne	vineyard
vivant(e)	lively
venir (me) chercher	to come and pick (me) up
un vice de moins	one less vice
par voie électronique	electronically
la voile	sailing
se voir	to see each other
les voisins (m) d'à côté	next door neighbours
le vol	flight/theft
voler	to fly/steal
le/la voleur/euse	thief
la volonté	will power
vomir	to vomit
je voudrais bien	I'd really like to

Y

y	(at/to) there
le yaourt	yoghurt

Z

la zone résidentielle	residential area

Vocabulaire *anglais – français*

A

	about	environ/à peu près
	abroad	à l'étranger
	accountant	le/la comptable
well-	acted	bien joué
	action film	le film d'action
	active	actif/ve
	actor/actress	l'acteur/trice
he/she is	addicted	il/elle est dépendant(e)
	addiction	la dépendance
	administrative	administratif/ve
	advert	l'annonce (f)
	Africa	l'Afrique (f)
	after	après
	against	contre
I'm	against … because …	je suis contre … parce que …
at the	age of …	à l'âge de … ans
	aggressive	agressif/ve
(ten years)	ago …	il y a (dix ans) …
	AIDS	le sida
	airline steward/ stewardess	le steward/ l'hôtesse de l'air
	airport	l'aéroport (m)
	alcohol	l'alcool (m)
	all the time	tout le temps
it's	almost impossible to …	c'est prèsque impossible de …
in/to the	Alps	dans les Alpes
	always	toujours
I've	always lived there	j'y habite depuis toujours
	ambition	l'ambition (f)
	ambitious	ambitieux/euse
	ambulance	l'ambulance (f)
	amusing	amusant(e)
he/she	annoys me	il/elle m'embête/ m'énerve
	anorexia	l'anorexie (f)
I	answered the telephone	je répondais au téléphone
	antiseptic cream	la crème antiseptique
	appalling	épouvantable
	apple tart	la tarte aux pommes
to	apply for	poser sa candidature pour
to do an	apprenticeship (with Citroën)	faire un apprentissage (chez Citroën)
	approximately	environ/à peu près
	apricots	les abricots (m)
the	area (part of town)	le quartier
	arm	le bras
	A-road	la route nationale
	arrogance	l'arrogance (f)
	arrogant	arrogant(e)
	as	vu que
	as you see from my CV …	comme vous verrez dans mon CV, …
	at home	à la maison/chez moi
	at the bus stop	à l'arrêt de bus
	atmosphere	l'ambiance (f)

in the	attic	dans les combles (m)
in	autumn	en automne
	average	moyen(ne)

B

to do	babysitting	faire du babysitting
	back	le dos
at the	back (of)	au fond (de)
the	bad thing is …	ce qui est nul, c'est …
	badly	mal
	bag	le sac
	baggy	large
	baker	le/la boulanger/ère
	balcony	le balcon
	banana	la banane
	bandage	le pansement
	bank	la banque
in the	basement	au sous-sol
to play	basketball	jouer au basket
	bathroom	la salle de bains
the	battery is flat	la batterie est à plat
I'll	be …	je serai
	beautiful	beau/bel/belle
(it's)	because of (the pollution)	(c'est) à cause de (la pollution)
to	become (a doctor)	devenir (médecin)
	bed	le lit
to go to	bed	se coucher
	bed and breakfast	la chambre d'hôte
	bedding	le linge
	bedroom	la chambre
	beer	la bière
to	begin	commencer
	beginner	le/la débutant(e)
	behaviour	le comportement
	behind	derrière
	belt	la ceinture
the	best	le/la meilleur(e)
the	best bit (of the film)	la meilleure partie (du film)
the	best known	le/la plus connu(e)
	better	mieux
it would	be better (to take) …	il vaut mieux (prendre) …
	between	entre
the	biggest problem in the world is …	le plus grand problème du monde, c'est …
	bike	le vélo
	bill	l'addition (f)
	bin	la poubelle
	biology	la biologie/les SVT
	birthday	l'anniversaire (m)
	biscuit	le biscuit
	bit	un peu
	block of flats	l'immeuble (m)
	body	le corps
	bookcase	l'étagère (f)
I	booked appointments	je prenais les rendez-vous
	bookshop	la librairie
	boring	barbant(e)/ ennuyeux/euse
	boss	le/la patron(ne)

	bottle	la bouteille
	bowling alley	le bowling
	bowling area	le terrain de pétanque
	boxing	la boxe
	boyfriend	le petit copain
to	brake	freiner
the	brakes aren't working	les freins ne marchent pas
	brave	courageux/euse
	bread	le pain
	break (only lasts …)	la récré (ne dure que …)
to	break down (in a car)	tomber en panne
for	breakfast I had (some bread)	au petit déjeuner, j'ai mangé (du pain)
you can't	breathe	on ne peut pas respirer
to	bring	apporter
	brochure	le dépliant
I've	broken my leg	je me suis cassé la jambe
	builder	le maçon
they are	building (a new motorway)	on construit (une nouvelle autoroute)
we	built (a little park)	on a construit (un petit parc)
	bulimia	la boulimie
	burger	le steak haché
by	bus	en bus/car
	bus lane	le couloir réservé au bus
	bus pass	le forfait
	bus station	la gare routière
	bus stop	l'arrêt (m) d'autobus
	business	l'entreprise (f)
it was very	busy (crowded)	il y avait du monde
	butter	le beurre

C

	café	le café
(small)	cakes	les (petits) gâteaux (m)
I'll	call back tomorrow	je rappellerai demain
	calm	calme
	camaraderie	la camaraderie
I	came home (at 4.30)	je suis rentré(e) (à 4h30)
to go	camping	faire du camping
	campsite	le camping
	can you (hire bikes)?	est-ce qu'on peut (louer des vélos)?
to go	canoeing	faire du canoë-kayak
	canteen	la cantine
	cap	la casquette
	captain	le/la capitaine
	car park	le parking
my	car won't start	ma voiture ne démarre plus

my car's broken down	ma voiture est tombée en panne
caravan	la caravane
cardboard	le carton
cardigan	le chandail
to play cards	jouer aux cartes (f)
carpenter	le menuisier
cartoon	le dessin animé
cashier	le/la caissier/ère
castle	le château
cathedral	la cathédrale
cauliflower	le chou-fleur
cellar	la cave
cereals	les céréales (f)
champion	le/la champion(ne)
championship	le championnat
to change the situation	changer la situation
to chat (with)	bavarder (avec)
chatty	bavard(e)
cheese board	le plateau de fromages
chef	le/la chef de cuisine
chemistry	la chimie
cherries	les cerises (f)
to play chess	jouer aux échecs (m)
chest of drawers	la commode
chicken	le poulet
child minder	la nourrice
to have children	avoir des enfants
chips	les frites (f)
chocolate mousse	la mousse au chocolat
chocolates	les chocolats (m)
to choose	choisir
to have a family Christmas	fêter Noël en famille
church	l'église (f)
cider	le cidre
cigarettes	les cigarettes (f)
clean	propre
clever	intelligent(e)
climbing holiday	le stage d'escalade
clock	l'horloge (f)
cloth bag	le sac en toile
clothes	les vêtements (m)
it is/was/will be cloudy	il y a/avait/aura des nuages
by coach	en car
coast	la côte
coat	le manteau
coffee	le café
to have a cold	être enrhumé(e)
colleagues	les collègues (m/f)
to collect money	collecter de l'argent
he/she collided with	il/elle est entré(e) en collision avec
to come home (before 10 pm)	rentrer (avant 22 heures)
comedy	la comédie
comfortable	confortable
comic book	la BD
commercial port	le port commercial
to complain about	se plaindre de
a complete waste of time	une perte de temps totale
completely (unacceptable)	tout à fait (inacceptable)
it wasn't completely positive	ce n'était pas complètement positif
to compromise one's future	compromettre son avenir
to play on the computer	jouer à l'ordinateur (m)
computer games	les jeux (m) de console
computer operator	l'informaticien(ne)
concert	le concert
conservation	la conservation
constantly	constamment
contact with people	le contact avec les gens
container for glass	le container pour le verre
competition	le concours
continue (to the crossroads)	continue/continuez (jusqu'au carrefour)
to continue one's studies	continuer ses études
the cook	le/la cuisinier/ère
on the corner (of)	au coin (de)
cotton (shirt)	(la chemise) en coton
to cough	tousser
we/you could …	on pourrait …
I could (go on diet)	je pourrais (faire un régime)
council house/flat	une HLM
in the country	à la campagne
countryside	le paysage
we created (a green space/a pedestrian precinct)	on a créé (un espace vert/une zone piétonne)
credit card	la carte de crédit
creperie	la crêperie
crime	la criminalité
crisps	les chips (mpl)
cross the bridge/road	traverse/traversez le pont/la rue
crossroads	le carrefour
crude oil	le pétrole
curly hair	les cheveux (m) frisés
cute	mignon(ne)
to go cycling	faire du vélo/cyclisme

D

damage	les dégâts (m)
to damage one's health	abîmer sa santé
to go dancing	faire de la danse
dangerous	dangereux/euse
dark-haired	brun(e)
to do a degree	faire une licence
delay	le retard
to deliver newspapers	livrer des journaux
to do deliveries	faire les livraisons (m)
denim (jeans)	(le jean) en denim
dentist's appointment	le rendez-vous chez le dentiste
it depends	ça dépend
dessert	le dessert
to destroy (the ozone layer)	détruire (la couche d'ozone)
destroyed by	détruit(e) par
detached house	la maison individuelle
detective film	le film policier
determination	la détermination
determined	déterminé(e)
devastated by	dévasté(e) par
developing countries	les pays (m) en voie de développement
I did (the photocopying)	je faisais (des photocopies)
I did my work experience in …	j'ai fait mon stage dans …
I didn't have much do	je n'avais pas grand-chose à faire
difficult	difficile
dining room	la salle à manger
dirty	sale
disabled person	l'handicapé(e)
I was disappointed (by the result)	j'étais déçu(e) (du résultat)
disaster	le désastre
discipline	la discipline
discrimination (against)	la discrimination (contre)
it's disgusting	c'est dégoûtant
dish of the day	le plat du jour
dishwasher	le lave-vaisselle
disinfectant (for cuts, etc.)	la solution antiseptique
district	le quartier
divorced	divorcé(e)
I'll do …	je ferai …
I do it …	j'en fais …
to do my homework	faire mes devoirs (m)
to do the vacuum-cleaning	passer l'aspirateur (m)
to do the washing up	faire la vaisselle
doctor	le médecin
doctor's appointment	le rendez-vous chez le médecin
documentary	le documentaire
I've been doing it for (two years)	j'en fais depuis (deux ans)
I don't (really) want to	je n'ai pas (tellement) envie
I don't eat much fat	je ne mange pas beaucoup de graisses
I don't eat sweet things	je ne mange pas de sucreries (f)
I don't know exactly	je ne sais pas exactement
I don't mind	bof!/ça m'est égal
I've done it (twice)	j'en ai fait (deux fois)
what I don't like is …	ce que je n'aime pas, c'est …
double room	la chambre à deux lits
to do drama	faire du théâtre
dreadful	insupportable

of my dreams	de mes rêves
dress	la robe
to drink	boire
drinking yoghurt	le yaourt liquide
drinks	les boissons (f)
to drive	rouler
driver	le/la chauffeur/euse
driving licence	le permis de conduire
drought	la sécheresse
drugs	la drogue
to play	
the drums	jouer de la batterie
dry	sec/sèche
dull	barbant(e)

E

I earn (€5) an hour	je gagne (5€) par heure
ears	les oreilles (f)
the east	l'est (m)
easy	facile
made of easy-wash material	en tissu facile à laver
egg	l'œuf (m)
to empty the dishwasher	vider le lave-vaisselle
with an en suite toilet	avec des WC en suite
at the end of	au bout de
endangered species	les espèces (f) en voie d'extinction
engineer	l'ingénieur (m)
enjoy your meal!	bon appétit!
enough	assez de
entertainment	les distractions (f)
entrance (fee)	l'entrée (f)
the environment	l'environnement (m)
environmentally-friendly products	les produits verts
housing estate	le lotissement
even (if)	même (si)
every day/Saturday	tous les jours/samedis
every evening/weekend	tous les soirs/week-ends
every week	toutes les semaines
examination	l'examen (m)
except	sauf
to exchange presents	s'offrir des cadeaux
exciting	passionnant(e)
I exercise regularly	je fais de l'exercice régulièrement
exhaust fumes	le gaz d'échappement
I expect (a refund)	j'attends (un remboursement)
expensive	cher/chère
extrovert	extraverti(e)
eyes	les yeux (m)

F

factory	l'usine (f)
fair	juste

fair trade products	les produits issus du commerce équitable
fair-haired	blond(e)
to fall in love	tomber amoureux/euse
famine	la famine
famous	célèbre
I'm a fan	je suis accro (m/f)
fantastic	fantastique/extra
far	loin
as far as	jusqu'à
how far away is it?	c'est à quelle distance?
is it far from here?	c'est loin d'ici?
fascinating	fascinant(e)
fast	rapide
at the fast-food restaurant	au fast-food
fatty foods	les graisses (f)
my favourite subject is …	ma matière préférée, c'est …
feet	les pieds (m)
I felt a bit exploited	je me sentais un peu exploité(e)
to do fencing	faire de l'escrime (m)
to have a fever	avoir de la fièvre
to fight (AIDS)	combattre (le sida)
to do filing	classer des fiches
I fill the shelves	je remplis les rayons
the final	la finale
finally	finalement
I find it hard/unfair	je trouve ça dur/injuste
I find that …	je trouve que …
I find them boring	je les trouve (ennuyeux/euses)
it is/was/will be fine (weather)	il fait/faisait/fera beau
fingers	les doigts (m)
to finish (the book)	finir (le livre)
he/she finished (second)	il/elle a fini (en deuxième place)
fire	le feu/l'incendie (m)
fire brigade	les sapeurs-pompiers (m)
fireman	le sapeur-pompier
fireworks	les feux (m) d'artifice
first class	première classe
on the first floor	au premier étage
the first team	la première équipe
fish	le poisson
fishing	la pêche
fishing port	le port de pêche
I'm fit	je suis en forme
it's five minutes away	c'est à cinq minutes
flat	l'appartement (m)
I've got a flat tyre	j'ai un pneu crevé
flight	le vol
flood	l'inondation (f)
flooded by	inondé(e) par
to have flu	avoir une grippe
fluency in English	la maîtrise de l'anglais

it is/was/will be foggy	il y a/avait/aura du brouillard
on foot	à pied
to play football	jouer au football
football top	le maillot de foot
for a week	pendant une semaine
I'm for … because …	je suis pour … parce que …
foreign languages	les langues (f) étrangères
forest	la forêt
to forget	oublier
fortunately	heureusement
free (of charge)	gratuit(e)
free (vacant)	libre
free time	le temps libre
fridge	le frigo
from 23 to 29 June	du 23 au 29 juin
from time to time	de temps en temps
(piece of) fruit	un fruit
full (no seats left)	complet/ète
full of action/suspense	plein(e) d'action/de suspense
we have fun	on s'amuse bien
fun	amusant(e)
funny	drôle/rigolo(te)/marrant(e)
in the future	plus tard

G

game show	le jeu télévisé
games room	la salle de jeux
garage	le garage
garden	le jardin
generally	généralement
generosity	la générosité
generous	généreux/euse
German (language)	l'allemand (m)
I get (10 euros)	je reçois (10 euros)
to get bored	s'ennuyer
to get dressed	s'habiller
to get married	se marier
to get on well (with)	s'entendre bien (avec)
to get up (early)	se lever (tôt)
gifted	doué(e)
girlfriend	la petite copine
to give money to charity	donner de l'argent aux bonnes causes
to give up (smoking)	renoncer à (fumer)
glass	le verre
global warming	le réchauffement de la planète
gloves	les gants (m)
to go away (with my family/class/friends)	partir (avec ma famille/ma classe/mes amis)
to go back (there)	(y) retourner
to go out (with my parents)	sortir (avec mes parents)
I go there	j'y vais
goal	le but
I'm good at (languages)	je suis fort(e) (en langues)

it's good for your health	c'est bon pour la santé
good idea!	bonne idée!
the good thing is …	ce qui est bien c'est …
good-looking	beau/bel/belle
I got dressed	je me suis habillé(e)
I got up	je me suis levé(e)
grapes	les raisins (m)
I would be grateful	je vous serais reconnaissant(e)
great	super/génial(e)/ chouette/ formidable/extra
green beans	les haricots (m) verts
green space	l'espace (m) vert
grey	gris(e)
grocery shop	l'épicerie (f)
on the ground	par terre
on the ground floor	au rez-de-chaussée
to play the guitar	jouer de la guitare

H

I had (a PE lesson)	j'ai eu (un cours d'EPS)
I had a shower	je me suis douché(e)
I had to ..	il a fallu … / j'ai dû
hair	les cheveux (m)
hairdresser	le/la coiffeur/euse
hairdresser's	le salon de coiffure
hairdryer	le sèche-cheveux
a half brother/sister	le demi-frère/ la demi-sœur
to go half-board	prendre la demi-pension
ham	le jambon
hand	la main
to play handball	jouer au handball
hang-gliding	le vol libre
happy	content(e)
hard	dur(e)
hardly	à peine
it/they hardly worked	ça fonctionnait/ fonctionnaient à peine
hard-working	travailleur/euse
hat	le chapeau
I hate (the smell)	je déteste (l'odeur)
you have a (lot of responsibility)	on a (beaucoup de responsabilité)
you don't have a (lot of responsibility)	on n'a pas (beaucoup de responsabilité)
you/we have to (wear)	il faut (porter)
have you got …?	avez-vous … ?
I'm having … (as a starter)	je prends … (comme entrée)
head	la tête
the headlights aren't working	les phares ne marchent pas
in the headlines	à la une
headmaster/ headmistress	le/la directeur/ directrice
healthily	sainement

heated (swimming pool)	(la piscine) chauffé(e)
height	la taille
to help around the house	aider à la maison
I helped (the mechanics)	j'aidais (les mécaniciens)
I helped in lessons	j'aidais pendant les leçons
hikes	les randonnées (f)
hiking	la randonnée
to hire (a surfboard)	louer (une planche de surf)
historic	historique
history-geography	l'histoire-géo
he/she hit (ran into)	il/elle a heurté
hold the line	ne quittez pas
holiday cottage	le gîte
at my/your/ his/her home	chez moi/toi/lui/ elle
homework	les devoirs (m)
honest	honnête
honesty	l'honnêteté (m)
horror film	le film d'horreur
horse-riding	l'équitation (f)
hospital	l'hôpital (m)
hospital drama	la série médicale
hotel	l'hôtel (m)
the hours are long	les heures (f) sont longues
hours of work	les horaires (m) de travail
household chores	les tâches (f) ménagères
housing estate	le lotissement
how do you get to… ?	pour aller au/à la/ à l'/aux … ?
how do you spell that?	ça s'écrit comment?
how much is it?	c'est combien?/ça coûte combien?
hundreds of	des centaines (f) de
hunger	la faim
hurricane	l'ouragan (m)
he/she was hurt	il/elle était blessé(e)
hypermarket	la grande surface

I

ice cream	la glace
ice-skating rink	la patinoire
if (I have good results …)	si (j'ai de bonnes notes …)
to be ill	être malade
immigrant	l'immigré(e)
in	dans
in front of	devant
included	inclus
India	l'Inde (f)
industrial	industriel(le)
inn	l'auberge (f)
to install	installer
instead of (having a bath)	au lieu de (se baigner)
intelligence	l'intelligence (f)
intelligent	intelligent(e)
interesting	intéressant(e)

with an internet connection	avec une connexion pour Internet
to introduce oneself	se présenter
irritating	pénible
is there … ?	est-ce qu'il y … ?
is there a … near here?	est-ce qu'il y un(e) … près d'ici?

J

jacket	la veste/le blouson
jam	la confiture
jar	le pot
jealous	jaloux/ouse
jealousy	la jalousie
jeans	le jean
job	le métier
to join	s'inscrire à
joke	la blague
you're joking!	tu plaisantes!
to do judo	faire du judo
jumper/sweater	le pull
we/are just (opening/ building)	on est en train (d'ouvrir/de construire)

K

to do karate	faire du karaté
to go kayaking	faire du kayak
to keep fit	garder la forme
key	la clé
killed by	tué(e) par
half a kilo	cinq cents grammes
I'd like a kilo (of pears)	je voudrais un kilo (de poires)
(ten) kilometres from	à (dix) kilomètres de
kind	gentil(le)/sympa
kindness	la gentillesse
kitchen	la cuisine
I'd like to know if it's possible …	j'aimerais savoir s'il est possible de …

L

a lack of rain (for 10 months)	un manque de pluie (depuis dix mois)
laid-back	décontracté(e)
lamb	l'agneau (m)
laptop	le portable
lasagne	les lasagnes (f)
last year	l'année dernière
to lay the table	mettre la table
laziness	la paresse
lazy	paresseux/euse
league	la ligue
I didn't learn anything	je n'ai rien appris
I didn't learn much	je n'ai pas appris grand-chose
I learned (a lot)	j'ai appris (beaucoup de choses)
leather (jacket)	(la veste) en cuir
to leave (the tap running)	laisser (le robinet ouvert)
to leave a message	laisser un message
it's on your left	c'est sur ta/votre gauche

I left it …	je l'ai laissé(e) …
I left them …	je les ai laissé(e)s …
legs	les jambes (f)
the leisure centre	le centre de loisirs
lemon	le citron
lemon tart	la tarte au citron
lessons	les cours (m)
lettuce	la salade
library	la bibliothèque
lift	l'ascenseur (m)
we'd like	nous voudrions
I'd like …	je voudrais …
what I like is …	ce que j'aime, c'est …
I'd like to	je veux bien
to listen (to music)	écouter (de la musique)
litre	le litre
to live together	vivre ensemble
I've lived there for …	j'y habite depuis …
lively	plein(e) de vie
local problems	les problèmes (m) locaux
it is located …	il/elle se situe …
long	long(ue)
long hair	les cheveux (m) longs
there's	
no longer (a cinema)	il n'y a plus (de cinéma)
I have to look after him/her	je dois m'occuper d'il/elle
to look after my little brother/sister	garder mon petit frère/ma petite sœur
to look like	ressembler à
looking forward to hearing from you	dans l'attente de votre réponse
lorry	le poids lourd/ le camion
lorry driver	le/la chauffeur/ euse de poids lourds / le/la camioneur/ euse
loser	le/la perdant(e)
I/we lost	j'ai/on a perdu
lost property office	le bureau des objets trouvés
a lot of	beaucoup de/ pas mal de
love story	l'histoire (f) d'amour
luggage	les bagages (m)

M

main course	le plat
I make coffee for the customers	je fais le café pour les clients
he/she makes fun of me	il/elle se moque de moi
make-up	le maquillage
he/she managed (to) …	il/elle a réussi (à) …
marina	le port de plaisance
marine life	la vie marine
maroon	bordeaux

to do martial arts	faire des arts (m) martiaux
martial arts film	le film d'arts (m) martiaux
maths	les maths (m)
meat	la viande
mechanic	le/la mécanicien(ne)
(gold) medal	la médaille (d'or)
medicine	le médicament
medium-length hair	les cheveux mi-longs
to meet	rencontrer
milk	le lait
mineral water	l'eau (f) minérale
mirror	le miroir
I miss (the atmosphere/my friends)	il(s) me manque(nt) (l'ambiance/mes copains)
I missed (the plane/train)	j'ai raté (l'avion/ le train)
mixed secondary school	le collège mixte
mobile phone	le portable
modern	moderne
modest	modeste
modesty	la modestie
with my money I buy …	avec mon argent, j'achète …
monotonous	monotone
month	le mois
more … than …	plus … que …
more and more (often)	de plus en plus (souvent)
the most populated	le/la plus peuplé(e)
motorcycle	la moto
motorcyclist	le/la motocycliste
motorway	l'autoroute (f)
mountain climbing	l'alpinisme (m)
mountain biking	le VTT
in the mountains	en montagne
mouth	la bouche
moving	émouvant(e)
museum	le musée
mushrooms	les champignons (m)
music programme	l'émission (f) musicale
Muslim	musulman(e)
we must …	il faut …
mustard	la moutarde
we mustn't (tolerate)	il ne faut pas (tolérer)

N

natural sciences	les SVT (f) (sciences et vie de la terre)
navy blue	bleu marine
near (the station)	près de (la gare)
very near where we live	tout près de chez nous
nearby	à proximité
the nearest	le/la plus proche
is it necessary to …?	est-ce qu'il faut … ?
neck	le cou
we need (music)	il faut (de la musique)
I need money	j'ai besoin d'argent

we need to (buy/ hire/organise)	il faut (acheter/ louer/organiser)
do I need to change trains?	est-ce qu'il faut changer de train?
neither … nor …	ni … ni …
nervous	nerveux/euse
never	ne … jamais
new	nouveau/nouvel/ nouvelle / neuf/ve / récent(e)
newspaper	le journal
next to	à côté de
next year	l'année prochaine
nice	gentil(le)/sympa/ agréable
no longer	ne … plus
there's no work	il n'y a aucun travail
nobody	personne ne …
noisy	bruyant(e)
non-smoking	non-fumeurs
in/to Normandy	en Normandie
the north	le nord
nose	le nez
not bad	pas mal
not happy	pas content(e)
it's not my thing	c'est pas mon truc
not that!	pas ça!
not too (expensive)	pas trop (cher/chère)
I'm not very keen	ça ne me dit rien
nothing	rien ne …
to notice	remarquer
nurse	le/la infirmier/ère
nursery	la garderie
nursery school	l'école maternelle (f)

O

office	le bureau
often	souvent
it was OK	bof!/c'était pas mal/ ça allait
OK!	d'accord!
old	vieux/vieil/vieille / ancien(ne)
older brother/ sister	le frère aîné/ la sœur aînée
old-fashioned	démodé(e)
olive oil	l'huile (f) d'olive
the Olympic Games	les Jeux (m) Olympiques
omelette	l'omelette (f)
on	sur
on the bus	dans le bus
once (a week/ month)	une fois (par semaine/mois)
one-way ticket	un aller simple
onions	les oignons (m)
only	seulement
there's only (one bus a day)	il n'y a qu'(un bus par jour)
I only drink water	je ne bois que de l'eau
only/not until	ne … que
in my opinion	à mon avis
opposite	en face de
orange	l'orange (f)
orange juice	le jus d'orange

organic products	les produits bio
to organise events	organiser des événements
organised	organisé(e)
on the other side of	de l'autre côté de
to have my own business	avoir ma propre entreprise

P

packet	le paquet
paddling pool	la pataugeoire
pale blue	bleu clair
pancake	la crêpe
parascending	le parapente
my parents pay for …	mes parents paient …
my parents say that I have to …	mes parents disent que je dois …
park	le parc
park and ride	le park relais
parking place	la place de stationnement
the partner of my dreams	le/la partenaire de mes rêves
part-time job	le petit boulot
to have a party	faire une fête
pasta	les pâtes (f)
pâté	le pâté
patient	patient(e)
pavement	le trottoir
PE	l'EPS (f) (éducation physique et sportive)
peace	la paix
peach	la pêche
pear	la poire
peas	les petits pois (m)
pedestrian	le/la piéton(ne)
pedestrian crossing	le passage clouté
pedestrian precinct	la zone piétonne
pencil case	la trousse
people	les gens (m)
per week/month	par semaine/mois
to perfect my technique	perfectionner ma technique
personality	le caractère
personally	personnellement
physical sciences	les sciences (f) physiques
physics	la physique
physiotherapist	le/la kinésithérapeute
to play the piano	jouer du piano
picturesque	pittoresque
(rugby) pitch	le terrain (de rugby)
pitch (for a tent)	l'emplacement (m)
pizzeria	la pizzeria
plaster	le pansement adhésif
plastic bag	le sac en plastique
which platform does the train leave from?	le train part de quel quai?
play (at the theatre)	la pièce (de théâtre)
play area (for children)	l'aire (m) de jeux

player	le/la joueur/euse
pleasant	agréable
please find attached …	veuillez trouver ci-joint …
plumber	le plombier
to poison (the earth)	empoisonner (la terre)
the police (never come)	la police (ne vient jamais)
police drama	la série policière
police station	le commissariat de police
policeman/policewoman	l'agent (m/f) de police
polite	poli(e)
polluted	pollué(e)
pollution	la pollution
polo shirt	le polo
poor	pauvre
a positive experience	une expérience positive
post office	la poste
postman/postwoman	le/la facteur/trice
pot	le pot
potato	la pomme de terre
poverty	la pauvreté
practical	pratique
to prefer	préférer
prejudice	le préjugé
he gave me a prescription	il m'a fait une ordonnance
present	le cadeau
there's too much pressure on …	il y trop de pression sur …
pretty	joli(e)
pride	la fierté
primary school	l'école (f) primaire
primary teacher	l'instituteur/trice
the problem is …	le problème, c'est …
TV programme	l'émission (f)
I was proud of …	j'étais fier/fière de …
provided	fourni(e)
public transport	les transports (m) en commun
purse	le porte-monnaie
I put away (the tools)	je rangeais (les outils)
I put money aside for …	je mets de l'argent de côté pour …
I'll put you through to (Madame Mériel)	je vais vous passer (Madame Mériel)

Q

qualities	les qualités (f)
quickly	rapidement
quiet	tranquille
quite	assez

R

race	la course
racing driver	le/la pilote
racism	le racisme
racist jokes	les blagues (f) racistes
rain	la pluie

raincoat	l'imper(méable) (m)
it is/was/will be raining	il pleut/pleuvait/pleuvra
he/she ran	il/elle a couru
rarely	rarement
raspberries	les framboises (f)
to read (some comic books)	lire (des BD)
reality TV programme	l'émission (f) de télé-réalité
to really like	se passionner pour
what I really like is …	ma passion, c'est …
to receive	recevoir
to recycle	recycler
recycling	le recyclage
recycling point	le centre de recyclage
red-haired	roux/rousse
reduced price/rate	le tarif réduit
regularly	régulièrement
relaxed	décontracté(e)/relax
it's relaxing	c'est déstressant
remarried	remarié(e)
I'd like to reserve (18 places)	j'aimerais réserver (18 places)
responsibility	la responsabilité
to rest	se reposer
restaurant	le restaurant
return ticket	un aller-retour
rewarding	gratifiant(e)
rice	le riz
rich	riche
it's on your right	c'est sur ta/votre droite
ringroad	la route périphérique
to risk dying	risquer de mourir
road accidents	les accidents (m) de route
rock-climbing	l'escalade (f)
rooms free	des chambres libres
roundabout	le rond-point
rubbish (adj.)	nul(le)
rubbish (is thrown on the ground)	(on jette) des déchets (par terre)
rubbish bin	la poubelle
rucksack	le sac à dos
runner/cyclist	le/la coureur/euse
rush hour	les heures (f) d'affluence

S

safety	la sécurité
sailing	la voile
(tomato) salad	la salade (de tomates)
salary	le salaire
salesperson	le/la vendeur/euse
salty	salé(e)
sandals	les sandales (f)
satisfied	satisfait(e)
(salami-style) sausage	le saucisson
sausages	les saucisses (f)

I'm saving up for ...	j'économise/je fais des économies pour ...
I saw	j'ai vu
(secondary) school	le collège/le lycée
school bag	le cartable
school equipment	le matériel scolaire
school things	les affaires (f) scolaires
science	les sciences (f)
science-fiction film/programme	le film/l'émission (f) de science-fiction
scissors	les ciseaux (m)
to score a goal	marquer un but
scorer/striker	le/la buteur/euse
in Scotland	en Écosse
scuba diving	la plongée
sea	la mer
at the seaside	au bord de la mer
seaside resort	la station balnéaire
seatbelt	la ceinture de sécurité
second class	deuxième classe
secondary school	le collège/le lycée
secondary teacher	le/la professeur
secretary	le/la secrétaire
see you soon/tomorrow/on Saturday	à bientôt/à demain/à samedi
selfish	égoïste
selfishness	l'égoïsme (m)
semi-detached house	la maison jumelle
to send a parcel (abroad)	envoyer un paquet (à l'étranger)
sense of humour	le sens de l'humour
separated	séparé(e)
series	la série
serious	sérieux/euse / grave
I served customers	je servais les clients
service station	la station-service
several	plusieurs
sexism	le sexisme
to share (the car)	partager (la voiture)
shirt	la chemise
shoes	les chaussures (f)
to go shopping	faire les magasins/les courses
shopping centre	le centre commercial
shops	les commerces (f) / les magasins (m)
short	court(e)
short hair	les cheveux (m) courts
shorts	le short
we should ...	on devrait ...
it should be	il doit être
(dance) show	le spectacle (de danse)
with a shower	avec douche
to have a shower	se doucher
there's a showing (of a film) at ...	il y une séance à ...
shut up (in an office)	enfermé(e) (dans un bureau)
shy	timide
sincere	sincère
sincerity	la sincérité
single	célibataire
a single ticket	un aller simple
sitting room	le salon/la salle de séjour
skateboard	le skate
ski resort	la station de ski
to skid	déraper
to go skiing	faire du ski
skiing holiday	le stage de ski
skirt	la jupe
sleeping bag	le sac de couchage
sleeve	la manche
slice	la tranche
slice of bread and butter	la tartine (beurrée)
slim	mince
slippery	glissant(e)
slow	lent(e)
slowly	lentement
to smell of smoke	sentir la fumée
smiley	souriant(e)
smoker	le/la fumeur/euse
smoking (e.g. train carriage)	fumeurs
snow	la neige
snowboarding	le snowboard
it is/was/will be snowing	il neige/neigeait/neigera
so (thus)	donc
so (very)	tellement
socks	les chaussettes (f)
solely	uniquement
someone has stolen ...	on a volé ...
sometimes	quelquefois/parfois
to have a sore arm/leg/ear	avoir mal au bras/à la jambe/à l'oreille
sorry	désolé(e)/excuse(z)-moi
sorry - he/she isn't here at the moment	je regrette - il/elle n'est pas là en ce moment
soup of the day	la soupe du jour
the south	le sud
Spanish (language)	l'espagnol (m)
(Pierre Dupont) speaking	ici (Pierre Dupont)
to spend (a week) there	y passer (une semaine)
I spent two weeks in ...	j'ai passé deux semaines dans ...
spillage	la fuite
to sponsor a child	parrainer un enfant
sporting ability	l'aptitude (f) sportive
sporting event	l'événement (m) sportif
sporting holiday	le stage (m) sportif
sports programme	l'émission (f) de sport
sports stadium	le stade
sporty	sportif/ve
in spring	au printemps
stage (in race)	l'étape (f)
stain	une tache
stairs	l'escalier (m)
stamps	les timbres (m)
to start	commencer
to stay (in a hotel)	loger (dans un hôtel)
to stay in bed/at home	rester au lit/à la maison
steak	le bifteck
stepfather/stepmother	le beau-père/la belle-mère
stomach	le ventre/l'estomac (m)
stool	le tabouret
to stop	s'arrêter
we stopped at ...	nous nous sommes arrêtés à ...
it is/was/will be stormy	il y a/avait/aura des orages
it's the story of ...	c'est l'histoire de
straight away	tout de suite
straight hair	les cheveux raides
straight on	tout droit
strawberry	la fraise
stressful	stressant(e)
strict	sévère/strict(e)
strike	la grève
striped	à rayures
stubborn	têtu(e)
stubbornness	l'entêtement (m)
with a student card	avec la carte d'étudiant
I was stung (by a wasp)	j'ai été piqué(e) (par une guêpe)
stylish	chic
in the suburbs	en banlieue
he/she succeeded (in) ...	il/elle a réussi (à) ...
to suck a throat sweet	sucer une pastille antiseptique
suddenly	tout à coup
suitcase	la valise
in summer	en été
it is/was/will be sunny	il y a/avait/aura du soleil
supermarket	le supermarché
supporter (of)	le/la supporter (de)
surfing	le surf
sweatshirt	le sweat
sweet (sugary)	sucré(e)
sweet foods	les sucreries (f)
sweets	les bonbons(m)/les confiseries (f)
to go swimming	nager/faire de la natation
swimming costume	le maillot de bain
swimming pool	la piscine
swimming trunks	le maillot de bain
Swiss	suisse
to switch off (the light)	éteindre (la lumière)
switched on (trendy)	branché(e)

T

table	la table
take (the first/ second road on the right/left)	prends/prenez (la première/ deuxième rue à droite/gauche)
I take lots of exercise	je fais beaucoup d'exercice
to take part (in competitions)	prendre part (aux compétitions)
to take some aspirin/pills	prendre de l'aspirine/des comprimés
to take the dustbin out	sortir la poubelle
(the story) takes place	(l'histoire) se déroule
talent	le talent
talented	talentueux/euse / doué(e)
talkative	bavard(e)
the tallest	le/la plus haut(e)
teacher	le/la professeur/ l'accompagna-teur/euse
team	l'équipe (f)
technology	la technologie
T-shirt	le tee-shirt
teeth	les dents (f)
television	la télévision
television set	le poste de télévision
to play tennis	jouer au tennis
tent	la tente
terrace	la terrasse
terraced house	la maison en rangée
terrible	affreux/euse
terrorism	le terrorisme
there are (five) of us	nous sommes (cinq)
it's not my thing	ce n'est pas mon truc
my things	mes affaires (f)
the things I like doing	les choses que j'aime faire
I think that …	je pense que …
threatened by	menacé(e) de
throat	la gorge
ticket	le billet/le ticket
to tidy my bedroom	ranger ma chambre
tie	la cravate
tight	serré(e)
tights	le collant
tin (can)	la boîte
tip	le pourboire
tiring	fatigant(e)
toast	le pain grillé
today	aujourd'hui
with/without toilet facilities	avec/sans sanitaires
toilets	les toilettes (f)/ les WC (m) les sanitaires (m)
tomato	la tomate
tomorrow	demain

tongue	la langue
too (fast)	trop (vite)
there is/are too much/many …	il y a trop de …
I took down orders	je prenais des commandes
we took the train (to Paris)	nous avons pris le train (à Paris)
to have toothache	avoir mal aux dents
top	le haut/le maillot
tourist	touristique
tourist information office	le syndicat d'initiative
tournament	le tournoi
going towards (Paris)	direction (Paris)
in town	en ville
town hall	l'hôtel (m) de ville
tracksuit	le jogging
traditional dinner	le repas traditionnel
traffic	la circulation
traffic jam	l'embouteillage (m)
traffic lights	les feux (m)
when does the train leave/arrive?	le train part/arrive à quelle heure?
train station	la gare SNCF
trainers	les baskets (f)
to do training	faire de l'entraînement (m)
he/she was trapped	il/elle était coincé(e)
to travel (a lot)	voyager (beaucoup)
travel agency	l'agence (f) de voyages
travel pass	le forfait
tree	l'arbre (m)
trousers	le pantalon
try (in rugby)	l'essai (m)
can I try it/them on?	je peux l'/les essayer?
to try out (for the team)	essayer (pour l'équipe)
you turn (left/right)	tu tournes/vous tournez (à gauche/à droite)
to turn down (the central heating)	baisser (le chauffage central)
twice (a week)	deux fois (par semaine)
(flat) tyre	le pneu (crevé)

U

ugly	laid(e)
unbearable	insupportable
under(neath)	sous
underground parking	le parking souterrain
to be unemployed	être au chômage
unfair	injuste
unfortunately	malheureusement
uniform	l'uniform (m)
university	l'université (f)
unoriginal	peu original
until	jusqu'à

in the US	aux États-Unis
to use (too much packaging/cars too much)	utiliser (trop d'emballage/trop les voitures)
I used to eat/ drink/do …	je mangeais/ buvais/faisais …
I used to do no exercise	je ne faisais pas d'exercice
we used to go for walks	on faisait des balades
usually	d'habitude

V

variety of work	la variété du travail
vegetables	les légumes (m)
vehicle	le véhicule
very	très
I'm very interested in …	je m'intéresse beaucoup à …
in a village	dans un village
to play the violin	jouer du violon
to play volleyball	jouer au volley
to do voluntary work	faire du bénévolat

W

waiter	le garçon de café/ le serveur
waitress	la serveuse
to walk the (neighbours') dog	promener le chien (des voisins)
wallet	le portefeuille
war	la guerre
war film	le film de guerre
wardrobe	l'armoire (f)
to wash the car	laver la voiture
washing up	la vaisselle
we won't waste	on ne gaspillera pas
to waste (energy/ money)	gaspiller (l'énergie/ l'argent)
waste of time	une perte de temps
to watch (a film on DVD)	regarder (un film en DVD)
water-skiing	le ski nautique
I'm weak (at science)	je suis faible (en sciences)
weather forecast	la météo
wedding	le mariage
week	la semaine
well	bien
it's well paid	c'est bien payé
the west	l'ouest (m)
western (film)	le western
what are you having?	qu'est-ce que tu prends?
what I like most of all …	ce que j'aime surtout, …
what I'll do when I leave school	ce que je ferai quand je quitterai le collège
what would you like?	que voudrais-tu?
what's on (at the cinema/on TV)?	qu'est-ce qu'on passe (au cinéma/à la télé)?
what's your telephone/	quel est votre numéro de

Vocabulaire

mobile/fax number?	téléphone/ portable/fax?
when do you do it?	quand est-ce que tu en fais?
when does it start?	ça commence à quelle heure?
when shall we meet?	on se retrouve à quelle heure?
where are … ?	où sont/ se trouvent … ?
where is … ?	où est/ se trouve … ?
where shall we meet?	on se retrouve où?
where we live	chez nous
who	qui
who's calling?	c'est de la part de qui?
to win	gagner
windsurfing	la planche à voile
it is/was/ will be windy	il y a/avait/aura du vent
(red/ white) wine	le vin (rouge/blanc)
winner	le/la vainqueur/ euse
in winter	en hiver
we won	on a gagné
woollen (socks)	(les chaussettes) en laine
to work (in a team)	travailler (en équipe)
work experience	le stage en entreprise
I work from (9 am) until (5.30 pm)	je travaille de (9h00) à (17h30)
I work on the till	je travaille à la caisse
I worked (on the computer)	je travaillais (à l'ordinateur)
workmates	les collègues (m/f)
worksite	le chantier
the world	le monde
the World Cup	la Coupe du Monde
world problems	les problèmes (m) mondiaux
the worst thing is …	le pire, c'est/ ce sont …
I would like …	j'aimerais …
I would like to apply for the position of …	je voudrais poser ma candidature pour le poste de …
I would prefer	je préférerais
I wouldn't like to …	je n'aimerais pas…
to write to the government	écrire au gouvernement
I'm writing to you …	je vous écris …
what's wrong?	qu'est-ce qui ne va pas?

X

to have an x-ray	faire une radio

Y

yellow	jaune
yesterday (morning)	hier (matin)
yoghurt	le yaourt
young people (have nothing do)	les jeunes (n'ont rien à faire)
younger brother/ sister	le frère cadet/ la sœur cadette
yours sincerely	je vous prie d'agréer l'expression de mes salutations sincères
the youth club (is closed)	le club des jeunes (est fermé)
youth hostel	l'auberge (f) de jeunesse

Z

zebra crossing	le passage clouté